"十四五"高职高专规划教材

行政管理实务

主　编　张　博　王　清
副主编　欧阳慕岚

北京交通大学出版社
·北京·

内 容 简 介

本书主要以项目教学的方式从行政人员的认知出发，围绕行政环境、行政组织、行政决策、行政执行、行政监督、财务行政、依法行政等逐项阐述行政管理工作中应用到的方法、技巧，从而将复杂的行政管理工作简单化、条理化、程序化。全书以情景导入、案例分析等手段，讲述了行政人员在职责范围内应该具备的基础知识和管理技巧，着重介绍了行政人员日常管理工作中所必需的管理工具和管理方法。

本书适用于高职高专管理专业的教学使用。

图书在版编目（CIP）数据

行政管理实务 / 张博，王清主编．—北京：北京交通大学出版社，2021.2（2025.1 重印）
ISBN 978-7-5121-4411-8

Ⅰ．① 行…　Ⅱ．① 张…　② 王…　Ⅲ．① 企业管理–行政管理–高等职业教育–教材　Ⅳ．① F272.9

中国版本图书馆 CIP 数据核字（2021）第 031011 号

行政管理实务
XINGZHENG GUANLI SHIWU

责任编辑：田秀青
出版发行：北京交通大学出版社　　电话：010–51686414　　http://www.bjtup.com.cn
地　　址：北京市海淀区高梁桥斜街 44 号　　邮编：100044
印 刷 者：北京时代华都印刷有限公司
经　　销：全国新华书店
开　　本：185 mm×260 mm　　印张：16.5　　字数：422 千字
版 印 次：2021 年 2 月第 1 版　　2025 年 1 月第 5 次印刷
印　　数：5 501～7 500 册　　定价：42.00 元

本书如有质量问题，请向北京交通大学出版社质监组反映。对您的意见和批评，我们表示欢迎和感谢。
投诉电话：010-51686043，51686008；传真：010-62225406；E-mail：press@bjtu.edu.cn。

前　言

为了符合高职教育人才培养模式和教学内容体系改革的趋势，本书在保持课程内容科学性、完整性的基础上，以突出行政职业能力的培养为指导原则，体现教材内容的时代性、教材结构的应用性和教学方法的互动性。

第一，在教材内容上体现时代性。首先，在体系上，构建行政管理知识体系和能力体系。其次，在内容取舍上，注重简明扼要，处理好理论与能力的关系。最后，在知识更新上，尽可能将国内外最新研究成果引入教材，特别是介绍行政管理最新研究成果的代表人物及其观点，以及对国家公务员制度、电子政务、行政发展等问题进行充分的论述。

第二，在教材结构上突出应用性。本书围绕应用型教育主要为生产、管理、服务第一线培养高等职业技术应用型人才的目标，在教材结构上，以课程教学需要为线索，以应用能力为主干，通过知识、技能的分支延伸和实践性教学环节的内容拓展，探索一种培养学生职业能力的新型教学模式。为了便于学生阅读、使用以及教师的讲解、操作，每章都设有“学习目标”“情景导入”“案例讨论”“实训活动”等内容。围绕学习目标，选取与基础知识相配套的相关内容，通过案例讨论和实训活动等环节，使学生在知识结构和应用能力的结合上得到全面的培养和提高。

第三，在教学方法上达到互动性。为了加强教师与学生的互动性以及学生的参与性，本书在编写过程中，设计了与行政秘书职业相配套的实训环节，实训活动以逼真的项目作为基础，以实训室的真实环境作为平台，通过成立模拟行政管理咨询有限公司的形式，让学生成为公司的控制者，在实际操作中通过模拟行政管理公司的运营管理来增加对所学知识的了解。让学生进入角色，在体验和实训活动中学会相关知识，提高相关能力。

本书得到了有关专家、同事的支持，在此表示诚挚的谢意。本书在编写过程中难免有不足之处，敬请各位读者批评指正。

编　者

2020 年 11 月

目　　录

第一章　行政管理概述……1
学习目标……1
情景导入……1
第一节　行政管理的含义……1
第二节　行政管理的发展阶段及其特点……8
第三节　学习行政管理实务的意义、原则和方法……13
案例讨论……16
实训活动……17
复习思考题……17
第二章　行政环境……18
学习目标……18
情景导入……18
第一节　行政环境概述……18
第二节　行政环境与行政管理……23
第三节　行政环境与行政管理的国情分析……26
实训活动……31
复习思考题……32
第三章　行政组织……33
学习目标……33
情景导入……33
第一节　行政组织概述……34
第二节　行政组织结构……42
第三节　行政组织改革……51
案例讨论……62
实训活动……63
复习思考题……63
第四章　行政领导……65
学习目标……65
情景导入……65
第一节　行政领导与行政领导者……66
第二节　行政领导行为……72
第三节　行政领导者的素质、领导威信与行政领导艺术……77

案例讨论……84
实训活动……85
复习思考题……86
第五章　行政决策……87
学习目标……87
情景导入……87
第一节　决策与行政决策……88
第二节　行政决策的原则、程序与方法……92
第三节　行政决策系统……97
案例讨论……104
实训活动……105
复习思考题……106
第六章　行政执行……107
学习目标……107
情景导入……107
第一节　行政执行的功能和程序……107
第二节　行政协调的原则和类型……117
第三节　行政沟通的过程和技巧……120
案例讨论……126
实训活动……127
复习思考题……128
第七章　行政监督……129
学习目标……129
情景导入……129
第一节　行政监督系统……129
第二节　行政绩效评估……140
第三节　行政道德自律……146
案例讨论……151
实训活动……151
复习思考题……153
第八章　人事行政……154
学习目标……154
情景导入……154
第一节　人事行政概述……155
第二节　人事行政机制……159
第三节　人力资源管理与开发……167
案例讨论……174
实训活动……174
复习思考题……175

第九章　财务行政……177
学习目标……177
情景导入……177
第一节　财务行政概述……178
第二节　财务行政制度……181
第三节　财务行政实务……186
实训活动……190
复习思考题……191
第十章　依法行政……192
学习目标……192
第一节　行政法律规范……192
第二节　行政法律行为……196
第三节　行政程序法……202
案例讨论……207
实训活动……208
复习思考题……209
第十一章　机关行政……210
学习目标……210
情景导入……210
第一节　机关行政概述……211
第二节　机关行政的内容……215
第三节　机关行政方法、管理手段与管理技术……226
案例讨论……234
实训活动……235
复习思考题……236
第十二章　行政效率……238
学习目标……238
情景导入……238
第一节　行政效率概述……239
第二节　行政效率体系……242
第三节　行政发展与行政改革……245
案例讨论……253
实训活动……254
复习思考题……255
参考文献……256

第一章

行政管理概述

◎ 学习目标

- **知识目标**

识记：管理、行政、行政管理、行政管理实务等概念。

领会：行政管理实务的基本内容，行政管理不同发展时期的特点。

应用：理解行政管理实务在管理大系统中的地位和作用，掌握行政管理实务的一般行政能力，将其应用于行政管理的实践活动中。

- **能力目标**

应知：行政职业能力中的基础能力，行政管理实务的能力体系。

应会：解决行政秘书在行政管理中遇到的问题，完成行政管理的任务。

掌握：行政秘书的注意力、记忆力，行政秘书的判断推理能力和资料分析能力。

◎ 情景导入

毕业于行政管理文秘专业的宋敏，坐在某基层机关行政办公室的办公桌旁，憧憬着即将开始的工作生活。以往在学校学过的知识，像跳跃的音符，浮现在她的脑海里，尤其是“行政管理实务”课上，老师为文秘工作勾勒的主线，使她有了清晰的工作思路。行政管理中信息的传递、决策的执行、结果的反馈和人、财、物的管理，为其形象地展示了办公室工作的程序。她在默想着老师为其设计的行政管理知识框架，包括行政管理主体、行政管理程序、行政管理对象和行政管理方法；在每一部分所演示的情景练习、现场模拟甚至包括教学游戏，她为自己曾经扮演过的角色而激动不已。

上班铃声把她从回忆中唤醒，她需要精神百倍地开始一天的工作。作为学生的你要分析宋敏的工作经历，同她一起成长、进步和成熟。那么我们应该从哪里开始呢？引用一位哲学家的话：“历史从哪儿开始，思想就从哪儿开始。”那么我们就从行政与行政管理的基本概念开始吧。

第一节　行政管理的含义

管理科学是 21 世纪人类最辉煌的学科之一，它同生命科学、宇宙科学一样，引起了人们极大的关注。管理是通过别人来完成工作，管理者做决策，分配资源，指导别人的行为以达到工作目标。所有管理都发挥着计划、组织、领导和控制的功能，通过管理为人类选择最佳的行动方式。

案例分析

跨入行政管理的新时代

据有关报道，2004 年 4 月 24 日，浙江省 22 万名公务员一起走进考场，参加《中华人民共和国行政许可法》（简称为《行政许可法》）考试。在众多考生中，也包括了该省省长、副省长等政府高级官员，他们与全省公务员一起做了一回考生。《行政许可法》明确规定了行政许可的公开原则、申请人权利平等原则和便民原则等，政府行为将因此受到相应的约束。

分析：2004 年 7 月 1 日，《中华人民共和国行政许可法》正式实施。该法的颁布和实行，标志着我国跨入行政管理的新时代，与国际接轨，完成从管理到治理，再到服务的时代转变。为了适应行政管理新时代的要求，人们必须掌握行政、行政管理等概念的科学含义。

一、管理与行政管理

（一）管理

管理（management）是管辖、处理的意思。管理是人们为了达到预期的目标而不断进行计划、组织、领导、协调和控制的活动过程。

自泰勒创立科学管理理论体系以来，管理学家根据自己的理解，给管理下了几十种定义。表 1-1 中列出了国外一些管理学家对管理的定义。

表 1-1　管理的定义

管理学家	国籍	主 要 观 点
法约尔	法国	管理的主要职能是计划、组织、指挥、协调和控制
哈罗德·孔茨	美国	管理就是设计和保持一种良好环境，使人在群体中高效率地完成既定目标
西蒙	美国	管理就是决策，决策贯穿于管理的全部过程
路易斯·布恩、戴维·克茨	美国	管理就是使用人力及其他资源去实现目标
斯蒂芬·P. 罗宾斯	美国	管理就是同别人一起或通过别人使活动更有效完成的过程
丹尼尔·A. 雷恩	美国	管理是发挥某些职能，以便有效地获取、分配、利用别人的努力和物质资源，来实现个人目标
彼得·德鲁克	美国	管理这个词是极难理解的。它表明一种职能，但同时又指承担这种职能的人；它表明一种社会地位和阶层，但同时也指一门学科和一种研究领域

管理，就是通过计划、组织、领导、控制和创新，协调以人为中心的组织资源与职能活动，以有效实现目标的社会活动。

管理是人类一切有组织活动不可缺少的组成部分。管理具有双重性：一方面，它具有组织生产力的自然属性，反映管理的共性，是人类的共同财富；另一方面，它具有服务于生产关系的社会属性，属于管理的个性。从古至今，管理的内容无比丰富，其类别也多种多样，特别是进入 21 世纪，管理已成为各种学科综合的边缘学科和母体学科，在其基础上派生出许多分支学科。

（二）行政

“行政”一词古已有之，早在我国古代《左传》一书中就有了类似的提法。比如，小国对大国“行其政事”和“行其政令”等，主要是执行政策和政令的意思。

英文中，“行政”（administration）一词，源于古希腊文。早在 2 000 多年前古希腊著名学者亚里士多德就曾使用过行政的术语，在他对国家权力进行分析的时候，把国家权力分成讨论权、行政权和司法权三种，行政在英文中是推行或执行政务的意思。

现代人常用的行政包括狭义的行政观点、广义的行政观点和折中的行政观点，见表 1-2。

表 1-2　行政的含义

类型	主 要 观 点
狭义的行政观点	● 把行政与政府的执行性活动结合起来； ● 认为行政是政府履行职能、推行政务的活动； ● 把行政作为法律和国家政策的执行活动
广义的行政观点	● 把行政观点推而广之，应用于各种社会组织中，认为所有社会组织中的执行性管理活动都属于行政活动； ● 这种观点从管理功能的角度来解释行政，认为一切管理都是行政，包括国家机关、公共事务管理机关和私人企业管理机构的管理活动
折中的行政观点	● 行政是政府和某些较大的社会组织中存在的行政活动； ● 行政可以分为私人行政和公共行政两个类别，私人行政是指除了政府以外的民间组织活动，公共行政是指政府的活动； ● 行政应与国家机关相连，凡属国家机关的活动都属于行政活动

总之，行政是指政府意志的执行活动或政务的推行活动，侧重于国家政令的执行活动。

（三）行政管理

在经济社会的发展过程中，人们在探索社会管理模式的实践中，可以清楚地看到，行政与管理既有区别又有联系，并存在相互融合的趋势。

1. 行政与管理的区别

若要更准确地把握行政管理的含义，特别是从行政管理实务的角度弄清行政管理的主体、行政管理的对象，把握行政管理的一般规律、方法和技能，就要先把行政与管理区别开来，见表 1-3。

表 1-3　行政与管理的区别

方面	管　　理	行　　政
形成时间	管理活动早在有人类群体活动之时就出现了，并与人类社会共始终	行政是阶级、国家产生之后，特别是在统一的中央集权国家形成后才出现的
活动外延	管理的外延比较宽泛，包括个人、家庭、国家，有人类活动的地方就有管理	行政是管理这个大系统中的子系统，并不是所有管理都被纳入行政范畴
活动层次	管理是层次较低的活动，是指事务的推行，包括执行的方法、技术、程序等	行政是层次较高的活动，是指政务的推行，包括决策、规划、指导、组织、领导、协调等
活动性质	一般管理活动不具有明显的政治性质，存在于各种社会形态中	行政是政治性与社会性的统一，属于特定社会上层建筑范畴

2. 行政与管理的联系

当今，行政与管理已有融合之势，除了对主体有不同的界定以外，在采用新的科学技术、管理理念、管理手段和管理方式上，趋近于综合。因此，人们普遍采用“行政管理”一词。从系统的角度分析，管理是一个系统，行政是管理系统的子系统，具有管理的一般特征，两者是大系统和小系统的关系。从一般与个别的关系上看，管理是一般现象，行政是特殊现象，是管理范畴中的一种类型，两者是一般与特殊的关系。

3. 行政管理的科学含义

行政管理是指政府行政机关依法对公共事务及其内部事务管理的总和，包括对国防、外交、国家荣誉等国家事务的管理；对经济、科教文卫、治安、环保等社会公共服务的管理；对行政机关自身机构设置、人员、经费、财物、工作程序等国家行政系统内部事务的管理。

行政管理在社会管理大系统中处于关键地位，它是国家中起主导作用的管理活动。具体表现在：第一，行政管理在国家中起到稳定社会、促进社会进步的作用。第二，行政管理是其他一切管理的制约因素，它以国家的名义执行，并以国家强制力作为保证。第三，行政管理直接关系着全国人民群众的切身利益，是广大人民用于支撑社会生活的直接杠杆。

二、行政管理实务的定位及特征

行政管理既属于管理学科的分支学科，又是政治学、经济学、社会学和法学的综合应用学科。

（一）行政管理实务的科学定位

行政管理是公共管理学的一个重要分支学科。从学科分类来看，公共管理包括行政管理，行政管理是公共管理学的一个分支学科；从研究范围来看，公共管理是一门研究有关社会公共事务管理的科学，行政管理仅研究政府行政机关对社会公共事务的管理。

行政管理实务作为应用科学，是在行政管理的基础上，借助其他相关学科，侧重于研究行政组织中的行政人员对人、财、物的管理，增强行政人员的办文、办会和办事能力，达到提高行政工作效率的目的。行政管理实务是在行政管理的理论框架内，着重研究具体的操作和技能，提高行政人员在政府或非政府组织中的行政管理能力。

（二）行政管理与其他相关学科的关系

表 1-4 中列出了行政管理与其他相关学科的区别和联系。

表 1-4　行政管理与其他相关学科的区别和联系

相关学科	区　别	联　系
行政管理与管理学	● 在研究对象上，行政管理是以政府管理为研究对象。管理学是研究各种社会组织管理活动的科学 ● 在研究范围上，管理学要宽于行政管理 ● 在研究重点上，行政管理侧重于政府，管理学侧重于企事业单位	● 两者在研究方法、技术及研究所产生的原则与原理上，有极大的重合性，都有计划、组织、指挥、协调、监督、控制等管理功能，也都涉及对人、财、物、时间、信息等要素的管理 ● 两者的基本框架及原理大致相似。两门学科相互促进对方的发展，并有融合的趋势

续表

相关学科	区　别	联　系
行政管理与政治学	● 行政管理研究的是政府或正式组织在执行国家意志、推行政务活动中的人的行为 ● 政治学是研究国家公共权力与政府现象的科学，是研究政治环境中个体和群体的行为 ● 政治是法律或政策的制定，而行政是法律或政策的执行	● 行政管理所研究的对象是政府的行政管理，因而必然会涉及政府行政机关与立法机关、司法机关的关系问题，还会涉及行政机关在国家政权体系中的地位和作用、行政体制等一系列问题，这些问题也是政治学所要研究的 ● 政治学也是行政管理的基础学科之一，行政管理的研究需要政治学的指导
行政管理与经济学	● 行政管理是指政府行政机关依法对公共事务及其内部事务管理的总和。行政管理研究政府机关对社会公共事务的管理，包括政治、经济、文化等方面 ● 经济学主要研究经济现象和经济运动过程中的一般规律，两者在研究对象和研究范围上存在区别	● 行政管理在内容上总是涉及大量的经济事务，如政府在经济上的宏观调控，如果行政管理研究者不懂得经济学，他就无法理解政府在经济上的宏观调控职能 ● 在方法论上，行政管理的研究也要接受经济学的指导，如行政效率的研究，必然涉及行政成本核算、行政效益分析等问题，这就有必要引进经济学的学习
行政管理与社会学	● 行政管理研究政府行政机关在管理社会公共事务及其内务事务过程中进行的一系列的社会管理活动 ● 社会学是研究社会现象运行和发展规律的科学	● 作为行政管理研究对象的公共事务属于人类社会生活领域的公共事务，是社会学和行政管理共同面对的研究对象 ● 社会学中的社会调查研究方法，也是行政管理研究中需要认真吸取的方法
行政管理与法学	● 行政管理研究政府行政机关管理社会公共事务及其内部事务的一般规律和方法 ● 法学则是研究法律现象中的一般规律和方法	● 现代行政管理必须研究依法行政的条件、过程和规律 ● 依法行政要求行政管理的研究者懂得法学的基本理论，特别是行政法学的基本理论
行政管理与组织行为学	● 行政管理是研究在政府机构或非政府机构中，管理者个体及其团队的活动现象和规律 ● 组织行为学是探讨个体、群体以及结构对组织内部行为的影响，并应用这些知识来改善组织的有效性	● 行政管理是政府机构在行政环境中，借助组织行为学的知识体系和研究方法来研究管理者个体及其团队的活动 ● 行政管理通过组织行为学相关知识，追求最大效益，是体现行政管理应用性、操作性的一大突破，也是相关学科融合的一种尝试

综上所述，行政管理是一门研究政府行政管理机关依法管理社会公共事务及其内部事务的活动过程和规律的科学。它既属于管理学的分支学科，又是政治学、经济学、社会学、法学和组织行为学的综合应用学科。行政管理实务作为一门应用性学科，是以行政管理研究为基础的，是在其他学科研究基础上融合而成的一个知识体系。

（三）行政管理实务的研究模型

通过对行政管理实务的基本概念、相关学科的研究和分析，逐步整理出行政管理实务知识体系的一般模型。在这个模型中，标出行政管理实务的相关参数，确定其主要的因变量、自变量和技术变量，建立一个数学关系式，使行政管理实务的研究形成一个函数关系，即 $f(x)=A\cdot B\cdot C$。其中，用 x 表示行政管理实务的实际效果、追求的最佳效益和最高行政效率，用 A，B，C 表示变量，见表 1-5。

表 1-5　行政管理实务的研究模型

变量	基本含义	主 要 内 容	功 能 分 析
A	表示因变量，包括行政环境、生产效率和工作满意度	● 行政环境主要是指行政系统的外部环境 ● 生产率是任何组织所追求的目标，包括效果和效率，在经济学上可以用成本效益和投入产出比来表示 ● 工作满意度是态度而不是行为，它是与绩效有关的因素	● 行政环境是借助于生态环境这一概念而形成的行政生态范畴，它是直接、间接作用或影响行政系统的各种要素的总和 ● 如果要实现组织的目标，就要以最低的成本完成输入和输出的转换，而一切可以影响行政组织效果和效率的外部因素，都属于因变量的范畴 ● 凡是满意的员工均比不满意的员工生产率高，直接影响行政管理的效果。它是研究行政管理实务的一个重要的因变量
B	表示自变量，包括个体水平自变量、群体水平自变量和组织系统水平的自变量	● 个体水平自变量是指人们带着不同的特点进入行政组织，包括个人简历中的年龄、性别、婚姻状况、受教育程度、人格特征、价值观与态度、基本的能力水平 ● 群体水平自变量，包括团队精神、沟通模式、领导方式、行政监督等 ● 组织系统水平自变量，包括行政组织的设计、机构、优化、改革，以及行政领导、行政决策体制等	● 个体水平自变量对人的行为有非常大的影响，直接作用于行政管理领导、决策、执行、人力资源开发和机关行政、办公室管理等方面，由于人是管理之本，所以构成行政管理实务研究的第一层自变量 ● 由于人在群体中的行为比个人单独活动的总和要复杂，人在群体中的行为与个人独处时的行为不一样，一切影响群体行为的因素都构成行政管理实务的第二层自变量 ● 当把行政组织加在个体和群体之上，组织行为就达到了其复杂性的最高水平。组织系统水平自变量构成行政管理实务的灵魂和骨架，是行政管理的最高层自变量
C	表示技术变量	技术变量包括无纸化办公、电子政务、信息高速公路等技术原因	在行政管理实务中吸入行政决策信息的管理、财务软件的应用、办公自动化和电子政务，直接影响行政管理后果

如果把行政管理当作一个函数，要提高行政管理效率就要考虑因变量、自变量和技术变量的因素，当其他因素为常量，其中某个因素的增长就会决定行政管理效率的提高，某个因素的降低就会引起行政管理效率的降低。当引入权变因素理论时，就形成行政管理实务的模型。

三、行政管理实务的研究系统

行政管理实务的研究对象包括政府行政机关对社会公共事务的管理和政府行政机关对其内部事务的管理。行政管理的研究对象决定行政管理实务的研究系统，行政管理实务的研究系统由行政管理实务的研究对象、特点和相关技能组成。

（一）行政管理实务的研究对象

在行政管理产生初期，行政管理的研究对象仅局限于行政法，即研究法律对行政的规范。到 20 世纪初，其研究对象得以扩展。1926 年美国学者怀特 · 伦纳德在《行政学导论》一书中，把行政管理的研究对象论述为四个方面：行政组织、人事行政、财务行政、行政法规。随着社会、经济、文化的发展，科学技术的进步，管理科学的完善，行政管理的研究对象更加丰富，见表 1-6。

表 1-6　行政管理实务的研究对象

研究系统	主要对象	基本内容
概念系统	行政管理的基本问题	● 行政管理的概念及其特点，行政管理的研究内容与范围等 ● 行政管理的产生与发展，行政管理的发展阶段及其特点 ● 学习与研究行政管理的方法与意义等
环境系统	行政环境	● 经济环境的构成要素、特点及其对行政管理的影响 ● 政治环境的构成要素、特点及其对行政管理的影响 ● 文化环境的构成要素、特点及其对行政管理的影响
主体系统	行政组织	揭示行政主体组建的指导原则，探求行政组织高效化的最佳结构
	行政领导	揭示行政领导在行政管理中的指导作用、行政领导的素质和群体结构、行政领导活动科学化的原则和方法
	行政决策	揭示行政决策科学化的原则、程序、方法和体制
	行政执行	科学的行政决策与高效的行政执行的内在关系，以及高效的行政执行应遵循的原则和方法
客体系统	人事行政	揭示人事管理的对象和规律，掌握人事更新和人事激励的技巧，学会人力资源的开发和管理
	财务行政	揭示财务行政的研究对象和内容，掌握财务行政制度和规则，熟悉财务行政的方法和技巧，发挥财务行政在行政管理实务中的基础作用
方法系统	行政监督	揭示行政监督在行政管理的监督机制中的作用，行政监督的体制、原则、程序和方法
	依法行政	阐明依法行政是现代行政管理科学化的重要标志，揭示行政管理法制化的原则、途径和方法
	机关行政	阐明行政机关是行政管理的实体和枢纽，介绍机关行政管理的原则和方法，掌握电子政务等科学化、现代化的管理手段
目标系统	行政效率	阐明行政效率是行政管理追求的目标、行政效率与行政改革的关系，揭示提高行政效率的途径和方法，以及行政改革的趋势和规律

（二）行政管理实务的特点

行政管理实务研究的基本内容，是以行政主体为核心，串联了行政管理的基本过程、环节和要素的有机联系的整体，它体现了行政管理实务的基本体系。从其研究对象、研究内容可以看出，行政管理实务的特点如下。

1. 政治性和社会性

行政管理实务是研究国家行政组织对社会政务进行有效管理的规律的科学，是政治学的分支，具有鲜明的政治性。

行政管理实务揭示行政组织管理社会公共事务的规律，是管理学的分支，具有社会性。

行政管理实务集政治性和社会性于一体。一方面，它在总体上为统治阶级的利益服务；另一方面，它所揭示的管理规律和方法又为不同阶级、不同政治倾向的管理者所接受和共享。

2. 理论性与实践性

行政管理实务的范畴、原则、原理等，都有较强的理论性。

行政管理实务有具体的管理模式、手段和方法，有很强的实践性。

行政管理实务理论性与实践性统一的特点，使这门学科具有明显的生机和活力。

3. 综合性和独立性

行政管理实务是一门综合性、交叉性的学科，它广泛运用了政治学、法学、管理学、社会学、经济学、统计学、系统论等基本原理。

行政管理实务具有独立的研究对象、范畴、体系，因而成为一门独立的、具有可操作性的技术应用型学科。

第二节　行政管理的发展阶段及其特点

一、行政管理的产生

行政管理作为一门学科，它的产生需要一定的社会条件和科学理论条件。自从人类社会出现了国家，就产生了国家的组织和管理活动，有管理活动必有管理思想。行政管理理论是行政、管理思想的系统化、定型化，是在积累、发展和科学抽象过程中建立起来的。

（一）行政管理产生的标志

行政管理的思想理论源远流长，但一直到19世纪末才出现将其作为一个独立的专业领域的主张。“行政学”这一概念最早出现于德国学者史坦因1865年撰写的《行政学》一书，但他所说的行政学的主要内容是行政法，而且也没形成理论体系。行政管理产生的标志是美国学者伍德罗·威尔逊在1887年发表的《行政学研究》一文，伍德罗·威尔逊因此被誉为行政学的奠基人。美国学者古德诺提出政治与行政二分法，把行政学从政治学中分离出来。最早对行政管理的内容进行系统研究和阐述的是美国学者怀特·伦纳德和魏洛比，他们的学术著作与美国学者费富纳的行政学专著被誉为的“三足鼎立”的行政学教科书，标志着行政管理的形成。

（二）行政管理产生的实践需要

行政管理是资本主义工业大发展的必然产物。19世纪末20世纪初，随着社会的发展和进步，出现了行政学产生的社会条件和实践需要。

西方一些国家由于产业改革后社会大生产发展带来工业、科技、交通等的发展，政府管理职能日益增多，存在行政经费开支急剧膨胀、公务员贪污腐化、效率低下的现象，引起社会公众极大不满，如何改进行政管理、提高效率，成为当时社会人们共同关注的大课题。正是在这种情况下，一些早期的资本主义国家着手改革行政，以提高行政效率。也正是在这一背景下，行政管理应运而生。

（三）行政管理产生的理论条件

从理论上看，西方行政管理的产生既是西方政治学发展的一个必然结果，也是西方管理学兴起的理论产物。

古希腊学者亚里士多德在其《政治学》、英国学者洛克在其《政府论》、法国学者孟德斯鸠在其《论法的精神》等著作中，都论述过行政机关的职能及其运行状况。一种现代化的管理理论体系的形成，离不开一定的科学理论，需要吸取许多相关的理论研究成果。1910年德国的马克斯·韦伯出版《社会组织与经济组织理论》一书，其中提出著名的“官僚组织理论”。1911年美国的泰勒在其出版的《科学管理原理》一书中提出著名的科学管理理论。正是管理学的迅速兴起推动了行政管理走向成熟。

二、西方行政管理的发展

（一）形成阶段（19世纪末到20世纪30年代）

行政管理的形成阶段作为行政管理发展史上的第一个阶段，人们常称之为科学管理阶段，其预见了行政学研究的重要性，论述了行政学的研究对象、内容及遵循原则和方法，形成了一个独立的研究领域，为行政学的建立奠定了基础。

表 1-7 中列出了行政管理形成阶段的代表人物及其观点。

表 1-7　行政管理形成阶段的代表人物及其观点

主要代表	学术著作	基 本 观 点
美国 伍德罗·威尔逊	《行政学研究》 （1887）	● 行政管理是政府工作中最突出、最显著的部分，必须重视行政管理的研究 ● 行政管理的研究内容不同于政治学的研究内容，主要应该研究公务员制度、行政组织和行政活动
美国 古德诺	《政治与行政》 （1900）	● 将政治与行政区别开来的目的在于说明行政可以作为一个独立的研究对象加以研究 ● 为相对独立地研究行政管理奠定了理论基础
法国 法约尔	《一般管理和工业管理》 （1916）	● 提出了有关管理的五大基本功能理论，即计划、组织、指挥、协调和控制 ● 提出了著名的有关管理的 14 项原则 ● 重点考察和研究了组织效率问题
美国 泰勒	《科学管理原理》 （1911）	● 关于工作方法标准化的思想 ● 提出了管理职能专门化的思想，主张把计划职能与执行职能分开
美国学者 怀特·伦纳德	《行政学导论》 （1926）	● 把复杂的行政要素归纳为组织原理、人事行政、财务行政、行政法规四大部分 ● 在行政管理的发展史上第一次建立了较为系统的行政管理理论体系

在行政管理形成阶段，行政学研究的主导范式是制度功能行政观。在行政学研究中，以效率和经济为出发点，强调行政的权力结构、功能、程序和规章制度，强调行政组织的作用等。基本上建成了比较完整的行政管理理论体系，对于当时的行政管理实践也起到一定的指导作用。

（二）发展阶段（20 世纪 40 年代至 70 年代）

20 世纪 30 年代出现世界性经济危机，西方行政管理学的发展进入了一个新的时期，出现各种理论学派并存、共同发展的局面。这一时期有代表性的理论学派主要有行为科学学派、决策理论学派和系统理论学派，其代表人物及其理论、观点见表 1-8。

表 1-8　行政管理发展阶段的代表人物及其理论、观点

主要学派	主要代表	基本理论	基 本 观 点
行为科学学派的行政管理（主要是指以行为科学理论为基础建立起来的行政管理）	梅奥	人际关系学说	提出了“社会人”的理论假设。从这一假设出发，建立了后来的行为科学学说。这种理论认为，人不仅仅具有物质方面的需要，而且还具有多方面的其他需要
	马斯洛	需要层次理论	● 人的需要是由生理需要、安全需要、社交需要、尊重需要和自我实现需要等组成的需要结构 ● 管理的真谛就在于管理者通过满足被管理者的各种需要来激励管理对象努力工作，从而实现管理的目标
	巴纳德	非正式组织的理论	行为科学的理论家们还提出了非正式组织的概念，他们认为在管理过程中不但发挥正式组织的作用，而且还要注重发挥非正式组织的作用

续表

主要学派	主要代表	基本理论	基本观点
决策理论学派的行政管理（主要是指以行政决策理论为基础建立起来的行政管理）	西蒙	行政决策理论	● 提出管理就是决策，决策是整个行政管理过程的中心 ● 使用“行政行为”一词，表明行政决策理论也是在吸收行为科学行政管理成果基础上建立起来的 ● 不但研究了行政组织决策的程序问题，而且提出了以“满意”决策为准则的有限理性决策理论
	林德布洛姆	渐进决策理论	渐进决策理论主要从政策制定的角度来讨论决策问题，认为决策是一个渐进的过程，即任何政策的制定（决策）都是通过对原有政策的修修补补而形成的
	埃佐尼	混合扫描决策理论	混合扫描决策理论认为决策有根本决策与非根本决策之分。一般来说，理性决策适用于根本性决策，而渐进决策则适用于非根本性决策
系统理论学派的行政管理（主要是指以系统理论为基础建立起来的行政管理）	F.W. 雷里格斯	行政生态理论	● 主要探讨了行政环境与行政管理的相互影响和相互作用问题。他认为一个国家的国情影响并塑造一个国家的行政管理，使该国形成特有的行政模式；同时，特定的行政管理模式又反过来影响该国的社会发展和社会变迁
	罗森茨韦克	系统管理理论与权变管理方法	● 管理是因人、因时、因地、因条件而变化的，根本不存在对所有管理者都适用的管理模式 ● 系统是自变量，管理是因变量，管理的方式要随着行政系统内外环境而改变，没有一成不变的管理模式 ● 无论是行政组织模式还是行政领导模式，都会因环境的改变而改变，在不同的环境下具有不同的行政组织模式和行政领导模式

行政管理理论呈现出学派众多、理论繁荣的局面，除了行为科学学派、决策理论学派、系统理论学派这些不同学派的基本理论体系，每一学派的理论中又出现了不同的理论，可以说行政管理开始了“百花齐放”的时代。

行政管理的理论形态更加完善，各个学派的理论家纷纷建立了自己相对完整的行政管理理论，行政管理在学术界的影响也越来越大，对行政管理的实践发挥着重要的作用。

（三）成熟阶段（20 世纪 80 年代至今）

20 世纪 80 年代以来，特别是 20 世纪 90 年代以来，行政管理不断开拓新的研究领域和角度，不断引进新的理论和方法，并且多种理论相互渗透、交叉发展，研究越来越精细化、科学化，研究问题更趋向现实。此阶段的主要代表及其理论、观点见表 1-9。

表 1-9　行政管理成熟阶段的代表人物及其理论、观点

主要学派	主要代表	基本理论	基本观点
新公共管理理论（主要是指以国家公共行政改革为基础建立起来的行政管理理论）	玛格丽特·希达尔·撒切尔	国家公共行政改革运动	● 政府不应该是一个高高在上的、自我服务的官僚机构，而应该是为公众服务的机构 ● 公众作为为政府提供税收的“纳税人”，是政府的顾客，理应享受政府提供的良好服务，公共部门有义务提高服务质量 ● 为了提高公共部门的服务效率，政府有必要引进私营部门的管理方法，政府管理应按照顾客的要求，建立明确的服务标准，提供回应性服务，以实现改善公共服务的目的

续表

主要学派	主要代表	基本理论	基本观点
政府治理理论（主要是指以治理理论为基础建立起来的行政管理理论）	西方国家政府	政府治理理论	● 所谓“治理”，就是“最少限度的国家”“按照私营企业模式进行管理”，是一种“有效的管理”“良好的管理”，治理是一种管理过程，包括公共权威的树立、治理机制的建立和治理方式的多样化 ● 政府具有多样性和复杂性，因此需要放松规制，政府只掌舵而不划桨，只当裁判员而不当运动员；政府与非政府组织、公民之间应建立平等协商和合作的关系 ● 在公共服务的供给中，应该让私营和志愿性机构越来越多地参与服务供给和战略性决策；私营组织、中介机构将越来越多地承担过去仅由政府来承担的公共责任 ● 在公共服务的提供方式上，政府可以采取合同承包的方式，由民营机构、非政府组织来为社会提供公共服务。政府治理理论与新公共管理理论相互补充，其主要观点基本上是一致的
后现代公共行政管理理论（主要是指以满足公共需求为基础建立起来的行政管理理论）	西方国家政府	后现代管理理论	● 认为后现代公共行政就是具体问题具体分析，就是替公民办实事 ● 后现代公共行政理论的核心概念是它所说的“公共能量场”，这个“场”是一个“具体”的场合，是一种办公的场所。“场”是作用于情境的力的复合。这个力不仅仅是政府，还应包括社会的其他单元 ● 其实质是强调公共行政是一种针对特定事件的特定行为，强调行政管理过程中的普遍参与，目的在于为公民提供个性化的公共产品或公共服务

20 世纪 80 年代以来的行政管理理论的共同特征是崇尚市场力量、市场作用和市场机制。这一阶段行政管理理论研究呈现出明显的市场化特点，画出一条从管制到治理的改革曲线，提倡行政管理应由满足官僚政治需要转向满足顾客需求，反对政府强制干预，倡导社会的共同自治，对膨胀的、低效率的政府表示不满，主张小政府、大社会，要求从重投入、重规章，转向重产出、重结果。

三、我国行政管理的研究状况

中国是文明古国，行政管理出现很早，有丰富的实践经验，特别是在长期的封建社会中，形成了一套严密的封建行政管理体系和思想。在世界上较早建立了古代国家制度和以政府为主体的社会管理制度。同时，我国古代的思想家们就如何强化和改进政府管理也提出了很多重要的思想。例如，孔子提出“仁政”的思想，老子提出“无为而治”的思想等，对中国几千年以来的政府管理都产生过十分重要的影响作用；封建官僚制度、大一统的国家行政组织体制、严格的等级制与监察制、官吏管理制度等，都曾为西方行政学的建立和发展提供了经验。但由于不具备产生行政管理的条件，在中国封建专制统治时代，没有形成系统的行政管理理论。

（一）早期行政学的形成

近代的中国开始接触现代行政管理。20 世纪初，我国就翻译出版了美国学者和日本学者的一些行政学著作。1896 年梁启超在《论译书》中建议“ 我国公卿要学习行政学”。国内出版的较有影响的行政管理著作主要有《行政纲目》《行政学总论》等。20 世纪 30 年代，我国学者已经对行政学进行了系统研究，并写出了一些很有影响的行政学著作。例如，1935 年张金鉴所著的《行政学的理论与实际》，1936 年江康黎所著的《行政学原理》，都是一些在当时学术界有相当影响的著作。行政学得到了当时学术界的认可，一些大学也纷纷开设行政学课程。行政管理在中国受到欢迎，并得到较快的发展。从 20 世纪 30 年代起，不少学者致力于行政学研究，开设行政学课程，创办行政学刊物，出版行政学著作，建立行政学会。

（二）革命战争时期行政管理的积累

在中国共产党领导下的革命根据地政府，在行政管理方面积累了宝贵的经验，例如，人民政府由人民当家做主的思想和实践，人民政府贯彻精简和廉洁的原则，干部制度上坚持任人唯贤、德才兼备的原则，中央与地方适当分权的原则，人民群众和专门机关相结合的监督制度，集体领导与个人分工负责相结合的行政领导制度等。这些实践经验，保证了根据地政府行政管理工作的科学和有效。

（三）新中国成立以后行政管理的发展状况

中华人民共和国成立后，人民政府适应新环境、新任务的需要，在行政管理中贯彻精简、统一、效能、节约和反对官僚主义等原则，促进了革命建设的胜利。

（四）改革开放以来行政管理的发展状况

20 世纪 70 年代末 80 年代初，我国提出以经济建设为中心，并开始进行经济体制改革，科学技术和教育事业受到应有的重视，社会科学出现了繁荣局面。随着政治学、法学、社会学等学科的恢复和发展，一些学者发表文章，提出要恢复和发展我国行政管理。同时，我国行政管理改革的实际需要也呼唤着行政管理在中国的复兴。我国改革开放以来行政管理的发展状况见表 1-10。

表 1-10　我国改革开放以来行政管理的发展状况

时间	事件	内　容
1984 年 8 月	行政管理学研讨会	由国务院办公厅和劳动人事部联合发起召开了全国性的行政管理学研讨会，并正式宣布着手筹备建立中国行政管理学会
1986 年	试办行政管理专业	● 国家教委批准，分别选择一所国家教委直属重点大学和一些地方大学开始试办行政管理专业 ● 武汉大学和郑州大学作为试点在当年招收了行政管理本科学生 ● 在其他一些大学也开始开设行政管理课程，自主招收专科阶段的行政管理进修班学生
1989 年	国际行政学会会员国	● 1989 年 7 月国际行政学会 21 届大会正式接纳我国为会员国，取消了台湾非法的“会员国”资格，为我国开展行政科学的国际交流开辟了渠道 ● 1989 年 12 月我国被邀请参加亚太地区行政学会员国会议
1994 年	成立国家行政学院	1994 年正式成立国家行政学院，各省、市、自治区和地、市、县地方政府也纷纷成立了地方行政学院，行政管理也成为各级干部的必修课
2001 年	招收公共管理硕士研究生	经国务院学位委员会和人事部批准，2001 年我国开始招收公共管理硕士（MPA）研究生

第三节　学习行政管理实务的意义、原则和方法

一、学习行政管理实务的意义

（一）有助于正确行使国家权力，发挥国家行政职能，促进社会发展

行政管理是上层建筑的重要组成部分，它的状况如何对经济基础的巩固和发展有强大的反作用，直接关系着国家、民族的兴衰。行政管理是一个多因素、多环节、多变化的复杂系统，严格遵循客观规律办事，坚持行政管理的原理、原则，就能促进社会发展。有的国家或地区，社会性质、环境条件没有多大变化，但在不同时期，其发展状况却大不一样，原因之一是行政管理状况不同。从实际出发，科学地制订和组织实施发展战略计划，发挥本地区优势，避弃劣势，就会使面貌大为改观。

中国行政管理坚持以马克思主义为指导，并不是说马克思主义能替代、包罗行政管理。行政管理作为一种社会现象必然有其内在的规律，以马克思主义为指导来总结归纳行政管理实践，才能形成有中国特色的行政学。

（二）有助于坚持党的基本路线，建设有中国特色的社会主义

党的基本路线规定了我国现阶段行政工作的方向，党的基本路线需要通过政府管理来实现。学习行政管理实务，改善行政工作，正是实现党的基本路线的需要。

我国行政管理的各个方面，都要紧紧围绕经济建设这个中心，坚持改革开放。行政管理结果的评价都要以习近平新时代中国特色社会主义思想作为准绳。我国人口众多、幅员辽阔，具有独特的文化传统，处于社会主义初级阶段，面临社会主义现代化建设的艰巨任务。在这样的国情基础上进行有效的行政管理，不能照搬现代西方行政管理模式，必须探索有中国特色的行政管理理论、方法。学习行政管理实务的基本知识，有助于建设有中国特色的行政管理，指导中国建设，实现党的基本路线。

（三）有助于了解行政管理的基本规律，为行政管理的科学化提供理论依据

研究和学习行政管理的一个重要目的就是要了解和掌握行政管理的运行规律。我国公共行政的改革与发展，离不开科学理论的指导。政府职能的界定、政府机构的改革、行政决策的科学化与民主化、行政观念与方法的革新等，都需要用行政管理科学指明方向。没有科学的理论，就没有正确的实践。

改革开放以来，我国行政管理领域发生了巨大的变化，但面临的新情况、新问题依然很多，行政管理要适应社会主义市场经济的需要，要适应和国际接轨的需要，要解决国内社会问题而革故鼎新的需要等，因此要深入探讨研究行政管理科学的理论，研究、引进、消化国际社会行政管理科学的理论成果和最新的实践经验。

（四）有助于迎接当代科技革命的挑战，有利于加强我国在国际竞争中的地位

当代世界科技革命推动着人类社会生活的变革，人们的观念、劳动和生活方式发生了一系列变化，国家管理也更加复杂化，这就要求行政管理适应变化，有所提高。

当代世界科技革命对我国现代化的腾飞，既是一场严峻的挑战，又是一个新的机遇。能

否充分利用这个机遇，迎接这场挑战，加强综合国力，在很大程度上取决于是否实行科学的国家行政管理，行政管理能否为科技发展创造良好的外部环境条件，能否促使先进的科学技术尽快转换为生产力。

（五）有助于提高管理人员的素质，提高行政管理效率

目前我国行政管理人员文化水平有所提高，但专业技能和管理知识还不能适应工作的要求。具有相当管理专业水平的“软专家”则更少。行政学是每个国家行政干部的必修课，是治国兴邦、促进干部成才的科学。党政系统、工青妇系统、工厂企事业单位的管理工作人员也有必要学习行政学，因为行政管理与各行各业的管理是分不开的。

学习行政管理科学，可以提高行政管理的技能，提高行政管理效率。有效率的工作来源于扎实的基本功和深厚的理论知识功底。行政管理是一种职业，而任何一种职业都需要一定的职业技能和专业理论知识。没有对行政管理活动规律的认识，不可能做好自己的工作。

二、学习行政管理实务的原则

（一）要以习近平新时代中国特色社会主义思想为指导

我国行政管理对于古今中外的理论成果应当广采博取，兼收并蓄，以丰富和充实自己。我们继承历史遗产，但又不是全面复古；学习西方国家先进经验，但反对全盘西化。要以习近平新时代中国特色社会主义思想为指导，系统地研究习近平新时代中国特色社会主义思想，丰富行政管理的理论体系。

（二）要紧密围绕经济建设和社会主义市场经济下的行政体制改革

经济体制、行政体制以及其他方面的改革是推进经济建设的主要动力，建设有中国特色的社会主义行政管理应紧密围绕经济建设、经济体制和行政体制改革，而其中与行政体制改革的联系尤为直接。

发展社会主义民主政治，建设社会主义政治文明，是全面建设小康社会的重要目标。必须在坚持四项基本原则的前提下，继续积极稳妥地推进政治体制改革，扩大社会主义民主，健全社会主义法制，建设社会主义法治国家，巩固和发展民主团结、生动活泼、安定和谐的政治局面。

（三）要促进与相关学科的交叉融合

由于行政管理与经济学、财政学、管理学、政治学、法学、社会学、心理学、伦理学、人才学、公共关系学、统计学等密切相关，这些学科有了长足的发展，使得行政管理与这些学科的研究领域部分原理有共同的适用性。因此，这些学科提出的理论、原理、法则、方法等，有些可直接移植融入行政管理理论体系之中，加以借鉴或参考。建设中国特色社会主义行政管理的过程应当是开放的过程，越是加强与相关学科的结合，从相关学科吸收的理论、原理越多，就越能加快它的成长和成熟。

三、学习行政管理实务的方法

学习行政管理实务的根本方法是唯物辩证法的理论联系实际的方法，除了根本方法外，学习行政管理实务还有很多具体的方法。

（一）学习行政管理实务的根本方法

唯物辩证法是指导人们有效探索中国特色行政管理规律的根本立场、观点、方法。其基本观点包括：存在决定意识，意识反作用于存在；经济基础决定上层建筑，上层建筑反作用于经济基础；一切事物都是互相联系、发展变化的；一切事物的存在和发展都要以时间、地点、条件为转移。

理论联系实际是唯物辩证法的根本方法，也是中国共产党一贯倡导的进行理论研究和实际工作的科学态度、作风和方法，在行政管理实务的学习中，必须始终坚持这种根本方法。按照理论联系实际的要求，在学习行政管理实务的过程中，必须坚持“实践—理论—实践”的路线；通过总结行政管理的实践经验而发现行政管理的规律并使之上升为理论，然后用这些理论指导行政管理实践，并在实践中使这些理论得到检验，逐步完善。

（二）学习行政管理实务的具体方法

行政管理实务是一门综合性的社会科学，为此凡属其他社会科学使用的研究方法（如比较研究法等），在行政管理实务的学习中都可充分利用。

1. 比较研究法

比较研究法是指把不同时期、不同国家或地区的行政管理制度、特点、经验或单项的组织、人事、财务、决策等加以全面比较，寻求异同，权衡优劣利弊，取长补短的一种方法。有比较才能有鉴别，有鉴别才能有发展，这种方法可开阔视野和思路。

2. 历史研究法

历史研究法是指从历史发展过程中观察和研究行政管理问题的方法，即研究行政思想史、学说史、理论史、行政组织史、领导史、决策史、法制史、财务史、官僚史、改革史等，从中找出有规律性的东西，探求对现在和将来具有实际意义的原则和方法。

3. 行为科学研究法

行为科学研究法是指研究行政管理的过程中人的心理行为及环境对人的影响等，揭示人的内在心理需要和行为动机之间的关系，创造一种和谐的客观环境以调动人的积极性、创造性的方法。

4. 调查研究法

行政实践是行政管理实务生成和发展的肥沃土壤，要全面深入地理解行政学，就要到实践中去观察和调查。中国行政管理除了各国共有的规律外，更有自己特殊的规律，它们只能源自中国的行政管理实践，当前尤其要重视对行政管理改革实践的考察与研究。

5. 案例研究法

案例研究法是通过对已发生的真实而典型的行政事件的发生过程、行政行为和方法等进行系统分析，总结行政管理的原理，指导行政管理的方法。案例研究从具体到一般，通过生动的、具体的例证使人们掌握行政理论。

6. 模拟法

模拟法是指为了某一特定目的，通过模型尽可能正确地模仿实物的重要特性，再现某一事件的基本因素，以便进行研究而得出结论的一种方法。作为一种新的研究方法和技术，模拟法是在系统工程与运算学范围内发展起来的。

◎ 案例讨论

管理者需要具备五种观念

管理人员需要具备各种不同的观念，尤其是五种管理观念：反思的观念、分析的观念、练达的观念、合作的观念以及行动的观念，每一种观念都有自己的主要对象或者目标。就反思而言，主要对象是自我，没有自知之明就不可能拥有洞察力；合作使对象超出了自我，进入管理人员的关系网络；分析的对象比合作更进一步，扩大到组织。组织的基础是对各项活动进行系统的分解，这正是分析的内容。在组织之外是练达这一观念的对象——情景，即组织周围的世界。最后，行动观念通过变化，自我的变化、关系的变化、组织的变化和情景的变化——把所有的东西都聚到了一起。管理者应该把这些观念当作一种态度，一种拓宽视野的思维模式来看待。

自我管理：反思的观念。管理人员迫切需要的是停下来思考，仔细回顾和彻底思考他们的经验。所有事情只有经过消化，经过反思，与一般的模式建立联系，并经过综合，才能转化为经验。善于反思的管理者不仅能够向内看，由内及外，还会向以后看，了解过去以更好地展望未来。

组织管理：分析的观念。分析与组织的关系甚为紧密。没有分析，你就不可能进行组织，特别是在大公司里。好的分析为组织工作提供了一种语言，它使人们能理解是什么东西推动着他们的工作，它提供衡量业绩的评价指标。对今天的许多管理人员以及培养他们的商学院来说，问题不是缺乏分析，而是分析得太多了——至少常规的分析太多了。要做出正确的决定意味着必须超越肤浅的分析和简单的计算技术，采取深入分析的观念。

情景管理：练达的观念。我们应当深入了解我们自己世界以外的世界——了解别人所处的环境、生活习惯和文化，从而能够更好地了解我们自己的世界。这对我们来说就是练达的观念。虽然全球管理人员可能花很多时间乘飞机在世界各地旅行，但他们只有脚踏实地，吸收方方面面的经验，才能变得练达。

关系管理：合作的观念。真正的合作观念讲的是关系管理——在团队和项目之中，以及部门和联盟之间的人际关系管理，而不是讲人员管理。真正的合作观念要求管理人员突破授权的概念，达到更高一层的承诺。这还意味着要摆脱英雄式管理，朝着参与式管理风格转变。

变化管理：行动的观念。行动观念的诀窍是对需要改革的那些事情下手，同时又小心地维持其余的部分。要获得成功，改革就不能遵循机械的程序和模式按部就班地进行。行动和反思必须融合在一个自然的流程之中，这个流程还得包括合作。当然，强有力的行动也是必要的，但是这并不意味着多动或者无休无止、毫无目的地改动结构。行动力意味着保持好奇心、警惕性和勇于试验。

（资料来源：戈斯林，明茨伯格，李士兴. 管理者的五种观念. 哈佛商业评论，2003（12）：66–81.）

讨论题：

请结合自身优缺点，分析自己怎样成为一名合格的企业管理人？

◎ 实训活动

一、实训项目

模拟行政管理服务有限责任公司（以下简称模拟公司）。

二、实训内容

在行政管理实训室里，每人扮演模拟公司的不同角色，从而锻炼综合实训能力。

三、实训设施

行政管理实训室、常用办公设备、开放式办公区。

四、实训指导

1. 组建模拟公司

将人员分为四组：第一组为企业形象设计组，负责提供三套模拟公司的名称和标志方案，供集体选择。第二组为组织结构设计组，负责提供模拟公司的组织结构设计方案，提供大型公司或小型公司的组织结构图。第三组为管理运作程序组，负责提供模拟公司管理手册和运作程序。第四组为项目运作组，负责提供模拟公司运作项目的可行性方案。每个组按时完成实训任务，将任务书做成电子手册，用于展示和说明。

当公司名称、标志和组织结构确定下来后，通过个人竞聘、民主表决的方式推选出公司总经理、经理助理和部门经理，根据个人选择和工作需要分配到各个部门的不同岗位，正式宣布模拟公司成立。然后，制作模拟公司的管理手册，以运作项目的方式运行模拟公司的各项职能。

2. 成立模拟公司的程序

（1）模拟公司 CI 设计：第一部分是企业视觉识别（VI），包括标志、标志释义、企业理念标语、标准色彩。第二部分是企业理念识别（MI），包括经营理念、经营规则、文化内涵。第三部分是企业行为识别（BI），包括企业策略系统以及理念系统。

（2）设计公司组织结构：制订模拟公司的组织结构设计方案，提供大型公司或小型公司的组织结构图。

（3）制作公司管理手册：拟定模拟公司的管理手册和运作程序。

五、实训点评

通过观察每位参与者的表现并给出评价，训练学生对行政管理的观察能力、应变能力。

六、实训报告

请将实训所得结果填写在实训报告纸上。

◎ 复习思考题

1. 简述行政与管理的区别和联系。
2. 学习行政管理实务的意义是什么？
3. 简述行政管理实务的研究系统。
4. 论述西方行政管理的发展阶段。
5. 论述行政管理与其他相关学科的关系。

第二章

行 政 环 境

◎ 学习目标

- **知识目标**

识记：行政环境、政治环境、经济环境、文化环境、自然环境、国际环境的含义。

领会：行政环境对行政管理的决定性和制约性，行政管理对行政环境的适应性和能动性。

应用：理解行政管理实务在我国行政环境下的发展与运用，以及学习和研究行政环境理论的必要性和重要性，将其应用于我国行政管理的实践活动中。

- **能力目标**

应知：行政职业能力中的适应能力，行政管理实务的适应性。

应会：解决行政秘书在特定行政环境中遇到的问题，完成行政管理的任务。

掌握：行政秘书对行政环境的认知能力、辨别能力、判断能力和分析能力，发挥行政管理实务的能动作用。

◎ 情景导入

当宋敏走出大学进入社会，开始扮演行政秘书角色的时候，遇到的是一个未知的行政环境。以往在学校里学过的知识、技能都要接受环境的检验。作为行政秘书，一定要树立行政环境意识，了解国际与国内的政治、经济、文化环境的特点，运用已掌握的相关行政技能，发挥行政管理实务的能动性，提高行政效率。

第一节　行政环境概述

行政管理活动要在一定环境中进行，构成行政环境的要素层次多、范围广，既有政治、经济、文化、自然等宏观环境，又有涉及人们思想观念、活动方式和心理状态的微观环境。

案例分析

从计划经济到市场经济转变的行政环境

据人民日报报道，1979 年 11 月 26 日，邓小平在会见外宾的谈话中讲道：“说市场经济只存在于资本主义社会，只有资本主义的市场经济，这肯定是不正确的。社会主义为什么不可以搞市场经济，这个不能说是资本主义，我们是以计划经济为主，也结合市场经济，但这是社会主义的市场经济。”1992 年，邓小平在南方谈话中公开提出：“计划多一点还是市场多一点，不是社会主义与资本主义的本质区别。计划经济不等于社会主义，资本主义也有计划，市场经济不等于资本主义，社会主义也有市场。计划和市场都是经济手段。”“不要以为，一说计划经济就是社会主义，一说市场经济就是资本主义。”

分析：行政管理系统作为一个开放的系统，它必须要与其特定的环节交换信息和能量。或者说，任何一种行政管理系统总是在一定的环境下生存和发展的，离开了特定的环境，行政管理活动就无法进行。因此，在研究行政管理学时，首先要讨论行政管理的环境，分析行政管理环境的特点与类型，以及经济、政治、文化等不同的行政环境对行政管理的影响。

一、环境与行政环境

（一）环境与行政环境的含义

1. 环境

汉语“环境”一词正好由组成这个词的两个字义合成：“环”指围绕、周围；“境”指情况、状况，合起来便是“周围的情况和条件”。不难看出，“环境”一词含有一种预设，即先假定存在一个不同于其他东西的事项，并以此为中心来看待周边诸多因素。日常使用中，处于“周围”中心的事项，既可以是人也可以是事或物。因而环境的具体内涵十分广泛，从自然、社会到历史文化等无不涉及。“环境”一词主要有两层意思：一是指环绕所辖的区域，二是指某一主体周围的境况。环境就是指处于特定系统边界之外的一切因素的集合。

相关链接

美国著名的管理系统理论学者卡斯特与罗森茨韦克认为，边界的作用在于说明组织的特性及了解组织与外在环境间的关系，而且边界的有无渗透性是判别封闭与开放组织理论的重要标志。若边界是刚性、不可渗透的，则该组织或者系统是一个孤立的、自我封闭的系统，与外在环境无任何关系；反之，则是一个开放的系统。

（资料来源：胡象明. 行政管理学. 北京：高等教育出版社，2005.）

2. 行政环境

行政环境是直接或间接作用、影响行政系统的各种要素的总和，这里主要指行政系统的外部环境。行政环境是针对特定行政组织而言的，不存在抽象性的行政环境。

表 2-1 中列出了行政环境的定义和内涵。

表 2-1 行政环境的定义和内涵

项目	主 要 内 容
行政环境的定义	行政环境就是处于特别行政系统之外的，能够对该系统的存在、运行和发展产生直接影响或间接影响的各种事物与情势的总和
行政环境的内涵	● 行政环境是针对具体行政系统而存在的 ● 行政环境通过边界与行政系统相区分 ● 行政环境构成成分的关键属性在于能够对行政系统的存在、运行与发展产生影响 ● 行政环境既包括有形的事物，也包括无形的情势

（二）行政环境的特点

系统论认为，行政环境与行政系统相互作用，共同构成一个更为高级的行政生态系统，而行政环境本身即是一个与行政系统相并列的有机系统。

（三）行政环境的类型

行政环境具有客观性、广泛性的特征，其构成因素众多，它们既相互联系又相互制约，各种关系错综复杂。在行政管理理论界，出于理解与研究的需要，人们常常对纷繁复杂的行政环境进行类别划分。由于理解与研究的角度不同分类的标准也就不一样，这就使得行政环境可以被划分成许多不同的类型，具体见表 2-2。

表 2-2 行政环境的类型

分类标准	类型	主 要 内 容
根据形成过程及其与人类活动的关系划分	自然行政环境	自然行政环境是指对行政系统的存在与运行起影响作用的各种自然因素的集合或统称，包括天气、地质结构、原始森林等
	人造行政环境	人造行政环境是在人类社会活动中形成与发展起来，能够对行政系统的存在与运行产生影响的各种环境因素的总和
根据对特定的行政系统的作用与影响层次划分	宏观行政环境	宏观行政环境是能够对行政系统策略层次的存在与运行产生直接或间接影响的行政环境因素的集合
	中观行政环境	中观行政环境是影响特定行政系统的各种局部性构成成分和影响方面的局部性与非全面性的行政环境因素
	微观行政环境	微观行政环境是特定组织内部作为个体的工作人员在具体行政管理活动中必定要与之接触的各种物理、生理与心理因素的总和
根据行政区划或者一国政府的管辖区域划分	国际环境	处于一个国家的主权管辖范围之外，直接或间接地对该国行政系统产生影响的环境因素构成国际环境
	国内环境	处于一个国家主权管辖范围之内的全部行政环境因素，则属于国内行政环境范畴，也称为“国情”

二、行政环境理论的形成和发展

（一）行政环境理论的形成

对行政环境的研究起源于生态科学。生态或生态环境是指生物有机体的生存空间和生活条件，包括物理环境和生物环境两部分，它与生物有机体一起构成生态系统。在这个系统中生物与环境进行物质、能量和信息交换，从而实现自身新陈代谢的生命过程并维持生态系统的动态平衡。对行政环境与行政系统相互作用的研究产生了一门学问叫作行政生态学，它是把生态学的理论与研究方法引入行政学领域以后产生的一个新兴研究领域。行政生态学借取了生态学关于生物与环境关系的看法，把行政管理比拟为生物有机体，把行政活动的环境看作行政管理的生态环境，二者之间发生类似“物质循环、能量变换和信息变换”的过程。当然，行政管理并不是真正的有机体，行政环境也不能等同于生态环境。不过，这种比拟对于人们理解行政环境的重要性是非常有帮助的。

相关链接

行政生态学

20 世纪 30—60 年代，以美国为代表的西方学术界兴起了把生态学理论与研究方法引入行政学研究中的研究趋势，并产生一门新的行政学分支学科——行政生态学。

首先提出行政环境问题并予以研究的是美国哈佛大学教授高斯。他在 1936 年发表的《美国社会与公共行政》中提出了行政环境与行政管理之间关系的问题。1945 年，他在亚拉巴马大学作了系列讲演，详尽而精辟地阐述了如何运用生态学的方法研究行政管理。1947 年，他发表了《政府生态学》，强调了外部环境因素对行政管理的重要性。

哈佛大学教授里格斯通过系统地运用生态学理论和方法来分析社会环境因素与公共行政之间的相互影响，建立起了较为系统的行政生态学理论体系。1957 年，里格斯出版了《比较公共行政模式》一书。1961 年，他又出版了《公共行政生态学》一书，成为行政生态学的代表作，创立了以生态学方法研究行政管理的新的学科体系。里格斯曾经担任比较公共行政组织的主席，他对行政生态学的研究做出了很大的贡献。

1967 年，费富纳和普瑞休斯合著了《行政学》，建立了行政学独立体系。

1970 年，卡斯特和罗森茨韦克合作出版了《组织与管理》，论述了组织系统与外界环境系统的互动过程及其特征。

1973 年，奈格鲁夫妇合著的《现代行政学》成为现代行政管理的基石。

1976 年，卢桑斯教授出版了《管理学导论》，认为行政管理系统只有适应环境系统，才能生存和发展。

（二）行政生态学的内容

里格斯的行政生态学理论认为，当今各国社会有三种存在形态，即农业社会、工业社会以及处于二者之间的一个“中间的”或可称之为“过渡型”的社会形态。这三种社会形态构成了一个社会形态连续体。具体而言，三种社会形态的差别主要体现在社会结构的分化程度及其功能的实现程度方面。行政生态学研究所涉及的领域有四个方面：社会环境的研究、文化环境的研究、心理环境的研究、生理环境的研究。

（三）行政生态学模式

在对不同社会环境与行政系统的相互关系进行分析之后，里格斯逐步提出了一套较为系统的行政生态学模式，也就是著名的“融合—棱柱—衍射”行政模式，见表2-3。

表2-3 行政生态学模式

类型	行政形态	主 要 内 容
融合型行政模式	农业社会的行政形态	● 经济基础是农业生产力，政治与行政不分，权力来源于君主，实行世卿世禄的行政制度 ● 就像自然光一样，传统农业社会的社会结构是混沌未开的，与之相适应，其行政行为与诸如立法、司法、军事、宗教乃至社会经济活动等其他社会行为是混杂在一起的，根本就没有出现过专业化的行政机构，因此被称为“融合型行政模式” ● 由于缺乏专业化分工，这种模式下的行政效率极为低下
棱柱型行政模式	处于农业社会向工业社会过渡期的一种行政形态	● 类似于处于三棱镜折射过程之中的自然光线，它既有农业社会行政形态的特征，又具有工业社会行政形态的特征 ● 行政行为已出现专业化分工趋势，但又未能有效实现完全的专业化分工，难以与其他社会行为区分开来 ● 专业化的行政机构已设立，但不能正常运作，功能有限，许多职能的发挥还需要由其他社会机构来完成 ● 正式建立起来的行政制度由于各种传统势力的影响而不能起到应有的规范及约束作用，往往成为摆设，形同虚设
衍射型行政模式	工业社会的行政形态	● 经济基础是美国式的自由经济或苏联式的管制经济，民众有影响政府决策的渠道，行政风范体现平等主义 ● 就像自然光线经过三棱镜折射后所形成的单色光一样，工业社会各种环境因素的结构与功能实现了高度的分工与专业化，相应地，其行政系统也在结构与功能上形成了专业化分工体系 ● 行政系统由有着高度分工的不同行政机构组成，它们各自执行不同的专业化职能，分工明确，各司其职，以科学性与效率为追求目标

三、行政环境研究的意义

研究行政环境，对于提高行政管理水平，实现行政目标，具有十分重要的理论意义和现实意义。

（一）研究行政环境是发展现代行政学的需要

行政环境是现代行政学理论的重要组成部分，也是现代行政发展的一个重要领域。每一门科学的理论研究，都有其研究的逻辑起点，行政学研究的逻辑起点，就是从研究与行政有关的各种外部环境入手，以此展开行政管理的各个逻辑环节。通过对行政环境问题的科学研究，深入探究行政环境运动、变化、发展的规律，充分认识和把握行政环境系统对行政系统的决定作用、行政系统对行政环境的能动反作用之间的相互关系以及相互作用方式与途径，才能阐明并指导行政管理的活动及其发展。

（二）研究行政环境是认识和改造环境的需要

对行政环境研究的目的在于认识、利用和改造客观环境，促进行政系统与环境系统保持动态的平衡。

（三）研究行政环境是提高公务员管理水平的需要

行政环境决定行政管理，它向行政管理提供条件和要求；但行政环境又是行政管理的客体，是行政主体的改造对象。这种主客体之间的辩证关系，要求公务员必须认真研究管理对象的特点与所提供的条件和要求，研究它的运动、变化和发展规律。因此，对行政环境的研究，有助于提高行政效益，促进经济和社会的向前发展。

（四）研究行政环境是创造良好环境的需要

国家的经济建设和各项事业的发展，都需要有良好的行政环境，包括良好的国际环境和良好的国内环境，如和平发展的国际环境，国内安定团结、长治久安的政治环境，科技、教育和文化发展的环境。

（五）研究行政环境是指导行政管理实践的需要

行政环境问题是从行政实践中产生和发展的，对它的研究归根结底是为了更好地指导行政管理。我国正处在由农业社会向现代社会转型的过程中，政府在建设现代化过程中扮演了发动者、组织者、领导者、推动者和执行者的多重角色。在这种情况下，政府的每一项改革措施和步骤，从目标设定到执行方式，都必须对社会环境的需求，人们的心态、接受程度、承受能力及可能会遇到的障碍有一个比较透彻的认识。偏离了社会环境和要求，脱离了客观条件的可能性及民众的接受程度，无论什么政策，即使在理论上设计得再完美也是行不通的。

第二节 行政环境与行政管理

行政环境与行政管理是辩证统一的关系。行政环境决定、影响或制约行政管理，行政管理也可以作用于行政环境，可以改善、创造行政环境。行政环境与行政管理的辩证关系要求行政管理必须适应行政环境，建立科学的行政管理系统。

一、行政环境与行政管理的关系

（一）行政环境决定、影响或制约行政管理

历史唯物主义认为，经济基础决定上层建筑。作为上层建筑重要组成部分的政府，是建立在一定经济基础上的，与其他上层建筑的组成部分都有密切关系。行政管理的根本性质、基本原则和职能只能由行政环境来决定。行政体制、行政目标、行政职能，乃至行政决策、行政经费及行政人员的行为方式和心理，都受行政环境的制约。

（二）行政管理必须适应行政环境

行政管理如果不适应行政环境，政府没有适应环境的能力，或一个与行政环境格格不入的政府，就无法进行有效的行政管理。所谓适应行政环境，是指行政管理必须符合特定的行政环境向它提出的要求，能够顺利地行使管理职能。如果不这样，即使再先进的行政管理方法移植到一些落后的国家也会毫无效果。

（三）行政环境的变化必然导致行政管理的发展变化

由于社会革命或社会变迁，行政环境会发生变化，行政管理必须适应这种变化。封建社会的行政管理在资本主义社会是绝对行不通的。且不要讲社会形态不同行政管理不同，就是同一社会形态的不同发展时期，行政管理也是不同的。

（四）行政管理对行政环境具有能动作用

行政管理对行政环境的能动作用是研究行政环境的重要原因之一。行政管理可以利用行政环境实际的条件和要求，制定恰当的行政目标，确立科学的行政关系。通过行政目标的实现，达到改善行政环境的目的，这是积极地适应行政环境的必然结果。如果消极地适应行政环境，行政管理会使行政环境恶化。

二、国内环境与行政管理

国内环境是由多种要素构成的，包括政治环境、经济环境、文化环境等，它们对行政管理都有很大影响，有时甚至决定着行政管理的状况和变革。

（一）政治环境与行政管理

1. 政治环境的含义和构成

政治环境是指处于行政系统边界之外，能够对行政系统的产生、存在、运行与发展过程产生直接或间接影响的各种社会政治因素的集合，是在国家政治体系中，除行政管理因素之外的其他因素的总和。从总体上说，政治环境因素主要包括国家政权组织形式及其实际运行状况、政党制度、社会团体等组成部分。

2. 政治环境对行政管理的影响

表 2-4 中列出了政治环境对行政管理影响的具体表现。

表 2-4　政治环境对行政管理影响的具体表现

形式	含义	主 要 影 响
国家政权组织形式	它是国家权力的排列组合方式，是国家权力在政府横向各部门及纵向各层级政府之间具体划分方式、互相关系及其制度体现	● 作为国家权力配置方式及其制度体现的国家政权组织形式，直接决定着行政系统在整个国家公共权力体系中的地位 ● 它在根本上从宪政制度层次决定着行政系统的基本结构、功能、运行程序及规则，以及它与其他公共权力主体间的互动关系
政党制度	政党是在某种政治体系中，通过控制或影响政府决策，以期取得和行使政治权力的社会政治组织	● 为行政系统提供社会民众的政治要求等方面较为专业、系统的信息，为行政系统的决策与管理活动提供依据 ● 运用自身所具有的政治社会化功能，在政府与社会之间建立起一座重要的桥梁 ● 通过成为执政党，从而能够通过政府运用行政权力来实现自身的政治主张
社会团体	社会团体是两个以上的社会成员基于自愿，为实现某种共同利益需求而结成的一种社会组织	社会团体是构成行政系统与社会公众之间强有力的“媒介”。通过它的作用，社会公众的许多特殊利益要求、愿望才能有效地传递给政府，而政府的政策措施往往需要通过社会团体才能在社会公众中取得支持和有效实施。社会团体不仅扩大了行政系统的效能，而且也塑造着行政系统本身，决定着行政运行程序与规则

（二）经济环境与行政管理

1. 经济环境的含义和构成

经济环境是能够对特定行政系统的存在、运行和发展产生直接或间接影响的各种经济力量、活动、行为方式以及制度规定的统称，是特定行政系统所处的国家或地区的经济力量与经济活动方式，是对行政活动有重大影响的各种经济因素的总和。经济环境基本构成要素包括经济力量、社会经济结构、经济体制以及科技发展水平等基本经济因素。

2. 经济环境对行政管理的影响

表 2-5 中列出了经济环境对行政管理影响的具体表现。

表 2-5　经济环境对行政管理影响的具体表现

形式	含义	主 要 影 响
经济力量	经济力量是行政系统所处社会系统的总体经济实力	● 由于特定社会的经济力量直接决定着该社会的社会生产力发展水平，从而也决定着其社会经济发展阶段 ● 经济力量还决定行政系统可能获得的财政收入总量与支出总量，决定着行政系统可能的职能与组织规模
社会经济结构	社会经济是一个国家或是一个地区国民经济中一系列的相关经济结构性质因素的结合	● 社会经济结构实质上体现了一个社会的生产关系构成，属于社会的经济基础，它必然要对作为上层建筑主要成分之一的行政系统产生基本性影响和制约作用 ● 社会经济结构还直接影响着行政系统在整个社会经济生活中的参与性质和参与程度，直接影响着行政职能结构、经济管理方式及管理手段的选择 ● 社会经济结构还包含有社会分工与专业化发展程度这一重要因素，对不同行政模式的形成具有重要的影响作用
经济体制	经济体制是以社会经济体制为中心的各种具体经济制度与行为规范的总和	● 行政系统的职能范围和规模、运行方式、行政手段和方法都与该国家或地区的经济体制有着密切联系 ● 经济体制直接影响着行政系统的职能范围、运行方式及手段
科学发展水平	科技发展水平是一个国家或地区科学与技术的发达程度	● 科学发展水平影响行政系统运转效率 ● 科学发展水平不断提高，会对行政系统结构产生巨大冲击 ● 科学发展水平会对行政权力的配置、形成方式产生重要影响

（三）文化环境与行政管理

1. 文化环境的含义和构成

文化环境是作为一种与经济、政治环境因素相并列的行政系统的社会环境因素类型而提出的概念，是指人们心理与意识层面的环境因素。文化环境包括行政价值文化、行政功能文化、行政运行文化以及行政公共关系文化。

2. 文化环境对行政管理的影响

表 2-6 中列出了文化环境对行政管理影响的具体表现。

表 2-6　文化环境对行政管理影响的具体表现

形式	含　义	主 要 影 响
行政价值文化	行政价值文化是社会民众在社会化过程中逐渐形成的一种基本的公共行政文化模式	● 行政价值文化是行政系统得以产生与存在的社会价值前提 ● 直接影响着行政系统的社会价值定位，从而也就决定了该系统的功能重心
行政功能文化	行政功能文化是社会民众逐渐形成的对公共行政系统所具备的功能结构的认知与价值取向模式	● 对特定功能结构的行政系统起着精神支持与维护作用 ● 是新型行政系统功能结构模式得以建立与存在的思想前提
行政运行文化	行政运行文化是社会民众逐渐形成的，关于各种公共行政问题得以有效解决的途径与方式的普遍性价值取向模式	● 自律本位的人治模式实质上就是以主观意志与个人情感作为行为依据的人治型行政系统运行机制 ● 法律本位的法治模式是要求行政系统的运行及其行为走上法治化轨道，实现依法治国，建立法治国家
行政公共关系文化	行政公共关系文化是人们在社会化过程中形成的，关于公共行政系统与民众间关系的认知、情感与价值取向	● 当公众认知和价值取向模式与现行行政系统的内在属性相适应、相协调时，它就会对该系统的存在起到进一步的巩固与维持作用 ● 当行政公共关系文化模式本身发生本质上的变更时，行政系统也将会发生相应的变革

三、国际环境与行政管理

（一）国际环境的含义

国际环境是指一个国家与世界各有关国家、地区之间在政治、经济文化、自然、地理方面的相互关系及其国与国之间的交往关系。它体现了国与国之间的相互联系、相互作用、相互制约、相互促进的关系。

（二）国际环境的内容

国际环境包括国际社会环境和国际自然环境。国际环境是一个国家行政管理所处的外部条件，是一个国家变化发展的外因，因此，国际环境中各要素的变化发展，特别是社会的政治、经济环境因素的变化发展，会直接或间接影响一个国家的行政管理，其影响作用的大小，则取决于一个国家对这种变化发展的输入、转换、输出的程度和平衡状况。

（三）国际环境对行政管理的影响

表 2-7 中列出了国际环境对行政管理影响的具体表现。

表 2-7　国际环境对行政管理影响的具体表现

形式	特点	主 要 影 响
国际政治环境	在国际政治秩序中出现新的格局，形成新的发展趋势	国际环境变化的总趋势是世界要和平，国家要发展，社会要进步，经济要繁荣，生活水平要提高
国际经济环境	国际经济发展的一个显著特征是经济竞争日趋激烈，国际经济在竞争中得以发展	● 许多国家以寻求本国经济技术发展为战略中心，并制订了科技发展规划，提高本国的地位和竞争能力 ● 国际经济发展的不平衡性将进一步加剧，在国际经济格局中，形成区域经济及国家间的经济发展不平衡
国际文化环境	国际文化的特点是文化的丰富性、多样性，形成各具特色的文化内容和形式	● 国际上各友好国家之间的文化交流与合作日益密切，这是文化环境的一个重要特点 ● 随着科技文化的飞速发展，许多国家都通过各种形式开展广泛的科技交流与合作

第三节　行政环境与行政管理的国情分析

我国现在正处于社会主义初级阶段，这是从历史发展角度对我国社会现状作出的科学论断，它揭示了中国现阶段行政环境的最基本特征。

一、我国行政环境的基本特征

社会主义初级阶段这一提法包括两方面的含义：首先，我国已经建立了社会主义制度，是社会主义性质的社会。其次，我国的社会主义制度还不完善、不成熟，处在它们的初级发展阶段，许多方面还带有明显的计划经济的痕迹。正确把握这两方面的内容非常重要，既不能因为现实社会中还存在许多不尽如人意的事情而否定我国社会的社会主义性质，也不能因为宪法规定了我国的社会主义制度，而以为现有的一些具体制度无须改革。具体来说，中国社会主义初级阶段的基本特征反映在以下几个方面。

（一）经济方面的特征

从生产力的状况上看，改革开放以来，我国的生产力有了较大的提高，独立的、比较完备的工业体系和国民经济体系已经建立起来，初步具备了社会主义经济制度赖以存在和发展的物质技术基础。但是，由于我国进入社会主义阶段的物质基础比较薄弱，目前我国生产力水平和发达国家相比，仍然是较低的。

从经济制度状况上看，以生产资料公有制为基础的社会主义制度已经确立，国有经济和集体经济在国民经济中占据很大比重，此外，存在个体经济、私营经济、中外合资、外商独资等经济形式。因此在分配方式方面也存在以按劳分配为主、多种形式并存的局面。

（二）政治方面的特征

我国政权的性质是工人阶级领导的，以工农联盟为基础的人民民主专政，社会主义民主就是人民当家做主，这是我国政治领域的主导。

（三）文化方面的特征

党的十九大报告提出了新时代文化建设的基本方略，可以概括为四句话：明确了文化建设在中国特色社会主义建设总体布局中的定位，提出了新时代文化建设的目标，指出了新时代文化建设的着力点，提出了新时代文化建设的基本要求。

二、我国行政环境的要素分析

（一）政治法律环境分析

坚持和完善有中国特色的社会主义民主政治制度，实行人民民主专政，人民代表大会制度、中国共产党领导的多党合作和政治协商制度以及民族区域自治制度，构成我国行政管理的政治法律环境。

1. 人民代表大会制度

人民代表大会制度是我国的政权组织形式。根据这一制度，人民代表大会是我国国家权力机关，国家行政机关与司法机关都由人民代表大会产生，受它监督，对它负责。

2. 中国共产党领导的多党合作和政治协商制度

中国共产党领导的多党合作和政治协商制度是我国现行的政党制度，也是我国基本政治制度之一。这一制度使中国共产党在整个国家政治体系中占据核心领导地位，在国家社会生活各个领域都发挥着巨大的影响作用。

表 2-8 中列出了中国共产党领导的多党合作和政治协商制度对行政管理的影响。

表 2-8　中国共产党领导的多党合作和政治协商制度对行政管理的影响

主要方面	主 要 影 响
直接影响	● 直接对行政系统的组织、人事和决策活动行使领导功能 ● 直接领导行政政策的制定、实施、监督与控制的全过程
间接影响	● 中国共产党通过各种国家权力组织与政治机构，包括国家权力机关、司法机关，来影响行政系统的组织与运行过程 ● 通过人民代表大会把自己的纲领和主张转化为国家法律、法规和政策，并通过人民代表大会的立法程序来规定行政系统的价值取向、功能、结构、运行程序及其规则

3. 政治法律环境的变革

中国一直致力于政治的稳定，特别是党的十一届三中全会以来，随着经济体制改革进程的发展，这一局面得到进一步巩固和发展。党的十八大、十九大和习近平新时代中国特色社会主义思想指引我们解放思想，改革开放，凝聚力量，攻坚克难，坚定不移沿着中国特色社会主义道路前进，为实现中华民族伟大复兴而奋斗。

（二）经济物质环境分析

影响行政管理的经济物质环境包括生产力发展水平、社会经济结构。

1. 生产力发展水平

生产力发展水平是一个国家经济水平的根本标志，反映一个社会的总体生产能力和社会占有物质财富的水平。

我国是发展中国家，整个社会经济正处于现代化转型的过渡时期。这也使得我国行政系统所面临的经济环境呈现出转型时期的种种特征。我国在经济建设、人民生活和综合国力等领域取得了举世瞩目的发展，但总体上来说，社会生产力发展水平仍然较低。

表 2-9 中列出了生产力发展水平对行政管理的影响。

表 2-9　生产力发展水平对行政管理的影响

类型	主要特征	主 要 影 响
二元经济结构	较发达的城市工业体系与更为普遍化的小农业经济并存	● 较发达的城市工业体系的兴起，产生了对现代政府管理模式的强烈要求，加速了我国行政体制的现代化进程 ● 传统小农业经济的存在使行政管理运行方式、运行规则及程序等不得不带有较强的传统色彩
两极经济指标	国民经济总量指标取得了长足的进展，但各种人均经济指标却很低	● 我国国民经济已取得了巨大成就，也为我国行政组织的运行提供了坚实的经济基础与财政后盾 ● 我国各项人均经济总量很低，限制了行政组织所能动用的财力资源总量，限制着我国行政组织的活动范围和能力
双相经济差异	比较齐全的国民经济体系与结构不合理，区域不平衡	● 完整的国民经济体系提出了加快我国行政体制现代化进程的强烈要求，提供了强大的推动力与社会经济基础 ● 地方经济不平衡造成了行政组织的区域性特征，导致地方保护主义、市场分割等不良行政行为恶性膨胀

2. 以公有制经济为主体、多种所有制经济共同发展的社会经济结构

改革开放以来，我国已经打破了计划经济体制下形成的公有制经济一统天下的单一型结构，逐步形成了目前公有制为主体、多种所有制经济共同发展的现行社会经济结构。

表 2-10 中列出了社会经济结构对行政管理的影响。

表 2-10　社会经济结构对行政管理的影响

类型	主要特征	主 要 影 响
新型结构	公有制为主体、多种所有制经济共同发展的社会经济结构	● 为我国行政组织摆脱与计划经济体制相适应的集权行政模式创造了经济基础上的前提条件 ● 要求建立与社会主义市场经济体系相适应的新型行政体制
传统体制	政企关系行政化，国有企业所有权虚置化	● 用行政手段干预，现行行政体制就难以进行有效改革 ● 对我国行政组织的改革与发展产生影响

3. 经济物质环境的变革

党的十一届三中全会以来，通过改革，实行了以社会主义公有制为主体、多种所有制经济共同发展的所有制结构，实行了以按劳分配为主体、多种分配方式并存的分配制度，确立了社会主义市场经济新体制。习近平新时代中国特色社会主义思想在当代中国得到了创造性的运用，由此也带来了经济建设上的辉煌成就。

尽管中国的经济环境有了较大改善，但同发达国家相比，社会生产力水平还有很大差距；在经济结构和生产力布局上，国民经济结构不尽合理。此外，还有眼前的一些特殊困难，例如，相当多的国有企业生产经营困难，劳动人口就业压力大；农业基础仍然薄弱，经济建设中盲目投资、重复建设现象比较普遍，国民经济整体素质和效益不高；金融监管不够健全，金融秩序在某些方面还比较混乱等等，解决好这些矛盾和问题，是我国政府今后一个时期紧迫而又重要的任务。

（三）精神文化环境分析

1. 精神文化环境的积极因素

在现阶段，全国人民在中国共产党的领导下正在为实现中华民族伟大复兴而奋斗。但是，我国目前尚处在社会主义初级阶段，在改革开放的大气候下，许多新思想、新观念、新方法应运而生；同时，数千年文明史又使各种传统思想文化大量积淀下来，而且其中具有民族精华的东西在今天的思想文化环境中仍产生巨大作用。这就形成了多元交织的复杂的思想文化环境。

2. 精神文化环境的消极因素

由于人们所处的社会层次不同，思想文化水平不同，其道德观念也有层次差异。特别是由于数千年的封建统治，封建社会的伦理道德观念仍在一定范围内、一定程度上产生影响，资产阶级道德观念也在产生不良的作用。因此，我国现阶段还残存着宗法观念、平均主义、特权思想、专制作风等封建主义的道德观念，在一定范围内存在着损人利己、损公肥私、金钱至上的观念，这些都是我国行政管理环境中的消极因素。

3. 精神文化环境的变革

精神文化环境作为上层建筑的一个重要组成部分，对我国行政管理的作用和影响是巨大的，而发展社会主义文化必须继承和发扬一切优秀的文化，必须充分体现时代精神和创造精神，结合人民群众精神文化生活的需要，把亿万人民紧紧吸引在中国特色社会主义文化的伟大旗帜下。

三、我国行政环境对行政管理的要求

我国的行政环境规定了我国行政管理的基本任务和发展方向。具体来说，中国现阶段社会环境对行政管理的要求体现在以下几个方面。

（一）领导和组织经济建设，促进社会生产力的发展

政府工作的重点是领导和组织经济建设，动员全社会资源，尽快地提高我国的经济发展水平，改变落后的面貌，逐步改善人民的物质文化生活。行政管理的各方面是否合理需要以是否有利于发展社会生产力这一根本标准来衡量。对那些阻碍生产力发展、妨碍劳动者积极

性发挥的行政制度、行政管理方式方法都要进行改革。

（二）加强社会主义民主建设，健全我国的社会主义政治制度

变革政治体制中落后的和不合理的部分，是社会主义政治制度自身完善和发展的一个重要内容。行政管理在这方面应发挥巨大作用。一方面，进行自身的改革，如机构改革、人事制度改革、行政工作方法改革等，以适应新时期对行政管理提出的要求；另一方面，动员群众积极参与政治生活，完善民主机制，使行政活动公开化、民主化，推进我国社会主义民主进程。

（三）坚持改革开放，吸取国外行政管理的先进经验，实施中国特色的行政管理

长期以来，我们没有把行政管理活动作为科学对象进行研究，及时从正反两方面的经验中总结和提炼带有普遍性的原理，致使我国行政管理水平总的来说处于较为落后的状态。这与我们目前面临的艰巨任务形成强烈的反差。在这种情况下，借鉴国外行政管理的理论和方法，吸取其先进经验，对于我国行政管理的科学化和现代化十分必要。同时，这种引进和借鉴不是盲目的，应该结合我国的国情，并根据我国的实际情况加以改造和变通，真正使之为我国所用。这里要避免两种极端的倾向：一是闭关自守，拒绝借鉴国外的行政管理经验；二是脱离中国实际，盲目照抄照搬国外的做法。这两种做法都将阻碍我国行政管理的现代化。

（四）从中国实际出发，根据各地区、各方面的条件和情况，因地制宜地实行行政管理

我国是一个人口大国，人多面广，情况复杂，经济和社会的不平衡性是一个基本特点，沿海与内地、特区与非特区、汉族聚集地与少数民族地区、中心城市与边远地区之间的差异非常大。在这种特殊的格局中，行政管理切忌“一刀切”。政府对不同的管理对象应采取切合实际的办法进行管理。这就需要政府在保持全国行政统一的前提下，一方面尽可能多地给予地方以自主权；另一方面，根据不同地区的特点，形成中央与地方关系的不同类型。

（五）搞好政治文明，努力建设社会主义精神文明

政治文明是整个社会文明的有机组成部分，是人类政治生活的进步状况和发展程序的标志，是人类创造的政治成果的总和，是人类政治智慧的结晶。它是由政治意识文明、政治制度文明和政治行为文明构成的有机整体，其中政治意识文明是政治文明的精神支柱，政治制度文明是政治文明的规范要求，政治行为文明是政治文明的外在表现。社会主义政治文明的核心是民主政治，是社会主义民主政治的制度化、规范化和程序化。

（六）坚持政府机构改革，提高行政效率

在方向正确的前提下，政府工作的核心便是提高行政效率，只有这样才能缩小与发达国家的差距。行政效率是所有政府管理活动的精神所在。为了提高行政效率，最关键的是必须实行政府机构改革。这主要包括三方面内容：一是合理设置行政机构，划分行政职权，建立一个科学的行政体制，撤销和合并那些职能重叠的机构。二是提高行政人员素质，建立一支精明能干的国家行政人员队伍。三是克服行政机关中大量存在的官僚主义现象和衙门作风。这些任务是相当艰巨的，而且要用很长的时间来完成。

◎ 实训活动

一、实训项目

环境意识的积极强化与消极强化。

二、实训内容

这项练习包括 10 个阶段，大约需要 20 分钟。

（一）练习概述（阶段 1～阶段 4）

阶段 1　两名志愿者从事一项具体任务，并接受来自班级的强化，然后请他们离开教室。

阶段 2　志愿者回到教室寻找物品（这个物品应该是不引人注意的，但班里的学生能清楚看到的，比如，别在报刊栏上的纸三角，教室墙报上的一个夹子）。

阶段 3　教师指定强化程序，对第一名学生进行消极强化，即当他靠近物品时给予嘘嘘声和喝倒彩；对第二名学生进行积极强化，即当他靠近物品时给予欢呼和鼓掌。

阶段 4　教师让第三名学生记录这两名学生寻找物品分别花费的时间。

（二）志愿者 A 寻找物品（阶段 5、阶段 6）

阶段 5　志愿者 A 走进教室，老师告诉他："你的任务是找到屋里的某一物品，班里的其他同学会帮助你，但你不能使用言语询问。现在开始。"

阶段 6　志愿者 A 开始寻找物品直到找到为止。在此期间，班里同学以消极强化方式帮助他。

（三）志愿者 B 寻找物品（阶段 7、阶段 8）

阶段 7　志愿者 B 走进教室，老师告诉他："你的任务是找到屋里的某一物品。班里的其他同学会帮助你，但你不能使用言语询问。现在开始。"

阶段 8　志愿者 B 开始寻找物品直到找到为止。在此期间，班里同学以积极强化方式帮助他。

（四）课堂总结（阶段 9、阶段 10）

阶段 9　时间记录者公布志愿者 A、志愿者 B 找到物品所用的时间。

阶段 10　组织课堂讨论，评价情景模拟中每个角色的表现。

三、实训设施及工具

模拟现场，实训道具，别在报刊栏上的纸三角，教室墙报上的一个夹子。

四、实训指导

挑选两名志愿者从事一项具体任务，在志愿者回到教室之前，教师放好让他们寻找的物品，教师指导实训程序，组织课堂讨论，评价情景模拟中每个角色的表现。

五、实训点评

（1）分析两名志愿者的行为有什么不同。

（2）这个练习对于组织中强化程序的使用有什么意义？

（3）通过这个练习，可以看出环境对于人的行为有什么影响？

六、实训报告

请将实训所得结果填写在实训报告纸上。

◎ 复习思考题

1. 简述行政环境的含义、特点和类型。
2. 简述行政生态学的产生、发展和主要内容。
3. 简述研究行政环境的意义。
4. 简述行政环境的要素。
5. 试述行政管理实务与行政环境的关系。
6. 试述现阶段我国行政环境的基本特征和对行政管理实务的要求。
7. 行政秘书应具备什么样的行政环境意识?
8. 行政秘书应掌握哪些适应行政环境变化的能力?

第三章

行政组织

◎ 学习目标

- **知识目标**

识记：组织、行政组织、行政组织结构、行政职能、行政体制等概念。

领会：行政组织的种类、行政职能的特点和构成、行政体制的功能和类型。

应用：理解行政组织在行政管理实务中的地位和作用，行政组织管理幅度与管理层次的主要因素和相互关系，将其应用于行政管理的实践活动中。

- **能力目标**

应知：了解行政组织结构，熟悉行政组织系统，清楚行政职位职责、职权的上下关系。

应会：学会在行政组织中解决问题，开展工作的能力，完成行政组织赋予的职能和任务。

掌握：行政秘书的行政执行、行政沟通和处理公共关系的能力。

◎ 情景导入

行政秘书宋敏置身的行政系统仿佛是一座摩天大厦，从上到下、纵横交错的行政部门构成行政组织的网络。庞大的行政系统是借助于行政组织来行使行政职能、完成行政任务的。每一个行政组织中的成员，都是通过行政组织来确定关系、相互沟通、彼此联络的。如果把政府的行政职能比作一种权力，而行政组织就是行政权力的物质载体。每一个行政官员的行政权，都是在行政组织内发挥作用的。

宋敏明显感觉到，要提高行政效率，首先要了解、熟悉行政组织知识，掌握行政组织结构和行政组织改革的趋势。她重温在学校中学过的行政组织原理，仿佛打开了一幅政府结构图。行政系统结构纵向上从中央到地方、从领导到基层，横向上从办公机构到综合职能和专门职能部门，通过行政信息传递和行政决策执行，推动政府行政机构的运行。

宋敏借助计算机的动画系统，描绘本部门行政组织结构，寻求行政组织结构上存在的问题，提出行政组织结构改革的设想。这些为她逐步成为驾驭行政系统的高手打下了行政管理知识的基础。

第一节　行政组织概述

行政组织是行政管理研究的重点问题之一，行政组织是行政管理活动的真正实施者，是行政管理活动的主体。探索行政组织的含义和特征、行政组织结构以及其形成方式与改革等一系列问题，并通过对这些问题的研究，能更加清晰地认识行政管理的组织系统。

案例分析

行政组织机构设置的原则

2018 年 3 月，根据第十三届全国人民代表大会第一次会议批准的国务院机构改革方案，将国家安全生产监督管理总局的职业安全健康监督管理职责整合，组建了中华人民共和国国家卫生健康委员会；将国家安全生产监督管理总局的职责整合，组建中华人民共和国应急管理部；不再保留国家安全生产监督管理总局。

分析：这次机构改革坚持了行政管理机构设置要遵循的适应性原则。机构改革一定要适应一定时期内经济、政治和社会发展情况，不能冒进也不能滞后；政府职能应该在改革中不断完善、调整，该加强的一定要加强，该减弱、放弃的一定要减弱、放弃；政府要按照市场经济的要求，转变政府职能，把政府职能切实转变到宏观调控、社会管理和公共服务上来。

一、组织的含义和特征

当代社会是一个高度组织化的社会，组织化的影响已深入到社会政治生活、经济生活、文化生活等各个领域，组织是无处不在的。组织是人类社会普遍存在的现象，组织是人类社会活动最基本的形式。

（一）组织的含义

“组织”一词，在我国原始的含义是指将丝麻等纺织原料制成布帛，也就是组合编织的意思。在西方，“组织”（organization）一词来源于“器官”（organ），即自成系统的、有一定结构和功能的细胞集合体。后来，“组织”的意义被引申到人类社会，“组织”这个词被用来表示一切由相互依赖和相互作用的各个部分所构成的、具有一定功能的整体，是为了完成某种特定的目标而将有关人员集中起来的社会单位。表 3-1 中列出了组织的几种主要含义。

表 3-1　组织的含义

组织类型	主要含义
静态的组织结构	● 静态的组织结构是指通过组织内部职能的分工、层次结构的划分、管理幅度的确立等形成的一种静态的组织形式 ● 是可以用图表来加以表示的组织结构
动态的组织结构	● 动态的组织结构是指组织的各个成员之间相互交往、沟通、协作、默契等行为的综合 ● 是由人构成的一个活动体

续表

组织类型	主要含义
生态的组织环境	● 所谓组织环境，就是组织存在的外部因素的综合 ● 任何组织都不可能是一个封闭的系统，它时时刻刻要同外部环境进行物质和能量的交换
心态的组织意识	● 所谓组织意识，也称为组织观念，是指组织的各成员所共同具备的团体意识

综上所述，可以给组织下这样一个定义：组织是人们为达到共同的目标，按特定的结构形式和活动规范结合而成的开放型群体，是为实现某种目标和功能，按一定结构形成和活动的群体，是由一定的组织目标、特定的人员组成的社会单位。

（二）组织的功能和种类

任何一种社会组织，在现实中都发挥着汇集和放大的作用。所谓汇集的作用，主要是汇集个人的力量，把分散的社会成员汇集成为集体。所谓放大的作用，主要是把汇集起来的个人力量释放出来。汇集作用是放大作用的基础，而放大作用则是汇集作用的目的。

组织的形式和目的是随着时代的变革而变化的，是适应时代变革需要的。人们可以从不同的角度对组织进行不同的分类。表 3-2 中列出了组织的功能和种类。

表 3-2 组织的功能和种类

项目	类型	主要内容
组织功能	聚集	对人力智能、物力资源、知识信息等加以汇集形成一种合力
	转换	把汇集的各种要素，进行“加工”“制作”“化合”，转化为新功能和能量
	释放	将组织能量释放出去，为这个组织系统实现其目标发挥应有的功能和作用
组织的种类	按权威分类	● 包括强制性组织、功利性组织和规范性组织
	按分工分类	● 包括正式组织和非正式组织
	按领域分类	● 包括政治组织、经济组织、文化组织和家庭组织
	按性质分类	● 包括营利性组织和非营利性组织

（三）组织结构的类型

对于不同性质、不同规模的组织来说，组织结构多种多样，但都是由一些基本类型组合而成的。组织结构的合理完善，很大程度上决定着组织的效率。

1. 直线型组织结构

直线型组织结构的特点：组织中各种职务按垂直系统直线排列，各级主管人员对所属下级拥有直接的领导职权，组织中每一个人只能向一个直接上级报告，组织中不设专门的职能机构，至多有几名助手协助最高层管理者工作。

直线型组织结构的优点：结构比较简单，权力集中，权责分明，命令统一，沟通简捷，决策迅速，比较容易维护纪律和秩序。

直线型组织结构的缺点：在组织规模较大的情况下，由于所有的管理职能都集中由人承担，往往会因为个人的知识及能力有限而难以深入、细致周到地考虑所有管理问题，因此管理就比较简单、粗放；此外，组织中的成员只注意上情下达和下情上达，每个部门只关心本部门的工作、因而部门间的横向联系与协调比较差，难以在组织内部培养出全能型、熟悉组织情况的管理者。

一般来讲，这种组织结构形式只适用于那些没有必要按职能实行专业化管理的小型组织，或者是现场的作业管理。

2. 职能型组织结构

职能型组织结构的特点：采用专业分工的管理者代替直线型组织中的全能型管理者，组织内除了直线主管外，还相应地设立一些组织机构，分担某些职能管理的业务。这些职能机构有权在自己的业务范围内，向下级单位下达命令和指示，因此下级直线主管除了接受上级直线主管的领导外，还必须接受上级各职能机构在其专业领域的领导和指示。

职能型组织结构的优点：能够适应现代组织技术比较复杂和管理分工较细的特点，能够发挥职能机构的专业管理作用，因而有可能发挥专家的作用，减轻上层主管人员的负担。

职能型组织结构的缺点也比较明显，即这种结构形式妨碍了组织中必要的集中领导和统一指挥，形成了多头领导；各部门容易过分强调本部门的重要性而忽视与其他部门的配合；忽视组织的整体目标；不利于明确划分直线人员和职能科室的职责权限，容易造成管理上的混乱；提高了最高主管监督协调整个组织的要求。这种结构比较适用于中小型组织。

3. 直线职能型组织结构

直线职能型组织结构是对职能型组织结构的改进，是以直线型组织为基础，在各级直线主管之下，设置相应的职能部门，即设置了两套系统：一套是按命令统一原则组织的指挥系统，另一套是按专业化原则组织的管理职能系统。

直线职能型组织结构的特点：直线部门和人员在自己的职责范围内有决定权，对其所属下级的工作进行指挥和命令并负全部责任，而职能部门和人员仅是直线主管的参谋，只能对下级机构提供建议和业务指导，没有指挥和命令的权力。

直线职能型组织结构的优点：综合了直线型和职能型组织结构的优点，既保证了集中统一指挥，又能发挥各种专门业务管理的作用，其职能高度集中、职责清楚、秩序井然、工作效率较高，整个组织有较高的稳定性。

直线职能型组织结构的缺点：下级部门主动性和积极性的发挥受到限制；各部门自成体系，不重视信息的横向沟通，工作容易重复；当职能部门和直线部门之间目标不一致时，容易产生矛盾，致使上层主管的协调工作量增大；整个组织系统的适应性较差，缺乏弹性，对新情况不能及时做出反应，还会增加管理费用。另外，如果职能部门权力过大，容易干扰直线指挥命令系统。这种组织结构形式对中小型组织比较适用，但对于规模较大、决策时需要考虑较多因素的组织，则不太适用。

4. 事业部制组织结构

事业部制组织结构是在产品部门化基础上建立起来的，组织的最高层领导下设立多个事业部，各事业部有各自独立的产品市场、独立责任和利益，实行独立核算。同时，事关大政方针、长远目标以及一些全局性问题的重大决策集中在总部，以保证企业的统一性。这种组织结构形式最突出的特点是“集中决策，分散经营”，即组织最高层集中决策，事业部独立经营。

事业部制组织结构形式的优点：组织最高层摆脱了具体的日常管理事务，有利于集中精力做好战略决策和长远规划；由于组织最高层与事业部的责、权、利划分比较明确，能较好地调动经营管理人员的积极性，提高了管理的灵活性和适应性，有利于培养管理人才。

事业部制组织结构形式的缺点：由于机构重复，造成了管理人员的浪费；由于各个事业部独立经营，各事业部之间要进行人员互换就比较困难，相互支援较差，各事业部主管人员考虑问题往往从本部门出发，各事业部间独立的经济利益会引起相互间激烈的竞争，可能发生内耗；由于分权易造成忽视整个组织的利益、协调比较困难的情况，也可能出现架空领导的现象，从而减弱对事业部的控制。这种组织结构多适用于规模较大的公司组织。

5. 矩阵型组织结构

矩阵型组织结构是把按职能划分的部门和按产品（或项目、服务等）划分的部门结合起来组成一个矩阵，使同一个员工既同原职能部门保持组织与业务的联系，又参加产品或项目小组的工作，即在直线职能型基础上，再增加一种横向的领导关系。为了保证完成一定的管理目标，每个项目小组都设负责人，在组织最高主管直接领导下进行工作。

矩阵型组织结构的特点：打破了传统的一个员工只有一个上司的命令统一原则，使一个员工属于两个甚至两个以上的部门。矩阵型组织结构也可称为“非长期固定型组织”，它是为完成某一项目，由各职能部门抽调人员组成项目经理部，该项目经理部包括项目所必需的各类专业人员。当项目完成后，各类人员另派工作，此项目经理部即不复存在。一般适用于外部环境变化剧烈，组织需要处理大量信息、分享组织资源要求特别迫切的情况。

矩阵型组织结构的优点：具有较大的机动性和适应性，能克服职能部门相互脱节、各自为政的现象；专业人员和专用设备能够得到充分利用；具有较大的机动性，任务完成随即解散，各自回原来的部门；各行各业人员为了一个目标在一个组织内共同工作，可以互相启发、相互帮助、相得益彰，有利于人才的培养，避免“近亲繁殖”；实现了集权与分权优势的结合。

矩阵型组织结构的缺点：由于这种组织形式是实行纵向、横向联合的双重领导，如处理不当，会由于意见分歧而在工作中造成冲突和相互推诿；组织关系较复杂，对项目负责人的要求较高。克服缺点的办法是：授予项目经理全面的职权；独立预算；项目经理与职能经理共同制定进度与确定重点，如有矛盾，则提交上一级解决。

6. 多维立体型组织结构

多维立体型组织结构是矩阵型组织结构形式和事业部制组织结构形式的综合发展。这种结构形式由三方面的管理系统组成：按产品（项目或服务）划分的部（事业部），是产品利润中心；按职能如市场、研究、生产、技术、质量管理等划分的专业参谋机构，是职能利润中心；按地区划分的管理机构，是地区利润中心。

多维立体型组织结构的特点：每一系统都不能单独做出决策，而必须由三方代表通过共同协调才能采取行动。因此，多维立体型组织结构促使每个部门都能从整个组织的全局来考虑问题，从而减少产品、职能、地区各部门之间的矛盾。即使三者之间有摩擦，也比较容易统一和协调。这种类型的组织结构形式最适用于跨国公司或规模巨大的跨地区公司。

7. 创新型组织结构

随着国际政治、经济、社会等方面发生巨大的变化，科学技术以空前的速度向前发展，国内外市场竞争更为激烈，企业体制正在发生巨变。企业为适应环境变化和提高内部运行效率，创造出了一些新的组织结构。

“网络组织”是其中一种新的组织形式。它的特点是将企业内部各项工作（包括生产、销售、财务等）通过承包合同的方式交给不同的专门企业去承担，而总公司只保留为数有限的职员，它的主要工作是制定政策及协调各承包公司的关系。这种结构可使企业减少行政开支，具有较强的应变能力，缺点是总公司对各承包公司的控制能力有限。

“簇群组织”是另一种新的组织形式。它的特点是将公司员工组成为20～50人的“簇群”，每个“簇群”包括不同专业的人才，他们紧密合作，全力负责一个业务计划或主管一项商品。在这种组织结构下，企业废弃中层管理人员，采用集体领导、集体负责制。每名员工需要同时担任多项职务；“簇群”内集思广益，沟通能力与决策能力得以提高。然而，这种组织结构对员工要求甚高，他们的配合以及领导者的素质变得至关重要。

在“流程再造”浪潮的推动下，人们对多年来形成的金字塔形的组织结构发起了挑战，尝试打破以往由上而下、重视垂直层级的管理模式和部门界限的概念，建立起新的“水平企业”。在这种组织中，由于取消了价值增值较少的活动和琐碎的任务，组织的等级层次是扁平的；团队成为组织的主要组成部分，团队间紧密配合，各司其职，完成整个营运过程；高层管理工作主要是协调各团队的工作，加强他们之间的联系，而非自上而下发号施令，其最终目的是通过权力下放及合理安排工作，来提高企业的总体效能。

二、行政组织的含义和特征

（一）行政组织的含义

所谓行政组织，是一种特殊的社会组织，它是国家为了实现一定的目标，根据宪法和法律，将专职的人员和若干具有一定功能的部门按特定的结构形式组合起来，并依法对国家事务和社会事务进行管理的系统。

相关链接

广义和狭义的行政组织

行政组织有广义和狭义之分。广义的行政组织是指一切具备计划、组织、协调和控制等行政功能的组织，它既包括国家行政部门的组织，也包括在国家立法、司法等部门内履行行政职能的组织，还包括企事业单位、群众团体内部的相应机构。狭义的行政组织是依照国家宪法和法律的规定，在一定的权限内执行各种公共事务的机构的总称，简单地说是指政府机构。它的主要特征：一是具有权威性和强制力；二是属于预算拨款制行政组织，全部财政来源于国家预算。

（二）行政组织的特点和要素

1. 行政组织的特点

国家行政组织是按照宪法和其他有关法律的规定，依照一定程序组建起来的，行使国家行政权力，履行各种行政职能的国家机关的总称，是国家机构的重要组成部分，亦称为行政机关、政府机关等。从社会管理的角度来看，国家行政组织是社会各种机关、组织中规模最大、管理范围最广的一种组织类型；从国家统治的角度来看，它又是国家意志的直接体现者和实行者。国家行政组织是行政权力的载体，与其他社会组织不同，有其独自的特点。

（1）政治性。在阶级社会中，政府必然代表一定阶级的利益和体现统治阶级的意志，具有明显的政治性。行政体制是国家政治体制的一部分，它负有巩固阶级统治、维护统治阶级利益的政治职能。我国各级政府是代表无产阶级和广大人民群众利益的，是体现无产阶级和广大人民群众意志的。行政组织的阶级性是其政治性的集中体现。

（2）社会性。任何性质国家的行政组织都具有管理社会公共事务的职能，这就是行政组织的社会性特征。任何政府在行使管理社会公共事务的职能时，都是为社会提供服务的，如对经济、科技、文教、卫生、交通、电信、社会保障、环境保护等公共事务的管理，都具有社会公共利益的属性。行政组织的这种社会特性，是由行政组织达到维护阶级统治、稳定社会秩序的目的决定的。

（3）服务性。任何国家的行政组织都具有服务性的特点。行政组织虽然产生于社会，凌驾于社会之上，但它必须为社会服务。行政组织要为社会经济发展制定规划和政策，组织和协调生产，稳定经济秩序等。从国家政治体制中行政与立法的关系来看，行政要服从立法，行政组织要为执行法律和法令服务。我国是社会主义国家，行政组织要为人民服务，为国家利益和社会公共利益服务。

（4）权威性。行政组织与其他社会组织相比具有至高无上的地位和权威。无论是西方国家还是东方国家行政权力都属于行政组织，通过行使法定权力，对国家政治、经济、文化和社会等生活实行最广泛的干预和领导，而且其权力的覆盖面可达及每个组织和个人，在其管辖范围内的每个组织和个人都必须遵守和执行其政策方针法令、法规条例命令等。其他任何社会组织，无论是学校、工厂、矿山，还是政党军队等，都不可能有这种权威。

（5）法制性。行政组织是依法代表国家行使政权的机构，有很强的法制性，这是它不同于其他社会组织的鲜明特点。行政组织的设置及其宗旨和目标人员编制、行为规范、管理方式、财政预算等都由宪法和有关法律决定；同时，行政组织要依据法律规定行使职权。行政组织在处理社会事务时，也要运用法律手段或按法律规定采取其他经济和行政手段。行政组织的法制性就表现在依法设置、依法行政上。

（6）系统性。任何国家的行政组织都具有极强的系统性。行政组织的权力关系和结构方式都层次分明、纵横相连、统分有据、浑然一体、政令统一。一个国家的行政组织形成一个大系统，使它具有整体性和对环境反应的灵活性。行政组织可通过对系统的调节，适应外界环境的变化，使其处于对外界环境良好的输入、输出状态之中。

2. 行政组织的要素

行政组织同其他社会组织一样，从表面来看，是由人、财、物和信息这些要素构成的，除此之外，行政组织还有反映其行使行政权力和对社会事务进行管理这一特征的其他基本要素。这些基本要素决定了行政组织不同于其他组织，也决定了行政组织能否发挥其功能。

（1）职能目标。行政组织的职能目标是指管理职能的行政目标，明确清晰的职能目标是行政组织存在的基础，是其团队凝聚力的基础，是其行使行政权力的根据。在行政组织系统，要形成一个职能目标网络。在确定行政组织的总目标后，可将其分成次目标、子目标直至个人目标。

（2）机构设置。行政机构是行政组织的实体，也是行使行政权力的载体。机构设置必须依据行政目标，按照一定法制程序来进行。行政组织必须设置一系列的机构，才能称其为组织。机构设置是行政组织的核心，是决定行政效率的关键。

（3）人员构成。行政人员是行政组织的主体，行政机构必须由行政人员组成。如果没有素质较高的行政人员，没有智能互补的人才结构，行政组织绝不可能是精简高效的。

（4）权责体系。行政组织是一个纵横交错的权责体系。为了进行有效的科学管理，必须合理地划分行政组织的权力和职责。行政权力和职责也必须落实到具体的机构和行政人员身上，做到集权与分权适度，权责分明，各司其职。

（5）管理方式。行政组织要履行管理社会公共事务的职责，必须通过一定的管理方式进行管理。科学的管理方式是实施有效管理的重要保证。

（6）运行过程。行政组织在管理活动过程中要有一套办事程序和信息流程。行政组织的运行程序必须采取科学方法，要减少中间环节、简化办事程序以提高工作效率。

（7）法制规范。行政组织的设置变动、行政人员的行为规范等都要有法制依据，完善的法制规范是行政组织的合法地位和依法行使权力的保证。行政法制的完善程度，是行政组织健全程度的标志。

（三）行政组织的类型和作用

1. 行政组织的类型

政府行政管理活动，是由具有各种不同功能的行政组织来进行的。现代社会的复杂性，决定了行政组织的多样性。

1）根据行政管理机构的性质划分

（1）领导机关。领导机关是指各级政府领导统辖全局的决策核心。领导机关是各级政府首脑机关，这是行政组织的中枢，它统辖全局，运筹决策，是决定政府管理效能的关键。

（2）职能机关。职能机关是指各级政府机关分管专业行政事务的执行机关。例如，我国国务院所属的各部、委、办以及直属机构，各地方政府负责专业行政管理的厅、局、处、科等。职能机关在领导机关领导下工作，分管不同的产业部门和社会事务。职能机关要执行领导机关制定的方针政策，在其管辖范围内行使管理职能。

（3）辅助机关，亦称幕僚机关。辅助机关是指为了行政首长或专业职能机关顺利地进行管理活动，在机关内部承担辅助性工作任务的机构。它对各专业职能部门没有直接指挥和监督权力。辅助机关可分为政务性或事务性、综合性或专业性的辅助机关。

（4）咨询参谋机关。咨询参谋机关也是一种辅助机关，但由于它在现代行政管理中备受重视，具有特殊的地位，故将其作为行政组织的一种类型加以研究。它是由具有权威的专家学者组成的辅助机关，有时也吸引了富有经验的资深政府官员。在西方国家，这种为政府出谋划策的机构，往往叫作“智囊团”“思想库”等，有的是私人营利性组织，有的是政府建立的，但其作用是相同的。

（5）派出机关。派出机关是指国家有关行政管理机构依法在一定区域内设立的分支机构或代表机构，亦称分支机构或驻地机构。派出机关有权代表国家行政管理机构执行某种特定任务或从事某种专门业务，但不是一级国家行政管理机构，后者通常对前者实施积极的领导协助和监督。当管理区域比较分散、不利于领导机关统一指挥时，则由派出机关进行管理。

2）根据行政管理机构的职能划分

（1）经济类行政管理机构。这类机构主要代表国家对社会经济进行宏观调控和管理。这类行政管理机构往往包括计划、发展等经济管理部门。

（2）社会类行政管理机构。这类机构主要进行社会文化生活等管理活动，这类行政管理机构往往包括民政、教育、卫生、体育、社会保障等部门。

（3）政治类行政管理机构。这类机构主要从事维持政治制度和管理政府内政、外交事务等活动，包括人事、国家安全监察、司法、民族事务、国防、外交等部门。此外，还有一些独立机构或者准行政管理机构。

2. 行政组织的作用

行政组织作为一种管理社会公共事务的机构，基于以上特性，主要具有以下两方面的作用。

（1）行使国家的行政权力，对社会公共事务进行管理。主要体现在以下三方面。

① 在经济事务管理方面，国家行政管理机构对经济部门（如工业农业部门、交通部门、工商贸易部门、经济计划部门等）实施领导，组织和管理社会经济。

② 在社会事务管理方面，通过建立专门机构，对社会福利、社会救济、社会保险等事业实施管理，以及对国家的教育、卫生、文化等各项事业进行领导和管理。

③ 在政治管理方面，由公安机关、国家安全机关、军事机关、情报机关等，通过约束、控制、防御、保卫以及镇压手段，维护统治阶级的社会秩序，这是任何国家行政管理机构都不可缺少的作用和功能。

（2）执行和实施各种法律法规、规章，维持社会治安和良好的市场秩序。行政管理机构的作用是与立法机构、司法机构相对而言的，是整个国家机器的一个组成部分。主要体现在以下三个方面。

① 立法是国家意志的表达，立法机构负责对国家重大事项进行决策，根据统治阶级和社会大多数人的意志制定法律。

② 行政是国家意志的执行，负责执行立法机构的法律，贯彻实施其决策。

③ 司法则是运用国家法律审判具体的诉讼案件，保证法律公平、公正地执行。

行政管理机构以立法机关的法律为出发点，向其负责并受其指导和制约。没有行政管理机构，国家的法律和政策就不能得以实施。

相关链接

我国的行政组织

我国的行政组织是一个体系完整、职能齐全的行政系统。我国最高的权力机关是全国人民代表大会，国务院是在其监督和领导下的最高行政机关。同时，各级人民政府都必须在各级人民代表大会的监督和领导下行使权力，开展推行政务的活动。这是与西方国家三权分立原则下的行政组织截然不同的特点。

我国行政组织从纵向层次看有中央政府、地方政府和基层政府三级。

中央政府是指国务院，它管辖全国的政治、经济、文化、社会等事务，它所制定的方针、政策、法规、命令、提示、规定、条例，各级政府必须贯彻执行，其效力达及每个公民。各部、委、办是国务院的职能部门，主管某一专业部门的行政事务，其效力范围是与之业务有关的部门和公民。

地方政府是指省政府、自治区政府、直辖市政府、计划单列市政府、设区的市政府、县政府和县级市政府、自治州政府、盟政府、旗政府等，其管辖权是在其行政区域之内。同时，这些地方政府也有其职能部门，主管某一专业的行政事务，其管辖权在其政府行使权力的行政区划内的有关部门和公民。

基层政府指乡（镇）政府。其管辖权在一乡或一镇，小的乡（镇）不设职能部门，但有主管各方面业务的办事人员。大的乡（镇）一般设置少量的办事机构。

地方政府必须执行中央政府的方针、政策，但也有相对的自主权。在中央方针、政策的指导下，地方政府为了本地区的政治、经济文化、社会的发展，可自行制定一些政策、规定、法令、条例、办法等。少数民族地区的地方政府的自主权更多些。

我国行政组织从横向上分工，国外学者称之为组织结构的分部化，就是依工作性质将许多活动归类到各个单位的过程。同一层级的各部门是平行关系，有明确的工作范围和权责划分。我国中央政府下设的各部（委）机构、直属机构和办事机构，省级人民政府下设的各个厅（局），县级人民政府下设的科（局），均是按业务性质划分的部门。我国政府机关中还有按服务对象划分的各平行部门，如侨务办等。我国幅员广阔，所以按行政管辖地划分许多工作部门，如各级地方政府部门。

（资料来源：许文惠. 行政管理学. 北京：红旗出版社，1992.）

第二节　行政组织结构

一、行政组织结构概述

行政组织结构是指行政组织各要素的排列组合方式，是由法律所确认的各种正式关系的模式。

（一）行政组织结构的形成方式

各种行政组织的形成可以分为自发式和设计式两种情况。所谓自发式，是指人们在从事某项活动中通过自然分工，并使之逐渐趋于固定后而形成的活动团体。可以认为，原始氏族部落中的行政组织就是这样形成的。所谓设计式，是指通过人们有意识的努力，事先做出关于工作分工、工作方式、工作程序等问题规定的组织，文明社会以来的行政组织基本上都是按照设计式建立起来的。

（二）设计行政组织的基本阶段

设计行政组织分为两个基本阶段。第一阶段是对行政组织的总任务进行某种分解与综合，形成不同的低层次的任务单元，然后在任务单元的基础上划分工作单位与工作部门。第二阶段分别授予每个工作部门以相应的权力和责任。可以把前一个阶段称为“部门划分”阶段，把后一个阶段称为“权力分配”阶段。

（三）行政组织的双重基本结构

根据设计行政组织的两个基本阶段，可以在行政组织中分出双重的基本结构。部门划分的结果将产生出行政组织中的部门体系，权力分配的结果会形成行政组织中的权力体系。这种部门体系和权力体系就是行政组织的双重基本结构。

部门体系与权力体系之间有着密切的联系。其中，部门体系是具体承担组织任务的主要结构，整个行政组织都是通过这套部门结构而实现自身运转的，人们了解一个行政组织也往往是通过这套结构而掌握它的概貌。因此，部门体系在整个行政组织结构体系中占有举足轻重的地位。权力体系需要以部门体系为基础，其主要作用在于为部门体系提供开展工作所必须具备的能力和动力，推动部门体系承担起完成组织任务的责任而不断运营。

二、行政组织结构的部门体系

（一）行政组织结构的部门划分

行政组织结构的部门划分是把为实现组织目标而需要完成的工作，不断划分为若干性质不同的具体工作职位，然后再把这些工作职位组合而成若干部门，并确定各部门的职责和职权。

行政职位是行政组织结构的基本元素，是行政组织结构的支撑点和联络点。行政组织的纵向结构和横向结构都靠职位予以连接。可以讲，没有职位就不会有组织，职位又与职权、职责相联系。职位的设置及其连接方式直接表现为权力的分配方式。

部门划分问题在现实中有狭义和广义两种理解。狭义的部门划分，主要是指把一个行政组织划分为一系列的机构部门。广义的部门划分，是指对一个行政组织进行尽可能细的划分，直至它的基本元素——行政职位。行政组织的总任务以及各工作部门的分任务最后都要落实到各工作职位上，在一个部门中应设立哪些性质和级别的职位，应当安排多少职位，这些问题在现实中是部门划分工作不可回避的问题。

我国政府机关中编制管理的内容在大的方面上被分为“机构编制”和“人员编制”两部分，其实质是指在广义上的部门划分后所形成的机构系列和职位系列。这里将在广义的角度上分析部门划分的问题，因此下文所涉及的“部门体系”一词既指机构系列，也指职位系列。换言之，它是指行政组织中的编制系列。

（二）行政组织结构的纵向结构和横向结构

现实中的部门体系一般都呈现为纵横交错的网络状态。就纵向来说，宏观的政府系统组成具体的行政机关。就横向来说，各级行政机关内部都分为不同的层次。行政组织中部门体系的结构是由纵横两方面关系所构成的。

1. 行政组织的纵向结构

行政组织的纵向结构是指行政组织内部按上下层次关系有序的构成形式，是按等级原则设计而形成的组织结构。其职权和职责从最高层向最低层沿直线分布，它以上下级关系为重点。组织设计的等级原则要求职权和职责等级垂直分布，形成等级结构。

纵向结构是指各级政府上下级职能部门之间的结构、职位、人员的配备和责任、权力、工作程序的等级划分。每一层级有其自己的管辖范围，有其自己的职责和权力，而其所处的层级越高，管辖范围越大，其职责与权力也就越大。

纵向结构要求下级必须服从上级，听从上级的指挥、领导和命令。其信息沟通是通过逐级传递的方式来实现的。无论行政组织层级多么低，一般都具有上级行政组织的管理职能，其行政目标也必须与上级目标保持一致。

2. 行政组织的横向结构

行政组织的横向结构是指同级行政部门之间平衡分工的构成形式。一级政府除领导决策部门外，按行政目标、权力责任和业务性质等的区别而划分为若干个平行的职能部门。

行政组织横向结构的划分是对行政目标职能的分解，同时也是一种分权。

行政组织的横向结构是行政管理活动的客观需要。国家行政事务包罗万象，十分复杂。而且随着社会发展，政府应管的事越来越多，分工越来越细，专业性质越来越强。新产业部门的出现、新的社会需求的出现，政府都必须管，这样就造成职能部门越来越多。所以说，部门化是行政管理活动的必然结果。

3. 行政组织结构的纵向性与横向性

（1）行政组织结构具有纵向性。任何行政组织就其结构来讲必然有纵向结构。从中央政府到基层政府，都具有这一特点。纵向结构是职权分配和行政管理的需要。如果行政组织结构没有纵向性，那就处于没有人管的无政府状态。即使是一个科也具有纵向结构，只不过简单一些罢了。行政组织结构的纵向性是行政权力越往上越大、管辖范围越往上越大的客观反映。

（2）行政组织结构具有横向性。行政组织没有横向结构就不可能对所有社会事务进行有效管理。社会事务是多方面的，政治、经济、文化、社会等事务都必须由有关部门进行管理。尤其是如今的社会分工越来越细，专业行政管理业务越来越多，这就决定了行政组织结构的横向性。

（3）行政组织的纵向结构与横向结构的功能。行政组织的纵向结构的功能：行政管理机构进行纵向分工，不同层次的机构分别承担不同的工作任务，使整个管理过程有效地进行，有利于统一领导、统一指挥、严格控制。层级分工，目标分解，逐层落实，有利于调动不同层次工作人员的积极性。行政组织的横向结构的功能：它是纵向结构的基础，不同部门内部的纵向划分是在横向结构的基础进行的。横向结构可以分解管理职能和组织目标，扩大行政组织的管理职能，增加其灵活性。一般行政组织都是横向结构和纵向结构的结合，有的人称之为复式结构，复式结构有利于统一指挥和领导，有利于协调。

（三）行政组织结构的管理层次和管理幅度

在行政学中，纵向结构中的层级被称为“管理层次”，横向结构中的机构或职位数量被称为“管理幅度”。行政组织结构的横向结构和纵向结构的结合，是当代行政组织结构的特点之一。管理层次和管理幅度必须适当，否则，行政组织就不会高效。行政组织结构的基本问题是要确定各层级之间的隶属关系，要确定这个关系，就要解决管理层次和管理幅度的问题。

1. 管理层次和管理幅度

管理层次是指行政组织系统划分管理层次的数量。任何国家的政府组织都是按层级化设计的，无论是联邦制国家还是单一制国家，都不例外。层级化的主要问题是管理层次必须适当。管理层次过多，会造成信息不畅、程序复杂、浪费时间和人力、公文旅行、劳动重复、官僚主义等；管理层次过少，则会造成分工不明确、责任和权力不清，不能调动人的积极性。

管理幅度则指直接管辖下属的数量，如国务院管多少个部，部管多少个局，局管多少个处，以及各级首长直接管多少个下级领导等。管理幅度过宽，管不过来，则会造成穷于应付的局面；管理幅度过窄，则会造成对下属干涉过多，事无巨细都要过问，使下级无法开展工作。

2. 管理层次和管理幅度的关系

管理层次和管理幅度必须适当。一般来讲，管理层次和管理幅度成反比。管理层次越少则管理幅度越大；相反，管理层次越多，则管理幅度越小。

但是，管理层次与管理幅度的关系，还要根据工作性质、人员素质、领导能力等因素来确定。一般来讲，应控制管理层次，尽量减少信息传递的中间环节，领导层和实施层要缩短行政距离，便于上下沟通。

3. 影响管理层次、管理幅度的因素

应当怎样合理地划分一个行政组织中的管理层次、管理幅度，基本原则是具体问题具体分析，每个行政组织只能按照本组织的特点及外界环境情况而确立适于自己的合理的管理层次、管理幅度。一般来说，在划分管理层次、管理幅度时应当考虑多方面的因素，见表3-3。

表3-3 影响管理层次、管理幅度的因素

项目	因素	主 要 内 容
管理层次	分散和减轻无法承受的工作	● 在决策和指挥方面：如果上级首长在任务下放后仍感到有关的工作量过大，难以承担，就要分层 ● 在监督下属工作方面：如果任务下放后的监督工作量仍超过上级首长的承担能力，就要再增设一级行政机构
	行政经费的支持能力问题	● 管理层次设置得越多，所需经费亦随之增多 ● 在经费紧张的时候，就需要减少管理层次
	信息沟通的灵敏程度问题	● 管理层次越多，使得信息沟通的渠道越复杂，信息就会失真 ● 从信息沟通的角度出发，应减少管理层次划分
	权力模式的影响问题	● 分权型组织中的管理层次较少，工作任务和管理权限较多地分散在下级单位中 ● 集权型组织中的管理层次较多，由于上层机关统管的事情太多，使其无法承担繁重的工作，只能增设中间层次
管理幅度	来自管理层次的影响	● 上层组织从事决策、监督和协调性工作，管理幅度较大 ● 中层组织负有指挥与监督职能，管理幅度应小于上层 ● 下层组织承担各种具体的技术性工作，管理幅度较小
	下级工作的复杂难易程度问题	● 下级的工作越复杂，管理的幅度就越小；反过来，就越大 ● 下级工作变化性大，那么管理幅度就小；反过来，就越大
	权力模式的影响	● 集权组织中的管理幅度较小 ● 分权组织中的管理幅度较大
	下级工作人员的素质问题	● 下级人员的业务素质强，工作积极主动，管理幅度就大 ● 下级人员的业务素质差，工作不主动，管理幅度就较小

相关链接

行政组织结构的部门划分方法

划分行政组织中的部门可以从不同角度进行，主要的划分方法有以下几种。

（1）按管理职能和组织目标来划分部门。每级政府可分出综合部门、职能部门和直属部门。例如，国务院办公厅是综合部门；各部委则是职能部门，如外交部、农业农村部等；此外，还有专利局、气象局、统计局等直属部门。这些部门之间的地位是平等的，各自的行政目标、业务范围和权力责任都自成体系。地方政府也分为办公厅（室）、厅（局）等。这些职能部门要服从领导决策部门的领导和指挥，它们之间没有隶属和服从的关系。

（2）按地区划分部门。行政管理也要在一定的空间地域进行，地域也可以作为划分行政权限的界线。例如，全国划分为若干个省、直辖市和自治区；省划分为若干个市、县；市划分为若干个区：县划分为若干个乡；交通、林业等按地区划分为若干个局等。

（3）按管辖区域划分部门。这种划分法强调以行政工作的活动区域为标准划分工作部门，它适用于组织活动范围广泛、不宜由中枢机关统一指挥的情况。例如，铁路、公安、司法、邮政、民政、财政、税收、审计、工商行政等系统多实行管辖区域划分法。

（4）按行政管理的不同环节划分部门。例如，把行政管理环节分成决策、执行、信息、监督和辅助等部门，各司其职，职责明确，分工清楚。这种部门的划分方法虽然采用得不多，但它的科学性是不可低估的。

（5）按服务对象划分部门。这是划分行政部门的一种重要方法。例如，国务院管理华侨事务的侨务办公室，教育部管理留学生事务的留学生司，各部委中的信访办公室等都属于按服务对象划分的部门。

（6）其他划分部门的方法。各行政组织在实践中还使用了许多其他的划分部门的方法。例如，按数字划分部门，如人事一处、人事二处，人事三处等；按机器设备划分部门，如计算机中心等。由于各种划分部门的方法均有利弊，所以现实中的部门划分活动往往采用综合的方法。

三、行政组织结构的权力体系

行政组织结构部门划分的结果是产生出部门体系，在部门体系中权力分配的结果就是形成行政组织中的权力体系，权力体系构成行政组织中的权力结构。

（一）权力体系概述

权力体系是行政组织中一个基础性的结构体系，要弄清权力体系的问题，需要首先弄清权力和责任的含义。

1. 权力和责任的含义

所谓权力，指的是行政组织中的权力，它实际上是一种从行政组织中产生且得到行政组织合法认可，为了完成不同的组织职能而授予的影响组织成员和组织行为的能力。

所谓责任主要是指权力主体应当履行职责任务的必要性。这里所说的权力主体是指掌握权力的人员或有能力影响他人行为的人员。

权力与责任是相辅相成的。责任是与权力相对应的一个概念，是权力的伴生物，人们习惯上把它与权力放在一起连用，因而它也成为行政学中的一个基本概念。弄清责任一词的含义，会使人们从新的角度出发，更全面地理解权力的意义。

从权力的本意上说，它是一种为了完成某种职能而被行政组织授予的开展工作的能力，凡是掌握一定权力的人员就有义务认真而圆满地完成本职工作，即履行其职责任务。

2. 权力体系的含义

所谓权力体系，主要是指一种存在于行政组织内部、以部门体系为基础，由各级行政主管人员层层授权行为所促成的使行政组织中各工作部门及工作人员得以开展工作的权力和责任系列。

（1）权力体系与部门体系有着密切关系。一般来说，部门体系是具体承担各项组织任务的骨架系统，权力体系是推动部门体系进行运转的动力能源。如果权力体系脱离了部门体系的基础，就如同空中楼阁，没有实际作用；如果部门体系缺乏权力体系的支持，则只能成为一台无法运转的机器。权力体系与部门体系共同成为行政组织中的基本结构体系。

（2）权力体系是由行政组织中各级主管人员层层授权行为促成的。一般来说，在授予一定权力的同时，就伴随着授予了一定的责任，因为权力与责任是不可分割的。正因为如此，人们往往省略了“责任”一词，而仅用“权力”一词，如“权力结构”“权力关系”“职权关系”等。省略“责任”一词，不等于排除了责任的意义，只要人们在认识上把权力与责任连在一起，就可以正确地处理各种有关问题。

（二）权力体系的基本结构

1. 行政体制的含义

在某种意义上说，所谓权力体系的基本结构，就是行政体制，它主要是指权力关系在行政组织中的分布状态，是由众多相关的因素及其关系连接而成的一个复合体，是被系统化、制度化了的关系模式。所以，行政体制是指行政系统内部围绕权力的划分和运行而形成的制度化的关系模式。具体来讲，作为权力体系基本结构的行政体制具有以下几层含义。

（1）行政体制的核心是行政权力的划分和配置。

（2）行政体制的表现形式是行政组织机构、行政管理制度。

（3）行政体制是政治体制的一个有机组成部分，它与立法体制、司法体制一起，构成国家政治管理体制。

（4）行政体制受社会的经济结构、社会结构和文化结构的制约。

2. 行政体制的构成要素

行政体制是由若干要素相互作用而形成的制度化的关系模式。构成行政体制的基本要素包括行政职能结构、行政权力结构、行政组织结构、行政领导体制和行政运行机制等。

（1）行政职能结构。政府职能的合理配置是行政体制的一个基点。政府行政究竟如何管理经济和社会事务，是一个十分重要而长期未能解决好的问题。行政职能结构的合理配置和优化，实际上要解决两个方面的问题：一是解决政府行政如何管理，通过什么样的途径和手段，在多大程度和范围管理社会经济事务和公共事务。二是要解决政府行政系统内部的职能结构，使决策、执行、监督、反馈、咨询、参谋职能体系完整化、合理化，并且明确各层级、各部门的职能范围。

（2）行政权力结构。行政权力结构是行政体制的核心。职能规定政府要管什么，行政权力解决如何划分行政管理的权力和权限。行政权力结构主要包括纵向权力结构、横向权力结构，其核心是纵向的权力划分与配置，也就是人们通常所说的集权与分权的关系问题。

（3）行政组织结构。行政组织是行政职能的主体，是行政权力的载体和外在表现形式，它与职能和权力结构相适应。优化组织结构，主要是指目标明确，人事恰当，权责合理，精简效能。

（4）行政领导体制。行政领导体制是指政府内部的领导制度，它决定了行政领导（领导集团）的构成以及行使领导权力、决定权力、指挥权力的程序和方式。在现实中，领导体制往往与一定的组织形式相联系。例如，总统制、国务院制是行政首长制的表现形式，委员会制是集体领导制的表现形式等。在整个行政体制中，由于行使行政权力的主体是行政领导，领导主体制是行政体制的关键要素。

（5）行政运行机制。行政体制不是静态的躯壳，而是一个动态的有机体。行政运行机制是将职能结构、组织结构等结合起来的纽带。具体而言，行政运行机制是围绕权力的获取、组织与使用而形成的一套较为具体的管理制度、程序、规范等，它是保证行政系统高效灵活运转的一个重要前提。

3. 行政体制的功能

行政体制的作用在不同时期、不同环境下是不一样的。它主要表现在两个方面：一方面，它能提高行政管理的效率和效能，促进社会发展进步；另一方面，在特定条件下，它又能起到阻碍行政效率、提高和限制社会发展的反作用。

1）行政体制的积极作用

（1）规范化功能。规范化功能是指规范行政组织的行为，为行政管理活动提供了行为模式。如前所述，行政体制在本质上是对行政管理领域社会关系的固定化和制度化。有了体制，行政体系各职能、各层级部门及其人员的管理行为便有章可循，从而保证行政秩序及行政体系的正常运转。

（2）一体化功能。所谓一体化，是指调整行政体系中不同因素的矛盾、冲突和纠葛，避免事权的冲突，使行政系统成为统一的整体。行政体制明确了各层级和各部门的地位、角色以及应有的权力职能、职责，使其按特定的角色行为行事，从而达到一个结构与功能完整的均衡体系，保证行政管理的秩序和效率。

（3）管理控制功能。在行政管理中，组织、部门、运行等各个方面常会出现失调和不平衡。为解决这一问题，便需要通过体制的调整和不断的制度化、合理化来解决，这样有助于克服体制的弊病，增强行政管理的生机与活力。管理实践也证明，体制的调整是实现管理控制、增强行政管理活力的根本措施。

2）行政体制的消极作用

行政体制的消极作用主要是指旧行政体制阻碍行政管理职能和目标的实现，成为提高行政效率的障碍。行政体制产生负功能，往往是在行政体制功能失调的情况下产生的。所谓功能失调，是指行政体制在一定时间和条件下，不能很好地履行其功能，甚至发挥相反的作用。行政体制功能失调的原因是极其复杂的，主要表现在以下三个方面。

（1）行政体制的惰性。行政体制一旦形成，不易变动，具有相对稳定性，这是行政系统存在与发展的前提，但是稳定也常常变成刻板的东西，成为僵化的模式或形式化的东西。

（2）行政体制存在的价值失去作用。这是指体制内部的构成与变动的社会关系脱节，跟不上形势变化，原有体制的功能不能发挥作用或起到反作用。

（3）行政体制不合理，缺乏科学性，引起行政管理的混乱和无序，从而影响体制功能的发挥。研究行政体制的主要目的在于探讨如何科学、合理地设计、建立和完善行政体制，通过对行政管理体制的改革，努力实现行政管理的科学化、现代化和高效化。

（三）行政体制的类型

由于各国的国情、历史传统、政治制度和行政体制不同，因而各国在行政管理机构的组成方式上也存在差别。同时，在一个国家内部，有的国家在中央政府行政管理机构与地方政府行政管理机构的组成方式上也存在差别。下面通过对行政体制进行比较，掌握行政体制不同类型的优缺点。

1. 行政权力体制

行政权力体制包括集权制和分权制。

（1）集权制，又称为中央集权制，是指一切行政权力均集中于中央政府或上级机关，中央政府或上级机关对地方政府或下级机关有直接指挥管理权，地方政府或下级机关依据上级命令、指令，在中央授权范围内处理公务的行政体制。

集权制有以下基本特征：中央政府或上级机关的决策事务较多；中央政府或上级机关的决策事务较为重要；中央政府或上级机关的决策事务影响较大；上级机关较多地干预控制下级机关的事务。

（2）分权制，又称地方分权制，是指中央政府或上级机关将行政权力授予地方政府或下级机关，中央政府或上级机关仅处在监督地位。地方政府或下级机关在其权力范围内，有完全的自决权，中央政府或上级机关不得随意干预。

表 3-4 中比较了集权制与分权制的主要优势和劣势。

表 3-4 集权制与分权制的主要优势和劣势

类型	主要优势和劣势
集权制	● 政令统一，目标一致；力量集中，统筹兼顾；层级节制、指挥灵便；权力集中，完整统一 ● 易导致管理上的专制与独裁；管理单一、刻板，适应各种环境的能力较差；层级节制较多，决策迟缓；忽视地方利益，压抑地方政府或下级机关的积极性、创造性和主动性
分权制	● 分权分工，防止和避免上级专断与独裁；分级治事，分层负责，有利于发挥下级的积极性；分层授权，地方自主，实现决策；因地制宜，灵活权变，对外界环境适应力强 ● 过度分权，独立性强，易导致本位主义和各自为政；过度分权，权力分散，不利于内部协调与整合；不利于集中力量，统筹全面的发展

2. 行政领导体制

行政领导体制包括首长制和委员制。

（1）首长制，又称首长负责制，是指在行政系统中最高行政决策权、指挥权由行政首长一人执掌，对所管辖领域内的行政管理事务进行统一领导，并全权负责的一种领导体制。

首长制的主要特征在于行政首长享有并依法行使最高的行政决策权，美国的总统制是典型的首长制。

（2）委员制，又称合议制，是指在行政系统中最高的法定决策权和指挥权由两个以上的人员共同执掌的行政领导体制。

委员制的行政权力由合议机构行使，政府由行政委员会组成，由合议机构和政府共同执政。瑞士的联邦委员会是典型的委员制。

表 3-5 中比较了首长制与委员制的主要优势和劣势。

表 3-5 首长制和委员制的优势和劣势

类型	主要优势和劣势
首长制	● 事权集中，责任明确，可减少冲突与摩擦；指挥统一、灵敏，易当机立断；行动迅速，争取时效，便于执行；易于保守秘密 ● 首长独揽大权，容易产生专制、独裁、滥用权力、个人崇拜等弊端；无人牵制监督，易于营私舞弊
委员制	● 民主决策，集思广益，有利于科学决策；容纳各方面意见，易获取社会广泛支持；分工合作，减轻负担；互相监督，防止权力专断和营私舞弊 ● 事权分散、不专一，决策迟缓，彼此协调困难；责任不明确，容易产生争功诿过；力量不集中、行动迟缓、效率低下，易贻误时机；难以保守秘密

3. 行政机构体制

行政机构体制包括层级制和职能制。

（1）层级制，又称直线制或分级制，是指行政组织体系纵向上分为若干层次，每个层次所管辖的业务性质相同，上下层级之间是隶属关系，下级对其上级负责，各层级的业务管辖范围由上而下逐级缩小的行政体制。

（2）职能制，又称分职制或幕僚制，是指在行政组织中，按照不同的工作性质，从横向上平行地划分出若干部门，每个部门所管辖的业务性质不同，但行政范围大致相同的行政体制。

表 3-6 中比较了层级制与职能制的主要优势和劣势。

表 3-6　层级制与职能制的主要优势和劣势

类型	主要优势和劣势
层级制	● 有利于事权集中，统一指挥，发挥行政组织的整体效能 ● 结构呆板、缺乏弹性，无法适应复杂的环境变化；行政首长管辖过多，在组织活动内容日益复杂化时难以胜任
职能制	● 有利于行政组织内部进行合理分工、相互配合，提高人员的工作能力和工作效率 ● 缺乏合作精神，协调困难，容易产生本位主义，导致部门与部门之间的冲突，不利于统一领导和统一指挥

在当代行政体系中，没有一个行政组织是单纯的层级制或职能制，而是把两者结合起来，以层级制为基础，在每一层级内又分设若干部门，形成层级—职能结构，这是行政组织多级递阶结构的组织规律与组织专业化趋势的双重要求的结果。目前世界上大多数国家采用这种行政组织结构，其特点是：纵向上互相从属，每个上级机构对下级来说都是决策系统，每个下级机构对上级来说都是执行系统；横向上互相并列，共同完成一个整体目标。在整个行政组织中，每一位行政人员按地位顺序置于一个特定的职位上，从最低一级开始，逐级向上负责，越往上，机构和人员越少，最后汇总于层级制结构的顶端，权力和控制则从顶端向下延伸到各个层级，构成一个底大尖小的“金字塔”，通常称为“金字塔形”的行政组织体系。我国的行政组织也是实行层级制和职能制并用的“金字塔形”行政组织体制。

相关链接

各种行政管理机构的组成方式

1. 内阁制国家行政管理机构的组成方式

内阁制国家的最高行政管理机构是内阁，内阁由首相、政府各职能部门的部长组成，首相是政府首脑，领导内阁。内阁由议院中占据多数席位的政党或政党联盟组成，其他政府机构的成员由任命产生，内阁向议会负责。国家一级的行政管理机构由内阁办公机构和各职能部门的机构组成，其主要代表国家是英国。

2. 总统制国家行政管理机构的组成方式

总统制国家的最高行政管理机构由总统、总统办公机构、政府各部门机构以及独立机构组成。总统既是国家元首，又是政府首脑。总统由选举产生，其他成员由总统依照法律程序任命。总统领导下的整个行政机关并不对议会负责，其主要代表国家是美国。

3. 半总统制国家行政管理机构的组成方式

半总统制国家的最高行政管理机构的产生方式兼有内阁制和总统制的特点，以法兰西第五共和国最为典型。

4. 委员会制国家行政管理机构的组成方式

委员会制国家的最高行政管理机构是由议会选举产生的委员会，委员会由主席领导，主席为政府首脑，委员兼任各部部长，最高行政机构对议会负责。委员会的办公机构和各职能部门机构共同组成国家一级的行政管理机构，这种类型的主要代表国家是瑞士。

5. 国务院制国家行政管理机构的组成方式

国务院制国家行政管理机构的最高行政管理机构是国务院，即中央政府，由全国人民代表大会产生，对其负责，受其监督。国务院由总理、副总理若干人、各部部长、各委员会主任、审计长、秘书长组成。国务院的办公机构和各职能部门机构共同组成中央人民政府的行政管理机构。我国采取国务院制的国家行政管理机构。

第三节 行政组织改革

行政组织改革是一项系统工程，是政治体制改革的组成部分，是在经济体制改革的基础上进行的，包括行政职能转变、行政机构精简和公务员制度的建立。

一、行政职能的含义、特点、类型和地位

行政职能问题是研究行政组织改革的关键。对行政系统的研究及对行政组织的设计和改革，都离不开对行政职能的分析，尤其是针对政府机构改革，除了研究行政职能的一般性，还要对职能分解、职能定位等层面加以具体分析，并勾画出地方政府职能转变的趋势。

（一）行政职能的含义

行政职能是国家行政机关在一定时期内，根据社会需求，在国家的政治、经济和社会事务管理中承担的基本职责和发挥的功能作用。行政职能主要涉及政府的职责范围、政府履行职责的方式以及行政职能在国家和社会生活中所起的作用等方面。

从政府的职责范围来看，行政职能既涉及政府内部行政管理的职责，也涉及社会公共行政管理的职责。

从政府履行职责的方式来看，行政职能涉及组织、领导、沟通、决策、执行监督等行政管理的行为和过程，以及行政管理方法与规范等内容。

从行政职能在国家及社会生活中所起的作用来看，行政管理就是通过行政职能在国家及社会生活中发挥作用。

（二）行政职能的特点

行政职能的特点主要表现在以下四个方面。

1. 执行性

行政职能的执行性体现在执行国家意志的管理方面的职能。国家职能是由立法职能、行政职能、司法职能组成的，相对于立法职能而言，行政职能具有明显的执行性质，表现为执行国家意志的管理方面的职能。在现代社会中，国家的行政职能与立法职能、司法职能区别开来，行政职能具有明显的执行性质。

2. 整体性

政府行政系统和行政行为不是孤立和独立的，它是整个社会系统中的一个子系统，行政职能必须反映社会的需求，是整个社会职能系统的一部分。理解行政职能既要从行政职能的各个部分去认识，更要从整体上进行把握，理清行政职能与外部环境之间、行政职能与国家立法职能和司法职能之间、行政职能各领域和各层次之间的相互关系。

3. 多样性

行政职能系统结构极为庞大和复杂。从静态上分析，行政职能广泛渗透整个社会生活的各个角落。从性质上看，行政职能可分为政治职能和社会管理职能。从范围上看，行政职能可分为对内职能和对外职能。从运行过程上看，行政职能又包括决策、计划、组织、人事、指导、协调、控制等各个环节，任何一个环节都在行政职能系统中发挥非常重要的作用。从层次上分，行政职能有高、中、低层次之别，形成丰富多彩的职能体系。

4. 动态性

行政职能的内容、范围及活动方式源于国家的性质和社会的需求，随着社会政治、经济和文化环境的改变，行政职能也应做出相应的调整。行政职能的动态性主要表现为：第一，国家性质发生变化，必然引起行政职能的相应变化；第二，社会形势任务发生变化，行政职能的主次地位也应发生相应转移；第三，随着社会环境和各种体制的改变，行政职能的某些具体功能会发生根本性变革；第四，随着科学技术的发展，人类社会生活日益丰富多彩，行政职能也会增加新的内容方法和手段。

（三）行政职能的类型

行政职能可以从多个角度进行分类，最常用的是把行政职能分为两类：一是政府的基本职能；二是政府的管理运行职能。

1. 政府的基本职能

国家职能包括两种基本职能：一种是政治统治职能，也叫阶级职能，集中反映了政府管理的鲜明阶级性；另一种是社会管理职能，包括经济职能、文化职能和社会职能等。行政职能是国家职能的构成和体现，必须执行和体现国家的政治统治职能。由于政治统治职能是以执行某种社会管理职能为基础的，行政职能必须体现和执行国家的社会管理职能，行政职能更多表现为一种社会公共管理职能。

各国政府都具有政治职能，通过国家强制机构来行使约束、控制和镇压被统治阶级的职能，目的是维护有利于统治阶级的社会秩序。同时政府还必须有对社会、经济、文化、交通等各领域的公共事务进行管理的职能，目的是谋求社会和公共利益的发展。政治职能制约各项社会管理职能，各项社会管理职能又是政治职能得以实现的前提和基础。所以各国政府越来越重视社会管理职能的行使，注意管理社会经济、科学教育事业的发展，重视建设一些社会公共设施。

2. 政府的管理运行职能

行政职能是行政管理职责与功能的统一。行政职能首先表现为国家行政机关依法履行的职责，即政府应该管什么，管到什么程度和怎么管，同时行政职能又表现为政府在国家和社会中的功用效能，应该发挥什么样的作用。这两者的关系应是统一的，即政府的社会功能是其法定职责的前提和内容，政府的法定职责是其社会功能的实现和保障。政府的管理运行职能包括计划职能、组织职能和控制职能等。

（1）计划职能。计划职能是行政机构确定目标，选择实现目标手段的过程，它的目标是现有条件下如何最好地利用资源完成既定的行政任务。计划可以分为宏观计划、微观计划等。

（2）组织职能。组织职能是指行政机构将确定的计划方案付诸实施的活动，它的关键是将行政组织内部各要素连接成一个有机整体，使人、财、物得到最合理的使用。

（3）控制职能。控制职能是指上级部门或行政领导者对具体执行机构或人员进行的检查、督促和纠偏活动，目的在于保证行政目标的实现。控制职能贯穿于行政管理过程的每个环节（方面层次），它的内容涉及事前、事中的积极预防，如督促、检查，还涉及事后的纠偏与惩戒。有效的控制通常要求：具有明确的控制标准，恰当的控制幅度；使获取偏差信息的渠道畅通；调节措施有力；持之以恒的检查、督促。

（四）行政职能的地位

行政职能是行政管理活动的实质和核心，把行政管理看作一个完整的职能体系，认真研究行政职能与行政环境的互动关系，了解行政职能构成要素及其活动规律，并根据需要及时调整行政职能体系，分清轻重缓急，合理地确定行政管理各方面、各阶段的职能，对于更好地发挥行政管理的作用，有效地组织各项管理活动，具有十分重要的作用。

1. 行政职能是建立行政组织的最根本的依据

一方面，行政职能必须通过一定的行政机构来实现，缺乏行政机构这一实体，行政职能确立得再科学、合理，需求再迫切、强烈，也是无济于事的。行政组织是行政职能的必要载体，离开这一载体，行政职能就无法实现。另一方面，行政组织的设置并不是任意的、随心所欲的，必须依据行政职能这一最重要的标准。一般来说，行政职能的状况在很大程度上决定了行政组织的设置、规模、层次、数量以及运行方式。行政职能是一个完整的体系，因而行政组织也应是一个有机的体系。

2. 行政职能的转变和变化是行政机构、人员编制改革的关键

尽管这种变化之间会产生一定程度的“脱序”现象，即行政职能变化，行政机构设置不一定立即做出相应的调整，但从长远来看，这种变化总会发生。行政组织的变革必须紧紧围绕行政职能这个中心，在行政职能没有发生转变的情况下，精简人员、删减机构数目、缩小组织规模的措施，只是治标不治本，往往是机构数目减了又增，人员裁了又添，在“精简—膨胀—再精简—再膨胀”的循环圈中打转转。因此，进行行政机构改革，首先必须明确认识行政职能的变化状态，哪些行政职能需要加强，哪些应该削减或取消等，然后根据职能的变动来确定机构的改革。

3. 行政职能体现国家行政管理的本质、性质和方向

行政职能是认识一个国家行政管理的核心内容，了解这个国家政府做哪些事、干什么、不干什么。通过行政职能可以了解这个国家的行政管理性质、行政组织、行政过程、行政规模等大致情况，可以了解其适应职能变动而进行改革的一些情况。

4. 行政职能是行政运行机制科学化、程序化的一个依据

现代化行政管理要求行政运行科学化、程序化，这必须依据行政管理活动过程自身的内在规律，而不能从主观上任意安排各个管理运行阶段。行政运行职能正是行政活动过程内在规律的概括和反映，每项行政职能正是行政管理过程的一个重要环节，各项行政运行职能之间相互制约的关系，也反映为各个行政管理环节的先后顺序及其有机联系。按照行政运行职能

来实现管理系统的运转，就能实现管理的程序化。

5. 行政职能的实施情况也是行政管理结果的表现和检验依据

行政职能能否得到充分发挥和完全实现，既受到国家本质和政治制度的制约，又受到行政权限划分、组织机构设置、人员素质、活动原则、经费收支等方面的影响，尤其受到行政决策是否科学的制约。所以，行政职能实施的情况是检验行政管理的一个依据，也是行政管理结果的表现。

相关链接

行政职能的发展

在市场经济国家，其政府行政职能演变大体经历了“守夜人”时期、“积极干预”时期和“有限政府”时期三个阶段。第一个阶段，政府处于相对弱势，被称为弱势政府时期；第二个阶段，政府处于相对强势，被称为强势政府时期；第三个阶段，既强调政府对市场的必要监管，又强调政府对市场干预的有限性，因而被称为有限政府时期。

1. 弱势政府“守夜人”时期的行政职能

市场经济体制及秩序在西方各国确立之后，特别是18世纪后半期，随着工业革命的发生，商业资本转向了工业资本，人们对政府的作用和认识发生了变化，自由放任、限制国家干预的观点取代了古典的国家干预论。根据亚当·斯密的观点，政府只起“守夜人”的作用，政府的职能仅限于保护社会免受外敌侵犯；保护每一个社会成员免受其他成员的强制，实现社会公正；建设和保护公共设施。

在弱势政府时期，西方国家政府职能非常有限，政府很少对经济进行干预，其作用只限于为私人企业提供良好的发展环境，维护市场秩序，提供有限的公共物品。

弱势政府职能的积极意义在于：它适应了自由资本主义的需要，促进了资本主义经济的发展。弱势政府职能的消极意义在于：它导致社会生产的无政府状态，引起了经济危机的爆发。

2. 强势政府“积极干预”时期的行政职能

政府“积极干预”职能的出现是20世纪一系列大事促成的。1917年俄国革命建立了第一个无所不包的计划经济国家，并通过国家行政权力干预在经济上取得巨大成就，使社会主义思潮影响扩大。特别是1929—1933年震撼世界的经济大危机，标志着自由放任经济理论的破产和“守夜人”政府的终结。

随着以凯恩斯主义国家干预经济理论为基础的罗斯福“新政”的推行，美国经济危机得到了控制，并逐步走出困境。这次危机表明，仅靠“看不见的手”和自由竞争并不能保证社会生产和资源的合理配置以及社会经济的有序运行。凯恩斯主张放弃自由放任主义，实行政府对经济生活的全面干预。

在强势时期，政府介入社会经济生活的深度和广度都是前所未有的。在各个领域，人们都能看到政府这只“看得见的手”在调配社会资源和引导经济生活中发挥着积极主动的作用。

强势政府时期的行政职能也具有消极意义的一面。进入20世纪70年代之后，西方国家先后出现了新的经济危机，并且通货膨胀与经济停滞同时出现，形成了所谓“滞胀”现象。大规模行政职能扩张，致使国家财政支出亦越来越大，社会失业人口也越来越多。

3.“有限政府”时期的行政职能

20 世纪 70 年代以后，对于西方国家的经济“滞胀”现象，凯恩斯理论无法给出解释，从而出现了否定凯恩斯理论的学派。其中包括以哈那克、罗宾斯等为代表的自由主义学派，以拉弗尔、费尔德斯坦为代表的供给学派，以卢卡斯等为代表的理性预期学派，以布坎南等为代表的公共选择学派等，这些理论统称为新自由主义经济理论。该理论成为这一时期的主流经济理论，成为政府制定经济政策的理论依据。

新自由主义经济理论认为，政府的干预对社会和经济而言是必要的，政府应该承担经济社会管理职能，维持社会秩序，保护社会的公共利益、但政府的干预只能限制在一定范围内，政府不能取代市场机制和市民社会的作用。

在新自由主义经济理论指导下，20 世纪 70 年代末 80 年代初以来，西方各国普遍开展了行政改革，改革的重点之一是重新界定和优化政府职能，其核心是将大量原来由政府承担的职能交给市场和社会，对那些不该管的事放手不管，集中财力和精力把该管的事管好。

有限政府时期行政职能改革，通过非国有化减少政府对企业的微观管理，这就是将公有企业和公用事业的产权转移或私有化。政府放松规制，更好地发挥市场机制的作用，放松管制盛行于西方各主要国家，“市场和竞争就是最好的管制”成了流行的口号。推进公共服务职能的社会化、市场化主要采取三种形式：政府业务合同出租；以私补公，打破垄断，建立政府部门与私营企业的伙伴关系；公共服务社会化。

（资料来源：胡象明. 行政管理学. 北京：高等教育出版社，2005.）

二、我国政府行政职能转变的必要性和内容

改革开放以前，我国政府行政职能模式是在沿用革命战争年代和借鉴苏联模式的基础上发展起来的，它主要是为适应高度集中的计划经济体制要求而建立的。政府以直接的行政手段广泛干预社会经济生活，行政职能过分膨胀，形成了所谓“全能政府”或“强势政府”的职能模式。政府通过计划体制和行政手段在宏观上实行高度集权的集中计划管理，在微观上实行直接管理的行政职能。我国经济体制改革决定着行政职能的转变。

（一）行政职能转变的含义

所谓行政职能转变，是指为适应客观环境的变化需要，而对行政职能进行的转换、重组和优化，是对政府的行为方式及职能结构体系的调整。

行政职能作为上层建筑范畴，主要受一个国家经济政治及社会环境的影响。在影响行政职能转变的诸环境因素中，经济环境的变化起着决定性作用。

不同社会形态国家的政府，同一社会形态不同国家的政府，同一国家不同历史阶段的政府，其职能的重点、内容、范围和行使职能的方式可能是不同的。随着经济环境的变化，社会的阶级结构、主要矛盾等都会随之变化，这就要求行政职能也应相应发生变化，否则不仅会造成行政管理的滞后和僵化，而且还会使政府成为经济社会发展的障碍。

（二）我国政府行政职能转变必要性的主要表现

改革开放以来，我国各级政府职能转变主要是为适应经济体制改革的需要，以及为适应因经济体制改革而导致的其他社会环境变化的需要。我国政府职能转变的必要性主要表现在

以下几个方面。

第一，转变行政职能是建立和完善社会主义市场经济体制的必然要求。随着我国经济体制改革的深入，特别是社会主义市场经济体制的建立和发展，市场在资源配置中的基础性作用明显增强，要求政府转变行政职能。

第二，转变行政职能是迎接经济全球化挑战的需要。我国加入世界贸易组织后，政府不仅面临着国内市场经济体制改革的压力，而且要应对全球化带来的挑战，政府必须改变工作内容和工作方式。

第三，转变行政职能是实现经济、社会和人的全面发展的需要。在现代社会，政府的作用问题越来越成为人们关注的焦点，因为一个国家或一个地区经济社会发展水平、发展方向，很大程度上是由政府决定的。要坚持以人为本，实现经济社会和人的全面协调发展。

第四，转变行政职能是深化政治体制改革的需要。转变行政职能是政治体制和行政管理体制改革的重要内容。转变政府职能，实现民主行政、公开行政、依法行政，是政治体制改革的重要内容。

第五，行政职能转变是机构改革的动因和基础。行政机构是行政职能的载体，行政职能是行政机构设置的重要依据。就行政职能与行政机构的关系而言，行政职能的变化构成行政机构改革的动因，行政职能转变也是行政机构改革的基础。

（三）我国政府行政职能转变的主要内容

在职能重心的转变上，随着我国经济体制和政治体制改革的深入进行，坚持以经济建设为中心。

在职能方式的转变上，由运用行政手段为主向运用经济手段为主，并将经济手段与法律手段、行政手段结合起来；由微观管理、直接管理为主，转向宏观管理、间接管理为主。政府的经济职能主要是宏观调控，提供服务和检查监督；由重计划、排斥市场转向以市场为主，计划与市场相结合。

在职能关系的转变上，理顺中央政府与地方政府、上级地方政府与下级地方政府之间的职能关系，理顺政企关系，理顺政府与市场的关系，理顺政府与社会的关系，理顺政府内部各职能部门的关系。

通过多次改革和政府职能的转变，我国政府初步形成了“经济调节、市场监管、社会管理和公共服务”的职能体系。由于政府行政职能转变是个系统工程，涉及政府管理的各个方面，涉及改革开放稳定发展的大局，是一个渐进的过程，不可能一蹴而就。我国政府行政职能转变的主要内容包括：要进一步转变政府职能，改进管理方式，推行电子政务，提高行政效率，降低行政成本，形成行为规范、运转协调、公正透明、廉洁高效的行政管理体制。依法规范中央和地方的职能与权限，正确处理中央垂直管理部门和地方政府的关系。按照精简、统一、效能的原则，按照决策、执行、监督相协调的要求，继续推进政府机构改革，科学规范部门职能，合理设置机构。优化人员结构，实现机构和编制的法定化，切实解决层次过多、职能交叉、权责脱节和多重多头执法等问题。

为了进一步推动政府行政职能的转变，减少政府对市场和社会的不必要干预，党的十八大以来我国对原有的行政审批制度进行了较为深入的改革。行政审批制度是行政许可制度的一种形式，是政府干预市场、管理社会的一种重要手段，是当今世界各国较为普遍采用的一种行政管理方式或制度。大量减少政府不必要的行政审批项目，各级政府减少行政审批项目达 50%以上；对行政审批的方式也进行了改革，如实行限时审批、电子审批、阳光审批，加强了对行政审批的监督，既提高了行政审批的效率，又减少了行政审批中的腐败现象。《行政许可法》使我国政府行政职能转变的成果为法律所确认，政府行政职能的范围与方式已经纳入了法制化的轨道。

三、我国政府行政机构改革

我国政府行政系统是在中国特定的政治环境中产生并逐步形成的，是背负着中国历史在社会现实生活中诞生并发展的。我国政府的形成受多重因素的影响和制约，作为权力机关的执行机关，产生于我国“议行合一”体制；作为国家行政机关，产生于单一制的中央集权行政管理体制。

纵观政府行政系统的历史沿革，把握政府机构变革的历史脉搏，回顾政府行政系统形成、转化和演变的历史轨迹，可以从中概括出地方政府行政系统发展变化的一般规律。改革开放的总设计师邓小平同志关于行政管理体系和机构的理论，较早而且集中地体现在 1980—1982 年发表的一系列重要讲话中，他提出了著名的“精简机构是一场革命”的科学论断。

行政机构改革将充分利用各方面有利条件，坚定推进一些重点领域的机构调整；同时要充分考虑当前经济社会发展面临的复杂形势和各种风险挑战，保持国务院机构总体相对稳定；对有些长期存在、社会高度关注的问题，通过职能调整解决，或适时通过必要的机构调整解决。

邓小平同志 1992 年南方谈话，是解放思想和实事求是的第二个“宣言书”；突破了经济体制改革的禁区，正确解决了计划和市场的关系；摆脱了姓“资”还是姓“社”的干扰，使我国经济体制改革走上了正确的轨道。1992 年 10 月 12 日，党的十四大提出了实行社会主义市场经济的战略决策，使经济体制改革走向深入。为配合社会主义市场经济体制的建立，把行政管理体制改革作为政治体制改革的突破口，提上了议事日程。

习近平总书记在党的十九大报告中指出，为适应新时代中国特色社会主义现代化，要进一步深化机构和行政体制改革。他指出，特别是要“统筹考虑各类机构设置，科学配置党政部门及内设机构权力、明确职责”，与此同时，“统筹使用各类编制资源，形成科学合理的管理体制，完善国家机构组织法。”此外，还需要“赋予省级及以下政府更多自主权。在省市县对职能相近的党政机关探索合并设立或合署办公”。这些思想反映了政府机构和行政体制改革未来发展的三大方向，并将为指导服务型政府建设提供行动路线图。

首先，我国历次政府机构改革往往主要对政府直属部门进行合并重组，而很少触及内设机构。其次，十九大报告指出要“统筹使用各类编制资源”，这为破解政府机构编制难题提供了思路。编制管理可以确保政府机构的人员安排得到有效控制，并避免机构膨胀和人浮于事。最后，党的十九大报告指出要使省级及以下政府拥有更多的自主权，并鼓励职能相近的党政机关合并设立或合署办公。这些新提法将有利于进一步理顺党政关系和上下级关系，并发挥各地各级政府的能动性。

从政府机构精简到政府机构改革，再到政府行政体制的改革，是一个政府改革从量变到质变的过程。它既反映了经济体制改革的阶段性过程，又反映了人们认识上、观念上及其政府机构改革做法上的历史性跨越。即使是在市场经济体制下的政府机构改革，由于所处的阶段、主要任务和外部条件不同，其也表现出不同的特点。1993 年开始的改革是政府机构改革的质变，但仍属于阶段性部分质变。1998 年的政府机构改革力争实现质的飞跃。2003 年的政府机构改革以全面确立与市场经济体制相一致的行政管理体制为目标。党的十九大以后，政府机构和行政体制改革归根结底是要“转变政府职能，深化简政放权，创新监管方式，增强政府公信力和执行力，建设人民满意的服务型政府”。

相关链接

深化机构和行政体制改革

党的十九大报告深刻把握党和国家事业历史性变革及其对组织结构和管理体制的新要求，就深化机构和行政体制改革作出重要决策部署。我们要认真学习贯彻党的十九大精神，深刻领会习近平新时代中国特色社会主义思想，牢固树立“四个意识”，准确把握中央改革目标要求，切实把各项任务落到实处。

充分认识深化机构和行政体制改革的重要意义

站在坚持和加强党的全面领导、加强党的长期执政能力建设的高度来认识。党政军民学，东西南北中，党是领导一切的。我们党进行伟大斗争、建设伟大工程、推进伟大事业、实现伟大梦想，必须提高把方向、谋大局、定政策、促改革的能力和定力。党政组织机构和管理体制是党执政的重要载体。需要通过改革，完善坚持党的领导的体制机制，把党的领导贯彻落实到党和国家机关全面正确履行职责的各领域各环节，确保党始终总揽全局、协调各方，从制度上保证党的长期执政和国家长治久安。

站在更好适应我国发展新的历史方位、更好适应我国社会主要矛盾变化的高度来认识。党的十九大作出中国特色社会主义进入新时代、我国社会主要矛盾已经转化为人民日益增长的美好生活需要和不平衡不充分发展之间的矛盾的重大政治判断。在新的发展阶段，人民群众不仅对物质文化生活提出了更高要求，而且在民主、法治、公平、正义、安全、环境等方面的要求日益增长。需要通过改革，使机构设置和职能配置适应社会主要矛盾变化，推动解决发展不平衡不充分问题，为新时代党和国家各项事业发展提供体制机制保障。

站在全面深化改革、推进国家治理体系和治理能力现代化的高度来认识。全面深化改革的总目标是完善和发展中国特色社会主义制度，推进国家治理体系和治理能力现代化。深化机构和行政体制改革是全面深化改革的重要内容，直接关系国家治理体系的完善和治理能力的提升，对各领域改革发挥着体制支撑和保障作用。要从根本上解决发展中的深层次矛盾和问题，就必须对机构和体制进行调整完善。需要通过深化机构和行政体制改革，推动经济、社会、文化、生态文明等领域改革持续深化，加快构建系统完备、科学规范、运行有效的制度体系。

站在使市场在资源配置中起决定性作用、更好发挥政府作用，实现更高质量、更有效率、更加公平、更可持续发展的高度来认识。决胜全面建成小康社会、开启全面建设社会主义现代化国家新征程，从根本上说是发展问题。我国经济已由高速增长阶段转向高质量发展阶段，必须以供给侧结构性改革为主线，加快转变发展方式、优化经济结构、转换增长动力，着力构建市场机制有效、微观主体有活力、宏观调控有度的经济体制。需要通过改革，进一步理顺政府与市场、政府与社会的关系，该管的事管好、管到位，该放的权放足、放到位，该提供的服务提供到位，增强经济发展的内生动力，更好推动经济发展质量变革、效率变革、动力变革。

准确把握深化机构和行政体制改革的重点任务

统筹推进各类机构改革，完善国家治理的组织架构。顺利推进新时代中国特色社会主义各项事业，必须从组织机构上发挥党的领导这个最大体制优势，协调好并发挥出各类机构的职能作用，形成适应新时代发展要求的党政群机构新格局。为此，需要统筹考虑党和国家各类机构设置，完善科学领导和决策、有效管理和执行的体制机制。一是统筹考虑各类机构设置，科学配置党政部门及其内设机构权力，明确职责。紧紧围绕发挥党总揽全局、协调各方作用和切实加强党的长期执政能力建设，进一步理顺职责关系，按照改革要求进行调整完善。把各地区各部门各方面意见摸清楚，把机构设置存在的问题弄清楚，综合考虑各方面情况，科学制定改革方案。机构设置要体现符合实际、科学合理、更有效率的要求，做到精干高效。二是统筹使用各类编制资源，形成科学合理的管理体制。坚持机构编制“瘦身”与“健身”相结合，通盘考虑组织机构调整与编制资源配备，创新管理，优化结构，盘活用好各类编制资源。三是完善国家机构组织法。与改革实践相比，我国机构法制建设相对滞后，需要适应依法治国、依法行政的进程，进一步完善国家机构组织法律体系，推进机构组织的科学化、规范化、法制化，通过立法巩固改革成果。

深化简政放权，坚持放管结合，进一步转变政府职能。职能转变是深化行政体制改革的核心。经过持续努力，这项工作取得重要进展，积累了宝贵经验。同时应看到，职能转变任务还很重，需要进一步推进简政放权，加强和创新监管，强化社会管理和公共服务等职责。一是加大简政放权力度，深化行政审批制度改革，释放市场发展活力。在前期改革成果基础上，进一步精简各类审批、证照等事项，深入推进精准放权协同放权，对下放事项要创造条件保障地方和基层接得住接得好。二是坚持放管结合放管并举，创新监管方式。强化监管手段，积极探索新型监管模式，着力提高事中事后监管有效性，切实维护公平竞争的市场秩序。三是规范行政行为、优化办事流程，增强政府公信力和执行力，建设人民满意的服务型政府。进一步精简环节，规范行政程序、行为、时限和裁量权，加快实施“互联网+政务服务”，提高政务公开水平，营造稳定公平透明、可预期的营商环境。

优化地方各级权力配置，更好发挥贴近基层和群众的管理服务优势。不同层级各有其职能重点，对那些由下级管理更为直接高效的事务，应赋予地方更多自主权，这样既能充分调动地方积极性、因地制宜做好工作，也有利于中央部门集中精力抓大事、谋全局。为此，需要进一步合理界定各层级间职能配置、优化机构设置，发挥各自比较优势。一是推进不同层级间权责合理配置，赋予省级及以下政府更多自主权。进一步加大放权力度，把那些地方切实需要也能够有效承接的事项下放给地方。同时，地方各层级间也要明确职责重点。省一级主要是强化规划管理、政策法规、标准规范、监督检查等职责；市县级主要是强化执行和执法监管职责；做好直接面向企业和群众的服务与管理。二是推进地方党政机构改革，在省市县对职能相近的党政机关探索合并设立或合署办公。这么多年来，一些地方根据本地区发展实际整合设置党政机构，取得了一定成效。要总结提炼成功经验，探索在省市县按照职能重点综合设置党政机构，进一步推动机构职能的精简整合，形成管理合力。三是构建简约精干的基层行政管理体制。按照充实一线、加强基层的原则，将适宜由基层管理的行政审批、行政处罚等权力事项下沉，整合审批、服务、执法等方面力量和资源，提升基层管理服务水平。

深化事业单位改革，加快建立中国特色公益服务体系。事业单位是提供公益服务的主体。当前，与人民日益增长的美好生活需要相比，我国公益服务还存在不少短板，需要通过深化事业单位改革，提高公益服务供给的质量效率和公平性，更好地满足人民群众在教育、医疗、文化等各方面的需求。一是坚持分类改革方针，推进政事分开、事企分开、管办分离。巩固和深化行政类、经营类事业单位改革成果，理顺公益类事业单位与主管部门的关系，探索政事分开、管办分离的有效实现形式，构建新型政事关系。二是创新事业单位管理体制和运行机制，增强事业单位活力。瞄准教育、医疗、科研、文化等事业单位管理体制上的重点难点问题，探索开展管理体制创新试点，在组织结构、用人制度、财政支持、社会保障等方面拿出有效举措。三是强化事业单位公益属性，促进公益服务平衡充分发展。着力推动去行政化，破除逐利机制，强化提供公益服务的社会责任。优化事业资源布局结构，鼓励社会力量兴办公益事业，推进基本公共服务均等化。

统筹抓好深化机构和行政体制改革的贯彻落实

坚持党的集中统一领导，确保中央决策部署不折不扣落实到位。深化机构和行政体制改革是党和国家事业重要组成部分，必须体现党的意志，围绕切实加强党的长期执政能力建设和国家政权建设开展。要发挥党在改革发展稳定大局中的领导核心作用，以党的政治优势引领和推进改革。坚决在思想上政治上行动上同以习近平同志为核心的党中央保持高度一致，深入学习贯彻习近平同志关于深化机构和行政体制改革的重要论述，坚持正确改革方向，确保改革在党的集中统一领导和部署下推进。

坚持中国特色时代特色，突出目标导向和问题导向。一个国家实行什么样的政治制度，是由这个国家的性质和国情决定的。要立足中国特色社会主义道路、立足基本国情，提出切合我国实际、符合时代要求的改革措施。要以体制机制是否更加科学合理、管理服务水平是否得到提升、人民群众能否从改革中得到实惠等实践成效来检验改革成果。要有强烈的问题意识，抓住关键问题，着力破除制约发展的突出体制机制障碍，确保通过改革推动党和国家事业更好更快发展。

坚持积极稳妥统筹推进，增强改革的系统性、整体性、协同性。要立足当前、着眼长远，做好与其他各领域改革的衔接，加强顶层设计和统筹协调，整体谋划、上下联动、左右衔接，深化改革与加强管理相结合。条件成熟的加大力度突破；条件暂不具备的不能急于求成，可以先行试点，梯次推进。

坚持发挥中央和地方两个积极性，尊重地方首创精神。我国幅员辽阔、人口众多，各级各地情况千差万别。改革既要加强领导统一部署，做到全国一盘棋；又要充分考虑各地实际，调动和发挥地方的积极性、主动性、创造性。特别是市县直接面对基层和社会实施管理和服务，要支持和鼓励其因地制宜大胆改革探索。对具有普遍意义的经验做法，要及时总结推广。

坚持对党和国家事业高度负责，勇于担当、攻坚克难。深化机构和行政体制改革是一项系统工程，涉及权力和利益格局调整，任务艰巨复杂，组织实施难度大。要增强改革的责任感和使命感，勇于担当，做到敢于负责、敢于较真、敢于碰硬，攻坚克难推进改革。改革涉及的部门和个人要以党和人民利益为最高利益，处理好全局与局部、组织与个人的关系，服从大局需要，服从组织安排，做到思想不散、秩序不乱、工作正常运转。

（资料来源：张纪南. 深化机构和行政体制改革. 人民日报. 2017-12-28（7）.）

2018 年我国根据当前发展形势和要求进行了新一轮的国务院机构改革。深化国务院机构改革，要着眼于转变政府职能，坚决破除制约市场在资源配置中起决定性作用、更好发挥政府作用的体制机制弊端，围绕全面推动高质量发展、建设现代化经济体系，加强和完善政府经济调节、市场监管、社会管理、公共服务、生态环境保护职能，结合新的时代条件和实践要求，着力推进重点领域和关键环节的机构职能优化和调整，构建起职责明确、依法行政的政府治理体系，提高政府执行力，建设令人民满意的服务型政府。

这次国务院机构改革的具体方案如下。

第一，组建自然资源部。将国土资源部的职责，国家发展和改革委员会的组织编制主体功能区规划职责，住房和城乡建设部的城乡规划管理职责，水利部的水资源调查和确权登记管理职责，农业部的草原资源调查和确权登记管理职责，国家林业局的森林、湿地等资源调查和确权登记管理职责，国家海洋局的职责，国家测绘地理信息局的职责整合，组建自然资源部，作为国务院组成部门。自然资源部对外保留国家海洋局牌子。不再保留国土资源部、国家海洋局、国家测绘地理信息局。

第二，组建生态环境部。将环境保护部的职责，国家发展和改革委员会的应对气候变化和减排职责，国土资源部的监督防止地下水污染职责，水利部的编制水功能区划、排污口设置管理、流域水环境保护职责，农业部的监督指导农业面源污染治理职责，国家海洋局的海洋环境保护职责，国务院南水北调工程建设委员会办公室的南水北调工程项目区环境保护职责整合，组建生态环境部，作为国务院组成部门。生态环境部对外保留国家核安全局牌子。不再保留环境保护部。

第三，组建农业农村部。将农业部的职责，以及国家发展和改革委员会的农业投资项目、财政部的农业综合开发项目、国土资源部的农田整治项目、水利部的农田水利建设项目等管理职责整合，组建农业农村部，作为国务院组成部门。将农业部的渔船检验和监督管理职责划入交通运输部，不再保留农业部。

第四，组建文化和旅游部。将文化部、国家旅游局的职责整合，组建文化和旅游部，作为国务院组成部门。不再保留文化部、国家旅游局。

第五，组建国家卫生健康委员会。将国家卫生和计划生育委员会、国务院深化医药卫生体制改革领导小组办公室、全国老龄工作委员会办公室的职责，工业和信息化部牵头的《烟草控制框架公约》履约职责，国家安全生产监督管理总局的职业安全健康监督管理职责整合，组建国家卫生健康委员会，作为国务院组成部门。保留全国老龄工作委员会，日常工作由国家卫生健康委员会承担。民政部代管的中国老龄协会改由国家卫生健康委员会代管。国家中医药管理局由国家卫生健康委员会管理。不再保留国家卫生和计划生育委员会。不再设立国务院深化医药卫生体制改革领导小组办公室。

第六，组建退役军人事务部。将民政部的退役军人优抚安置职责，人力资源和社会保障部的军官转业安置职责，以及中央军委政治工作部、后勤保障部的有关职责整合，组建退役军人事务部，作为国务院组成部门。

第七，组建应急管理部。将国家安全生产监督管理总局的职责，国务院办公厅的应急管理职责，公安部的消防管理职责，民政部的救灾职责，国土资源部的地质灾害防治、水利部的水旱灾害防治、农业部的草原防火、国家林业局的森林防火相关职责，中国地震局的震灾应急救援职责以及国家防汛抗旱总指挥部、国家减灾委员会、国务院抗震救灾指挥部、国家森林防火指挥部的职责整合，组建应急管理部，作为国务院组成部门。

◎ 案例讨论

治好“马路拉链” 提升城市颜值

这些年，无锡的城市发展日新月异，但和许多城市一样，也存在这样或那样的“城市病”。“马路拉链”问题就是为人诟病的一个顽疾，已成为城市管理中的一个痛点。所谓“马路拉链”，指的是因各种原因开挖马路，施工完成后不久又重新开挖，再回填，反复挖填，形如马路上的一条条拉链。

“马路拉链”的弊病，不言自明。反复开挖路面，浪费大量人力、物力、财力，往往导致交通“梗阻”，因围挡和夜间警示灯设置不到位而引发的安全问题也不在少数，工地扬尘、噪声给附近居民和非机动车、行人带来困扰。“马路拉链”的产生有一定的客观原因，比如城市建设“各自为政、多头管理”的体制机制方面的原因，市政设施存在历史欠账，部分管线老化亟须更新，道桥新改扩建配套管线迁移等。但“马路拉链”问题并非无解，通过综合施策，打好政策“组合拳”，这一问题便可迎刃而解。

听取民意，科学、文明施工是根本。市政工程大多是一些为民办实事项目，旨在服务于民，但要把实事办实，把好事办好，既需要实干精神，也需要智慧和人文关怀。项目建设相关单位在项目前期要做好调查研究，进行项目公示和听证，充分听取周边群众意见建议，在建设施工的全过程、各环节做到科学、合理、文明。

理顺关系，做好顶层设计很关键。市政设施的建设、运营、维护涉及多家不同建设主体，如自来水、排水、燃气、电力、通信等单位，这些单位又分属多个部门主管，“婆婆”太多不好管。市级层面可以授权一个部门扎口管理，对涉及路面开挖的市政项目，牵头抓总，各相关单位每年度末向该部门上报下一年度拟开挖的建设项目，由该部门抓好统筹，综合考虑，统一谋划，合理安排，解决各建设主体之间信息不通、无法共享的问题。

科技助力，推动技术革新是保证。“科学技术是第一生产力”，这句话同样适用于工程建设。要运用好城市管网信息大数据及物联网，应用新材料、新技术、新工艺，优先考虑工期短、道路后期使用寿命长的施工方案。有些方案前期投入可能多一些，但后期运营维护的成本降下来了，用建设工程全寿命周期理论来考量仍是合算的，而且可以避免今后反复开挖路面导致的扰民行为，兼具经济效益和社会效益。当然，在一些有条件的区域，应推广地下综合管廊建设，那样便可从根本上杜绝“马路拉链”。

一个城市的现代化和文明程度不仅仅体现在高楼大厦和地标性建筑上，更体现在城市管理的科学化、精细化水平上。“马路拉链”不是无锡一个城市的问题，而是许多城市的“通病”，如果我们能够在“马路拉链”防治方面走出一条新路，做些有益的探索和尝试，城市的面貌就会有很大改观，无锡的气质和格调也将有不小的提升。

（资料来源：史健津. 治好“马路拉链” 提升城市颜值. 无锡日报，2018-12-10（02）.）

讨论题：

请结合案例解释行政职能的含义、特点、类型和地位，并结合行政职能的相关内容分析我国政府应如何具体处理在执行行政职能时遇到的问题。

◎ 实训活动

一、实训项目

虚拟行政组织活动。

二、实训内容

在两排桌子中的夹道里设置若干障碍物，并在游戏过程中随时变化障碍物的位置。

三、实训工具

丝巾一条（用以蒙住执行者的双眼），障碍物若干（包括矿泉水瓶若干、椅子一把、绳子一条、水杯一个）。

四、实训指导

（一）情节

在参加实训活动的 6 名同学中以抽签的方式决定分组（共分三组）和小组内的角色分配。由抽到相同号码的两名同学组成一个虚拟行政组织，抽到红色号码的同学担任组织领导者，另一名同学担任执行者。

组织领导者以击掌的方式指引被蒙上双眼的执行者穿过设有障碍物的夹道，要顺利到达夹道的另一端后再顺利返回原地。

（二）角色分配

每一组虚拟行政组织的两名同学由抽签的方式决定各自担任的角色，并共同设计用以指引执行者通过障碍物的击掌声所代表的含义。

第一组，领导者：（　　　），执行者：（　　　）。

第二组，领导者：（　　　），执行者：（　　　）。

第三组，领导者：（　　　），执行者：（　　　）。

五、实训点评

（一）组织

理论：组织是人们为达到共同的目标、完成共同的任务、按特定的结构形式和活动规范结合而成的开放型群体。

实践：游戏中的虚拟行政组织中的两名成员是以达到顺利通过障碍物为共同目标和任务、按游戏规则结合而成的群体。

（二）行政组织的基本要素

理论：行政组织的基本要素包括职能目标、机构设置、人员构成、权责体系、管理方式、运行过程和法制规范。

实践：游戏中的虚拟行政组织以顺利通过障碍物为目标，组织内有具体的角色分工，两名组织成员有各自的职权范围和分工。在统一的游戏规则下，通过共同制定的规则进行组织的管理。

六、实训报告

请将实训所得结果填写在实训报告纸上。

◎ 复习思考题

1. 什么是组织及其主要功能？

2. 简述行政组织的含义和特点。

3. 简述行政组织构成的基本要素。

4. 简述行政组织的基本类型。

5. 我国常见的行政组织主要有哪几类?

6. 简述传统组织理论的主要学派。

7. 简述行为科学时期组织理论的主要代表人物及其观点。

8. 简述系统科学时期组织理论的系统理论和权变组织理论。

9. 简述行政组织结构的形成方式和基本结构体系。

10. 简述行政组织结构中的部门划分及划分方法。

11. 简述行政组织结构中的纵向结构和横向结构。

12. 论述行政组织结构的管理层次和管理幅度及其影响因素。

13. 简述行政体制的构成要素及其主要功能。

14. 试述行政权力体制中的集权制与分权制。

15. 简述行政领导体制中首长制与委员制的优缺点。

16. 试述行政职能的含义、内容及其转变的趋势。

17. 简述我国地方政府行政系统的形成与演变。

18. 运用行政组织理论分析我国行政机构改革精简—膨胀—再精简—再膨胀的怪圈，了解地方政府机构改革的程序和对策。

第四章

行政领导

◎ 学习目标

- **知识目标**

识记：领导、行政领导、行政领导者、行政领导集团等概念。

领会：行政领导的产生、行政领导的特点、行政领导威信的构成。

应用：理解行政领导者应具备的基本素质、行政领导活动中掌握领导艺术的必要性，并将其应用于行政管理的实践活动中。

- **能力目标**

应知：了解行政领导系统，熟悉行政领导职能。

应会：学会协助行政领导解决问题、开展工作的技巧。

掌握：通过行政秘书的工作，发挥行政领导艺术，借助参与行政领导活动过程提高行政协调和行政管理的能力。

◎ 情景导入

作为行政秘书的宋敏，她参与行政管理日常运行的时候，与之交流最多的一个行政角色就是行政领导，包括上级领导、部门领导和业务领导，即西方行政管理中的所说“上司”。因此，如何与领导沟通，掌握与“上司”交流的技巧，是行政管理实务中的重要一课。

从行政秘书的角度来观察行政领导，需要掌握行政领导的特点、行政领导职能、行政领导权力、行政领导风格和行政领导类型。领导现象是一种社会现象，在行政管理实务中，领导与秘书或领导与下属是不可分的两个方面。领导的能力往往通过秘书或下属的工作体现出来。秘书的水平往往反映领导的风格。从行政秘书的角度而言，除掌握行政领导的一般含义以外，主要应从人际沟通的角度，掌握与行政领导合作、协调的能力和技巧。

在行政管理实务中，领导活动与领导者是两个不同层次的概念，领导活动是包括领导者、被领导者和客观环境在内的一个函数，是一个多因素协调的过程。从这个意义上说，行政秘书也是领导活动的一部分，是积极的参与者和执行者，是领导活动中的一个变量，直接影响领导活动的结果。领导者是指有领导职位和权力的个人，是一个复杂的个体，是行政秘书要面对的具体工作和服务的对象。因此，掌握行政领导活动的规律，了解领导者的个性、风格等是行政秘书在行政管理中的重要一环。

第一节 行政领导与行政领导者

行政领导行为是在西方管理学界、行政管理学界广泛流行的术语。行为科学自 20 世纪 30 年代产生以来，一直对行政管理学产生着重要的影响。直至今天，行政领导行为仍然是行政管理学研究的一项重要内容。行政领导行为是一种群体行为，从管理学的角度看，群体行为的实质内容是如何建立合理的人际关系以调动群体成员积极性的行为。在行政管理学中，行政领导行为逐步成为一门独立的领导科学。

一、行政领导概述

（一）行政领导的含义

“领导”一词从字面上解释，就是统率、引导，但实际上管理学中“领导”的内涵并不那么简单，实现领导得有一个被领导的群体，领导者与被领导者必须置身于一定历史时期的一定社会组织中，为实现该社会组织的目标，领导者以自己的才智与个性来影响被领导者，一起为实现组织目标而奋斗。所以，领导现象是一种十分复杂的社会现象。所谓领导，就是指领导者在一定的环境下，通过示范、说服、命令等途径，对被领导者进行指挥和指导以实现组织目标的行为过程。

（二）领导的构成要素

领导的构成主要包括领导者、被领导者和客观环境三个要素。

1. 领导者

领导者是指具有特定领导职位、行使领导职权并承担领导职责的个人或群体，是领导活动的主体。职位是指领导者在一个特定组织中的工作岗位，职权是指职位所产生的法定权力，职责是由职位所产生的法定责任。三者的有机统一是成为领导者的重要前提。

2. 被领导者

被领导者是相对于领导者而言的，是指被领导者所指挥、引导的个人或组织。在一个领导活动或过程中，某个人或某个组织是被领导者，但是在另一个组织活动中，可能就成了领导者，因此，被领导者是一个相对的概念。

3. 客观环境

客观环境是指领导者和被领导者共同作用的客体，包括一切机构和行业及其他社会环境。领导者和被领导者是现实的社会人，所有工作和活动都离不开社会历史这个客观环境，他们的活动既要符合社会发展的客观规律，又在改变着客观环境。

在领导活动过程中，这三个要素相互联系、相互作用，缺一不可。

（三）行政领导的特点

行政领导是指国家行政组织中依法担任职务、行使领导职权者通过决策、组织、协调、监督、控制等方式，引导和影响所属组织成员，同心协力完成国家行政目标的活动。行政领导的特点如下。

1. 统一性

行政领导是政府运行过程的核心部分，是对社会公共事务以及机关内部事务进行有效管理的保证，对国家社会的各种问题包括突发事件、危机事件必须能迅速有效地做出反应，因此行政领导行为必须高度统一、令行禁止。尤其是我国这样实行中央集权的单一制国家，宪法和法律都明确规定从全国到地方实行统一领导、统一政令。同时，我国的行政组织体制和行政领导体制也客观上要求行政领导行为具有统一性。

2. 权威性

行政领导依据法律，运用国家权力来组织和管理社会公共事务。法律和权力的强制性、权威性决定了行政领导的强制性、权威性。行政领导的权威性来自行政领导的合法性，虽然行政领导具有一定的自由裁量权，没有统一的模式和方法，但是行政领导必须在宪法、法律、法规和行政规章规定的范围内进行，合法性赋予了行政领导的权威性。另外，行政领导是由行政领导者发出的，行政领导者的地位和权力是宪法法律赋予的，所以法律规章所配置的权力就是行政领导合法性的主要来源，同时领导者的个人魅力也是领导者权威的一个重要来源。

3. 综合性

行政管理涉及国家政治、经济、文化、社会生活等方面，随着社会和科技发展，行政事务日益增多。行政领导面临如此繁杂、宽泛的事务，必然有政治领导、经济领导、文化领导、业务技术领导等综合特性。行政领导行为是一项高级的管理活动，不同于一般的纯技术活动，要以经济、政治、文化等各方面的理论知识作为基础。同时，现代社会是一个高度发达的多元化社会，各种各样的信息需要搜集、甄别，各种各样的利益需求需要综合考虑，这导致行政领导一方面需要以综合知识作为基础，另一方面，因其中存在各方利益的冲突和矛盾，在行政领导需要对不同的利益进行综合。

4. 服务性与执行性

行政领导从本质上说是一种以公共利益为价值取向的公共活动，这种特性决定了行政领导必须为公共利益服务。行政管理从总体上说是执行国家统治阶级的意志。在我国，行政机关是国家权力机关的执行机关，各级政府行政领导要执行本级人民代表大会及其常务委员会的决议以及国务院和上级国家行政机关的决定和命令，同时，党的政治路线也要靠行政机关来领导、组织、贯彻执行。因此，行政领导具有鲜明的执行性。

（四）行政领导的地位和作用

1. 行政领导的地位

行政领导在国家行政管理活动的各方面和全过程中处于主导地位，没有行政领导活动也就没有行政管理。

（1）行政管理是由众多的国家行政工作人员共同协作的一种活动，必须通过行政领导统一指挥，有效地组织，才可能实现行政目标。

（2）随着社会和科技的发展，国际竞争日趋激烈，行政事务日益复杂、繁重，越来越要求行政工作的高效率和高质量，也就更要求加强行政领导这种指导性、创造性的实践活动。

（3）为了实现行政目标，尤其需要通过行政领导影响组织起来的群体自觉地协作，因此，行政领导是从全局整体出发，结合各层次特点，照顾到各个方面利益、协调各种关系的综合性实践活动。

2. 行政领导的作用

行政领导在行政管理中的主导地位，决定了行政领导的重大作用，主要表现为以下几个方面。

（1）行政领导能贯彻执行党和国家的路线方针政策，促进社会发展。通过行政领导确定和实现行政目标，促进我国社会经济繁荣发展、思想文化健康发展、社会政治稳定发展。

（2）行政领动保证政府沿着一定方向协调有序地开展工作。第一，行政领导，通过各种合理的活动，来控制广大行政人员的活动意向、活动幅度，保障政府运营的有序性和整体性。第二，行政领导通过协调人际关系、任务、信息促使政府行政工作人员和机关相互配合、消除矛盾。第三，行政领导通过调停、仲裁等方式处理行政系统内由于认识、利益分配引起的冲突，来保持政府的稳定状态，从而促进整个国家机器的有效运转。

（3）行政领导能提高国家行政系统的适应性和行政效率。行政领导通过不断地根据客观环境变化要求，修正行政组织目标，调整组织功能结构，使国家行政系统常常与环境保持动态平衡，提高政府的整体效率，高质量、高效率地实现行政目标。指挥有方，协调有效，控制有力，行政效率就高。

二、行政领导者

（一）行政领导者的行政职位、行政职权和行政职责

行政领导者通常指各级行政组织中承担计划、组织、指挥和协调等领导职能的个人或集团，行政领导者是行政领导的组织者、指挥者、协调人和带头人，因而是行政领导的关键要素。行政领导者与一般国家行政工作人员的主要区别就是行政领导者占据行政组织中正式的负责职位，具有相应的职权和职责。

1. 行政职位

行政职位是指行政工作人员在国家行政组织中的法律地位、从事的工作岗位和所承担的行政职务。行政领导者的职位是其实施领导的基础。

行政领导者的职位与职务是不可分割的，职位的标记是职务。职位的设置依据是有关法律或规定，任何人不可凭个人意愿任意设置或改变行政职位。职位有高有低，不同职位有不同的工作范围、工作项目、工作量、职权标准、工作要求等。领导职位是特定的工作岗位，注重的是“事”，而非在该职位上的“人”，同一职位在不同的时间可由不同的人来担任，职位一般不随人走，一个人也可变换不同的职位。职位是职权和职责的集合体，每个职位都有相应的职权和职责，没有一定的职位，就不会有职权和职责。不担任一定行政领导职位的人，就不称其为行政领导干部，就不能行使行政领导职权，也不担负行政领导职责。

2. 行政职权

行政职权是来自行政职位用于履行行政职责，并受到国家法律保护的权力。行政领导者所拥有的职权，是履行其行政领导职责必备的。也就是说，行政领导者所拥有的与其行政职位相联系的这种职权使行政领导者能够履行职责，即赋予他相应的支配力量。一旦行政领导者失去行政领导职位和担任的职务，其职权也随之消失。

行政领导者职权的大小受职务高低、职责轻重的制约。职权的行使要受到职务范围、职责目标、行政区域的制约。

3. 行政职责

行政职责是指国家行政工作人员担任某种职务所应承担的具体工作责任和法律上应负的行政责任。行政领导者的职责也是其履行职务过程中所应尽的义务，它是随着一定职务的确定和职权的授予所产生的。

职权是尽到职责的手段，职责才是职权的本质内容。职权和职责两者表现为权力和义务的统一。责任和权力相比，责任是第一位的，权力是第二位的，所以一个行政领导者首先应考虑对工作负责，而不是职权大小。

行政领导者的职责可概括为：要对行政组织确立目标任务而进行计划的决策性活动负责；要对行政组织为实现目标任务在一定时空权限内有效地将人、财、物、信息等要素合理配置的组织性活动负责；要对下级进行引导、协调、监督等导向性活动负责。

任何行政领导者都必须有一定的职位、职权、职责。三者互相联系，互相制约，不可偏颇，有职就要有权，有权就要尽责。

（二）行政领导者的产生方式

行政领导者产生的标志是取得行政组织中的负责职位以及相应的权力和责任。在不同的社会制度下行政领导者的产生方式是不同的。

从世界各国的行政领导者的产生来看，主要有两种不同的来源：一种是内部来源，就是行政领导者主要从国家行政组织内部来补充或升任，可以取得激励内部人员进取、熟悉情况尽快地打开工作局面的效果；另一种是外部来源，就是行政领导者主要从全社会中选拔优秀人才，可以取得带进新思想新作风，改变行政组织里的工作惯性，有助于防止小集团滋生的效果。行政领导者的产生方式是多种多样的，不同的产生方式对行政领导者的要求、影响是不同的。当前行政领导者的产生方式主要有以下四种。

1. 选任制

选任制是指行政领导者是通过被领导者或被领导者的代表选举产生的制度，可以是投票选举，也可以是意向选举、民意测验等不同的具体形式。选任制适合于政治领导人的产生，它能代表民意，选举的结果具有较大的权威性和公正性，选任的行政领导者任期有限。

相关链接

我国行政领导者产生的选任制

我国宪法和政府组织法规定，政府组成人员要由选举产生，由人民代表大会决定任免。人民代表大会及其常委会集中地体现人民的意志，由它选举产生人民政府组成人员，既体现了人民当家做主，又有助于政府组成人员质量保证。中央人民政府的总理、副总理、国务委员、各部部长、各委员会主任、审计长、秘书长等；省人民政府的省长、副省长，自治区主席、副主席，市长、副市长，秘书长、厅（局）长、委员会主任等；县市乡镇人民政府的市长、副市长、州长、副州长、县长、副县长、区长、副区长、局长、乡长、副乡长、镇长、副镇长等均依法由选举产生。

2. 委任制

委任制亦称任命制，就是依法由行政机关首长或主管部门经过考察了解，直接下令委任其所需人员以某种领导职务的制度。委任制在封建社会称为“恩赐制”。实行公务员制度的西方国家中的行政首长，一般都有权直接委任助手和秘书等辅助人员以便与其密切合作。委任制这种行政领导者产生方式的突出优点：权力集中，责任明确；指挥统一，不受牵制；行动迅速，简便易行。

3. 考任制

考任制就是由国家专门机构根据统一标准，按照公开考试、择优录取的程序产生行政领导者的制度。考任制源于我国古代科举制，后为欧美和其他国家所效仿。

考任制方式产生行政领导者的优点：广开才路，吸引广大真才实学者前来报考；择优录取，在竞争基础上鉴别人才；公开平等，有效防止任人唯亲、仅凭领导者个人好恶决定晋升的弊端。

考任制的缺点：对能力的测定易不准确，也不易测定应试者的政治素质和工作实效，这方面需要通过考试结合考察来弥补。

4. 聘任制

聘任制就是根据工作需要和职务要求，通过协议或合同的方式选用外部人员在一定的任期内担任一定的行政领导职务的制度。

聘任制的优点：有利于广招人才，提高行政组织的工作能力；有助于解决本地区、本部门人才短缺问题；能有效地打破干部管理上的“部门所有制”，促进人才的合理交流；有助于克服常任制中存在的惰性，解决干部能进能出、能上能下等问题。

但是聘任制也有局限性，它主要适用于专业技术职务和基层行政领导职务。我国乡镇政府部门、企事业单位主要采用聘任制。

（三）行政领导者的基本类型

对行政领导者的研究，可以根据不同的标准，划分不同的类型。表 4-1 中列出了行政领导者的基本类型及其基本特征。

表 4-1　行政领导者的基本类型及其基本特征

标准	基本类别	基 本 特 征
按其身份划分	决定国家、地区大政方针，把握国家、地区重大决策的行政领导者	● 他们与政治的关系极为密切，可称为政治型领导者 ● 西方有些国家称此类行政官员为“政务官”。我国各级政府的此类组成人员被称为“政务类”领导者
	在一级政府行政领导者的领导下的行政领导者	● 在国家大政方针和重大政策的指导下，决定、安排、完成本部门、本单位的行政任务的行政领导者 ● 西方有些国家称这种领导工作的行政官员为“事务官”。我国各级政府的此类组成人员被称为“业务类”领导者
按其工作性质和职权范围划分	国家行政领导者	● 通过民主选举或任命，有一定任期，代表某一政党进入政府而从事中央政府行政领导工作的行政领导者 ● 制定国家行政工作的大政方针，协调和促进社会的总体发展，指挥监督行政活动，保证国家总目标的实现
	地方行政领导者	● 某个地区通过地方权力机关选举或任命，进入国家某级地方政府机构担任领导职务的行政领导者 ● 主要任务是通过决策、指挥、控制等方式处理国家的行政执行事务，管理所辖区内的行政工作
	专业行政领导者	● 担任某一行政事务部门的业务领导工作，具体贯彻和落实政府的各项政策、法令、措施、计划等 ● 此类领导者都有一定的专业技能，其活动具有专业性、局部性
	学术行政领导者	以发挥专家智囊作用为主要目标的行政领导者。借助于智能系统来辅助行政决策及日常行政工作

三、行政领导集团

行政领导者也可以是一个领导集体。日常行政事务由行政首长决定，重大问题必须在领导集团会议集体讨论的基础上决策，个人分工负责，为执行和实现集体领导的意志而密切配合，各司其职，各负其责，发挥行政领导集团的整体作用。

（一）行政领导集团结构科学化的必要性

行政领导集团结构科学化，是指行政领导班子组成成员的合理排列组合，包括成员的人数、分工及影响领导集团活动的各种因素。

行政领导集团的结构形式多种多样。但无论何种结构形式的行政领导集团，都应注重整体素质。整体素质包括两方面：一是领导集团中每个成员的个体素质；二是集团的素质结构，即良好的搭配结构。

合理的素质结构可减少领导集团的内部摩擦，提高效率。行政领导集团的素质与其组成成员的个体素质直接相关，但集团内每个成员个体素质很高，也可能出现领导集团经常发生摩擦、内耗不断的情况，这种现象的产生就在于领导集团中缺乏良好的搭配结构。

因此，只有素质结构合理，才能使各因素相互配合，形成一个大于个体之和的合力，产生新的领导效能。

（二）现代行政领导集团的素质结构

现代行政领导集团的各个成员在知识、智能、年龄、气质诸方面都要求有合理的匹配，决不应是一档年龄、一样专长、一样气质的人，而应由具有不同年龄、不同知识、不同能力、不同气质的人组成一个“全才”。

1. 知识结构

行政领导集团合理的知识结构，应是多学科、多层次的知识结构，既有文化知识又专业知识，既配备掌握领导科学的人才，又配备精通和熟悉所管理的各种业务知识的人才，组成一个专业齐全的领导集体，在行政领导集团决策指挥时就能全面把握情况，全方位思考问题进行有效管理。

现代社会科技发展迅速，知识更新快，专业分工越来越细，必然更要求行政领导集团提高知识水平，扩展知识面。由于人的精力限制，单个行政领导干部不可能达到这一要求，只有通过领导成员知识互补形成合理的知识结构，才能符合社会发展的需要。

2. 年龄结构

处于不同年龄段的行政领导者，在知识、经验、性格、作风、精力等方面都各有自己的特点。老干部经验丰富，善于处理复杂的问题，但精力有限；年轻干部朝气蓬勃、思想活跃、精力充沛，善于开拓和创新；中年干部年富力强，兼有老干部和年轻干部的长处，善于承前启后。

不同年龄段的人各有长短，把各个年龄段的干部有机结合起来，有利于发挥各个年龄段干部的优势，有利于整体功能的发挥，但并非机械地、简单地让老中青年干部各占三分之一，不同层次、不同工作性质的行政领导集团在具体的年龄结构组合上也会有差别。

3. 能力结构

领导能力多种多样。各个行政领导者的能力各有特点，有的善于决策，有的善于管理，有的善于开拓，有的善于组织，有的善于协调人际关系。一个行政领导者只能在某一方面或某几个方面能力突出，不可能样样全能。

配备领导班子时，注意将不同领导能力类型的成员组合起来，就可形成能力结构合理、功能齐全的领导集团。一个理想的行政领导集团要由具有帅才型、将才型、智能型能力的人组成。不同能力互补形成合理的智能结构就能形成多功能的集体，释放较大的整体效能。

4. 气质结构

由于先天遗传和后天实践的影响不同，人们各有不同的气质。人的气质从心理学角度看有稳重、急躁、活泼等不同类型，也有情绪体验的快慢、强烈，动作的灵敏和迟钝的差异。有的性格外向，有的性格内向，有的沉着寡言，有的热情奔放，有的谨慎细腻。

一个理想的领导集团，气质上也要贯彻互补的原则。将不同气质的领导者组合在一起，刚柔并济，动静共存，有利于行政领导集团在领导活动中处在最佳状态，避免陷入关系紧张、矛盾重重、内耗丛生、失控失衡、被动挨打的局面。

（三）行政领导集团素质结构优化的原则

1. 相互补充的原则

在整体上取长补短；在个体上相互学习，以人之长，补己之短，共同提高。

2. 整体功能的原则

为发挥整体领导集团的作用，就要把领导集团每个成员的长处充分发挥出来，根据工作的需要和每个成员的特长来安排工作，使之各得其所，各显其能。

3. 相对稳定的原则

领导集团成员的配备不宜变动频繁甚至搞“大换班”，也不宜长期缺少某方面的人员。领导集团成员不稳定、不配齐，不利于成员之间相互依存、相互配合，互补长短。

4. 自我调整的原则

任何事物都处在不断运动变化中，一个领导集团的结构和组成成员也在发展变化中。优化的领导集团本身要根据工作需要和领导结构、状态进行自我完善、自我适应，有意识地培养提高某方面的素质，克服和消除某方面的矛盾，使领导集团的素质结构处于合理状态。

第二节　行政领导行为

行政领导行为，就是指行政领导者为调动下属的工作积极性并使之努力工作以有效实现行政管理目标而进行的一系列决策、组织、领导、沟通以及指挥、协调等行政活动的总和。行政领导行为可从行政领导行为职能、行政领导权力、行政领导行为方式三个角度来讨论。

一、行政领导行为职能

行政领导行为职能是指行政领导行为的责任范围，主要有决策、组织、指挥、用人、协调等职能。

（一）决策职能

决策是在调查研究的基础上，对本地区本部门的发展进行科学预测，选择方向，明确目标，拟订实现目标的基本途径、方法、程序，对工作中的重大问题确定对策的活动。

决策职能是行政领导最基本的职能，是解决“干什么”和“怎样干”的问题，直接关系着领导工作方向，决策出了大差错，就把本地区、本部门引入歧途，造成严重的损失。行政领导实施决策职能，必须遵循以下要求。

（1）有明确的指导思想，主要应依靠群众，为人民服务；实事求是，积极进取，面向未来。

（2）制定决策要遵循科学的决策程序，对上级指示、决议以及国家的法令、任务，要在吃透其基本精神的基础上结合本地区、本部门实际，制定贯彻执行的方法、措施。

（3）对于决策执行中的新情况，除及时上报外，必须想办法创造性地及时处理，注意原则性与灵活性的结合。

（二）组织职能

行政领导不仅要制订规划，而且要保证规划顺利实施，这就需要良好的组织工作。这里所说的组织，是指把人群合理地、有效地组合起来，去实现一定任务和目标的管理性活动。

组织职能就是根据任务的需要制定组织的活动规范，分配任务，授予权力，以保证决策目标的实现。组织职能有下列几方面主要内容。

1. 设计组织结构

任何领导活动总是在一定的组织结构内进行，并通过一定的组织形式发生领导关系。设计组织结构是为了完成任务的需要，因而必须服从任务的需要，并注意组织结构内的人、财、物、信息等因素的合理分配程度、流程通畅程度和效率效益程度。

2. 建立指挥系统

领导者要指挥下属，必须有一定的指挥渠道，以保持指挥统一，防止混乱，保持事权统一，防止责权脱离；保持渠道畅通，防止指挥失灵。

3. 制定规章制度

一个行政组织具有必要的规章制度，就便于控制每个部门、每个成员的动作区域，安排行动。制定规定规章制度要遵循现代行政管理的科学原理，坚持推行规章制度，实现依法行政、照章办事。

（三）指挥职能

指挥是按决策的要求，通过组织结构对过程进行控制与对人进行激励，率领下属共同为实现决策目标而努力的活动。

指挥职能包括：发布指令、监督检查、指导激励。现代指挥既需要“高强度”的指挥活动，即凭借职权发布命令，以纪律要求进行监督检查，又需要“低强度”的智慧活动，即以工作业务指导和激励调动员工的积极性，同心协力完成任务，后者越来越被人们所重视。

（四）用人职能

用人是根据任务需要通过科学的观察识别、培养选拔和使用干部的制度以及用激励手段调动工作人员积极性，协力实现决策目标的活动。“为政之本，在于选贤”，人是领导活动中最能动的因素。

领导也是一种人际关系，用人职能发挥得越好，领导效能就越好。选用良才可以迅速开拓工作局面，合理使用人才可以事半功倍；不断培养人才可以促进智力资源源源不断，保证领导活动的有效延续。所以育人、用人是行政领导行为的又一项重要职能，这一职能主要通过健全的人事制度和培训制度来实现。

(五)协调职能

协调是指消除组织之间、组织与个人之间的矛盾，建立和谐关系，使整体功能得以实现的活动。协调既是行政领导的一项职能，也是行政领导的一种领导手段，它贯穿领导活动始终。

由于行政体制、法规、程序的不健全，利益格局的变化，主观认识的差别，在组织之间、人员之间、活动之间会出现种种不协调现象，例如，事权冲突，工作遗漏或重复，为此必须改变这些不协调现象，使行政组织成为和谐的、相互促进的有机整体，灵活高效地运转，提高效率。协调职能包括资源协调、任务协调、信息协调和人际关系协调，实施协调职能，要掌握原则，运用正确的协调方式方法。

二、行政领导权力

行政管理过程本质上是一个行政权力的运用过程。实施领导的基础条件就是领导权力，权力是一种使用强制力或制裁力的能力，也可以看作一种以强制手段为主的、能影响他人行为的能力，任何领导者要实施领导职能，必须由组织赋予他实施领导活动的支配力量，这种支配力量能对领导活动起控制作用。

(一)行政领导权力的含义和特征

行政领导权力是国家行政机关或被授予行政管理权限的其他社会组织，为有效执行国家意志、依法对社会公共事务进行组织和管理的一种能力或力量。行政领导权力的特征具体表现在以下几个方面。

(1)行政领导权力的主体主要是国家行政机关，随着公民和公民组织在行政管理中担任越来越重要的角色，在一定意义上可以将被授予行政管理权限的非政府组织纳入行政领导权力主体，把它们称为非行政性的行政领导权力主体。

(2)行政领导权力的客体是一个国家领土范围内所有的公民及由公民组成的社会组织。国家是产生于社会又凌驾于社会的阶级统治和社会管理工具，其权力对内具有普遍约束性。作为国家权力的重要组成部分的行政领导权力，其职责在于对社会公共事务进行管理，对整个社会具有普遍约束性。

(3)行政领导权力的目的是实现国家意志。行政领导权力是为了实现国家意志，国家意志又表现为一种公共意志，公共利益是通过一定的宪法原则而体现为国家意志的。行政领导权力的公共性，是国家政权在全社会获得合法性的基础，执行国家意志和实现公共利益，是行政领导权力的根本目标。行政领导权力在执行国家意志过程中还必须体现出有效性，有效性也是政权合法性的基础之一，因此行政效率是国家行政领导权力的直接目的。

(4)行政领导权力的重要基础是国家强制力。行政领导权力要有效地执行国家意志，其所推行的法律、政策、法令应当是行政客体所能接受和认同的，也是必须接受的。因此行政领导权力不仅需要合法性做基础，也离不开强制的手段。

(二)行政领导权力的具体来源

行政领导权力在实施过程中必须依赖一定的社会资源，离开了一定的社会资源，行政领导权力就失去了赖以生存的基础，这些社会资源构成了行政领导权力的具体来源。

1. 强制力

强制力是一切权力的最原始、最直接的来源。政治组织区别于其他民间组织的最明显之处就是合法地垄断使用强制力，国家强制力是国家权力的重要构成部分，为行政领导权力的行使提供最后的支持。

2. 诱导力

诱导力是给予物质的或精神的奖励，引诱行政领导权力客体服从管理。现代政府控制了大量的物质和荣誉资源，政府通过对各种物质和荣誉资源的分配，对行政领导权力客体施加影响，以实现行政领导权力主体设计的目标。

3. 组织制度

行政领导种权力的基础是行政组织结构及其所赖以运行的制度规则，行政领导权力主体可依靠层级性组织结构以实现行政领导权力主体设计的目标，通过强制或诱导，要求下级服从。行政领导主体还可通过集体行动的规章制度，迫使行政领导权力客体按照主体的意愿去行动。行政领导权力客体服从行政领导权力主体是由于他们认为其权力是具有合法性的。

4. 信息

在实施行政管理过程中，行政领导权力主体接触和掌握了大量的信息，而且行政机关还有专门信息机构。行政领导权力客体出于对专门知识和信息的信任服从行政领导权力主体，行政领导权力主体可通过向行政领导权力客体提供信息以影响其行为，信息也就成了行政领导权力的重要来源。

5. 个人因素

行政领导权力主体的品德、知识、能力、人际关系等都可以构成一种影响力，使行政领导权力客体服从。榜样示范的力量可看作这种权力的来源之一。

（三）行政领导权力的主要类型

1. 法定权

法定权是建立在依照国家法律程序和行政组织规则、由行政组织正式授予的法定地位基础之上的权力。法定权必定与行政组织机构中的正式职位、职务紧密相连，下属应明确认识上司有合法的权力指挥、支配下属，下属理所当然应接受上司的指挥、支配。

2. 强制权

强制权也称惩罚权。在行政组织中下属抗拒领导、违反规章制度等要受到一定的处分，这样迫使下属受到压力，因惧怕惩罚而必须按领导章程去行动，对惩罚权的使用应慎重。

3 奖励权

行政组织中某些人接受领导，服从上司的意愿，就会受到某种程度的奖励，包括提拔、物质奖励、精神奖励。奖励权的运用要因人因事、适时适度。行政领导活动中应重视运用奖励权，树立以奖为主、以罚为辅的指导思想。

以上三种权力是职位行政权力，体现出法的威力，有人称其为“硬权力”。相对应的，与职位行政权力无关的，完全因为领导者个人自身特有的思想品质、知识技能、道德作风等而使下属信服的一种巨大影响力称为个人影响力，有人称之为“软权力”，因为它来源于下属发自内心的认可。

三、行政领导行为方式

所谓行政领导行为方式是指行政领导活动习惯的、定型的形式、程序和方法，也有人称其为领导风格。影响行政领导行为方式的因素包括：行政组织的特点、任务、外在环境、领导体制、行政领导者个人因素等。行政领导行为方式不同，效果不同。

（一）按照行政领导者运用行政权力的方式或程序划分

1. 专断式领导方式

专断式领导方式是把行政决策权、决定权集中于领导者一人手中的领导方式。在这种领导方式下，任何事情都由领导者个人做出决定，用强制命令推动工作，下级服从上级领导，被动开展工作，这种领导方式容易造成下级失去工作积极性和热情，主动性不高。而对于领导者来说，由于决策没有下级和他人的参与，因此决策民主化程度低，质量不高，还会造成领导者高高在上、主观武断的现象。

2. 民主式领导方式

民主式领导方式是指领导者和领导者以及群众互相沟通，共同参与决策的一种领导方式。其特点是上下级关系密切，多方相关主体参与到决策过程中，决策具有民主性和开放性；在政策执行过程中，领导者充分放权、授权给下级行政人员，充分调动发挥其积极性、主动性，能够齐心协力、团结一致地完成工作任务，达到预定目标。

3. 放任式领导方式

放任式领导方式是领导者将很大部分的行政决策权力下放给下级行政机构或行政人员，让其充分享有行政管理权限的一种领导方式。在这种领导方式下，领导者放权让下级发挥职责和功能，自己只进行必要的指导和监督，而下级此时则充分掌握了权力，对工作有主动性和决定权。但是这种方式缺乏严格管理，遇到问题容易出现上下级之间责任不明确、互相推诿的情况，而且上级对下级丧失了严格的控制不利于工作任务的完成。

（二）按照行政领导者工作重心的不同划分

1. 重人式领导方式

这种方式以人为中心，领导者在工作过程中比较民主、宽容、平易近人，体贴关心下属，领导者强调建立领导者与下级之间的互相尊重、互相信任的关系，倾听下级意见，并关心下级。

2. 重事式领导方式

这种方式以任务为中心，领导者对任务的关心胜于对下级的关心，把任务的完成放在工作首位，以完成工作任务为目的。只注意工作是否有效地完成，只重视组织设计、职权关系、工作效率，以任务完成情况作为评价下属的标准。

3. 人事并重式领导方式

这种方式是一种中间型领导方式，他们对人的关心度和对工作的关心度保持中间状态，既关心工作又关心人，领导者通过协调和综合各种活动，促进工作的开展，他们会鼓舞下级士气，使大家和谐相处，发扬集体精神。

（三）按照行政领导者权力控制程度划分

1. 集权式领导方式

集权式领导方式又称独裁式领导方式。一切权力集中于领导者手里，领导者事无大小、事必躬亲，对下属不信任，下属没有任何权力，因而下属工作的积极性、责任感受到压制，工作难以搞好，目标难以实现。

2. 分权式领导方式

领导者只决定目标和重大事情，把实现的办法措施等全部交给下属选定；相应权力下放给各个部门和岗位，领导者只问效果不过问细节；各工作部门及工作人员有较多自由，能发挥积极性、创造性。

3. 均权制领导方式

既不过分集权又不过分分权，凡是一些重要的权力由领导者掌握，一些事务处理的权力授予下属，领导者与下属人员职责权限明确划分，分层管理，分层负责，人人在自己岗位上都能主动及时地处理自己职责范围内的事情。

第三节　行政领导者的素质、领导威信与行政领导艺术

行政领导艺术是行政领导者在领导活动中为达到一定的领导目标而灵活运用各种领导理论、方法而形成的技能和技艺。艺术既是一门学问，有其规律可循，又是一种技巧变化无穷，行政领导艺术是领导科学与艺术的结合，是领导者在领导基本素质基础上运用领导技巧的结果。

一、行政领导者的基本素质

“素质”一词，原来在心理学中的本意是指人的神经系统和感觉器官的先天特点。现在用于社会科学中是指人和各种组织的现时状态。这里所谓的行政领导者的素质是指行政领导者在先天禀赋的基础上通过后天的学习、实践所获得的智能、品德等的总和，是行政领导者承担指定的行政领导职务所必须具备的基本条件。

相关链接

素质的特性与构成

“素”字意为“白”“无色”“原”“本”“真”，是指构成事物基本成分或带根本性的物质。“质”字意为“底子”“物类的本体”“禀性”，“素质”一词意为人或事物本来的特点或性质。

1. 素质的含义

素质是个体完成一定活动与任务所具备的基本条件和基本特点，是行为的基础与根本因素，是一个心理学和社会学的综合范畴。素质是个体完成任务、形成绩效及继续发展的前提，任何一个有成就的、有发展的个体都离不开其优良的素质。素质是绩效与发展的内在条件。

2. 素质的特性

（1）素质的基础性。素质对个体的成功起基础性作用，是干部科学化的前提，具有与信息社会相适应的素质，是转变观念、提升掌握现代科技能力的必要条件。

（2）素质的稳定性。素质作为高度统一的个体行为与特点系统中稳定的结构因素，表现为一个人某种经常性的和一贯性的特点，一旦具备某种素质，就能够适应社会的变化，适应信息时代的要求。

（3）素质的可塑性。个体的素质是在遗传、环境与个体能动性三个因素共同作用下形成和发展的，因而具有一定的可塑性。信息观念和信息意识是在实践中逐步形成的。

3. 素质的构成

（1）身体素质是个体的体质、体力、精力的总和，是其他一切素质发展和事业成功的生理基础。

（2）心理素质是个体发展与事业成功的关键因素，它包括文化素质、品德素质和智能素质。

（资料来源：萧鸣政. 现代人员素质测评. 北京：北京语言学院出版社，1995.）

行政领导者素质的好坏，直接影响领导水平的高低。领导者只有具备比一般工作人员更高的素质，才能通过自身的杰出才智和工作能力，统率和影响组织成员去完成组织目标。行政领导者会面对各个层次、各个领域的不同情况，相应地也会有一些不同的素质要求，但是对每个行政领导者也有以下共性的要求。

（一）政治思想素质

作为行政领导干部必须具有坚定正确的政治方向，既要正确认识和忠实贯彻习近平新时代中国特色社会主义思想，又要有实绩。具体而言，包括以下几个方面。

（1）具有高度的事业心和强烈的进取心、改革开放和开创意识，不断探索建立发展社会主义市场经济新秩序的方法和特点。

（2）树立牢固的人民公仆的观念。联系实际、联系群众、廉洁奉公、以身作则、遵纪守法，自觉抵制和反对以权谋私、贪污腐化等坏作风，一心为群众办好事。

（3）大公无私、维护团结、平等待人，严于律己、宽以待人，促使组织成员同心同德，团结奋发。

（二）专业文化知识素质

行政领导者是管理社会大系统的工程师，面对全局，贯穿上下，涉及各行各业，关连上下左右，统率千军，驾驭各方。因此，行政领导者必须具有胜任工作的专业文化知识。在不同的历史时期和不同的形势任务条件下，行政领导者应具备的知识素质结构要求是不同的。随着社会发展，知识结构也会不断更新和优化，这些知识可概括为一般文化知识和专业知识两类。

我国行政领导者应具备的基本知识素质结构如下。

（1）具有一定的社会科学和自然科学的基础知识。这方面知识对于行政领导者更新观念、开阔思路、利用信息、提高应变能力、处理各种问题大有益处。当前尤其要懂经济，了解社会主义市场经济知识的行政领导者，这样才能更好地为经济建设这一中心工作服务。

（2）具有行政管理、领导科学、国民经济管理、企业管理、管理心理学等现代管理知识。这是适应我国现代化建设的需要，也是现代管理干部应有的专业知识。

（3）具有自己所属业务的业务知识或专业知识。行政管理涉及社会生活方方面面的知识，但应该至少掌握本单位、本系统、本部门为主体的专业知识，才能作出科学决策，实现“内行领导”。

（三）领导能力素质

能力是知识的具体运用。行政领导能力是行政领导者在领导活动中表现出来的智力、技能的总和，是行政领导者认识世界、改造世界的本领，行政领导者要在领导实践中运用知识，掌握工作规律，形成领导能力。

1. 观察思考能力

对复杂多变的社会现象能及时作出科学的分析判断，发现问题及时，判断问题准确，思考问题深远，这是科学决策、科学管理的前提。

2. 科学决策能力

对领导活动中面临的日新月异局面能及时地、科学地作出决策，使行政管理具有活力。这就必须有较强的分析能力、预测能力、统筹能力，能在复杂的矛盾现象面前找出问题所在及缘由，能从宏观上预见事物发展趋势，能依事物的变化规律把握好全局，能够迅速及时地做出判断，解决问题，特别是在紧急情况下，绝不优柔寡断、犹豫不决。

3. 组织指挥能力

善于把科学决策变为实际管理活动，把行政组织和行政人员调动部署为实现决策目标的有效运作系统。计划决策在落实过程中会遇到各种因素的干扰，行政领导者要精于运用组织力量，合理分配职责权限。科学选才用才、监督运营，才能坚决、准确、及时地推行计划决策。

4. 沟通协调能力

善于把任务、部门、人员有机地组合起来，形成默契、步调一致的集体行动，尤其要善于处理人际关系和相关部门关系，取得理解和支持，化阻力为动力，以利于行政管理目标的实现。

5. 快速应变能力

善于在行政环境发生突变的情况下及时作出应变对策，进行有效的组织指挥。面对新事物、新问题不断涌现的现实，要有敏锐的感知力，审时度势、随机应变，适时适度地调整自己的观念、方法。

6. 开拓创新能力

善于提出新问题、解决新问题，勇于打破陈规陋习。不迷信权威，不故步自封，有勇有谋，敢想、敢说、敢改革。

（四）心理品德素质

每个人的行为都是由其心理活动支配的外化表现。行政领导者自身的心理素质与其领导行为和领导效果有直接关系。领导者的气质性格、胆略，甚至好恶都会影响决策。

行政领导者为了顺利履行领导职能，必须具备优良的精神面貌、性格作风，必须具有较高的品德修养，如有较强的自信心、较强的自制力，遇事不乱不惊，有胆有识有魄力，豁达大度，与人为善，严于律己、宽容待人，尽忠守职、办事公道，尊重群众、关心群众、实事求是。

（五）身体素质

现代行政领导者肩负复杂多变、繁重的管理任务，要有健康的身体和充沛的精力，才能适应工作的需要。有健康的身体才有健康的精神，良好的体质是行政领导者实施领导活动不可忽视的基本素质。

良好的政治思想素质、专业文化知识素质、领导能力素质、心理品德素质和身体素质，是现代行政领导者的基本条件，是扩大和加深领导者领导威信的源泉，也是取得更好的行政效率乃至取得管理成功的秘诀所在。每个行政领导者必须从以上方面来加强修养，提高自己。

二、行政领导者的领导威信

（一）领导威信

威信是一种影响力，一种使人甘愿接受对方影响的心理因素，一种客观存在的社会心理现象。人都有种种需要，其中包括尊重需要，即人们需要自我尊重，也需要别人尊重，力图对他人有较大的影响和作用。领导者对这种期求尤为强烈，因为领导者的领导威信高，被领导者就会“悦服”而“受命”，就能发挥主动性、积极性和创造性，整个领导工作的效能就会高。

一个领导者是否有威信，可以由以下三方面来表现或衡量。

（1）巨大的号召力。说话有人听，命令有人服从，号召有人响应，令行禁止，指挥灵敏。

（2）巨大的吸引力。被领导者主动亲近、信任领导者，能倾诉心里话，心悦诚服地在领导者的领导下做事。

（3）巨大的向心力。被领导者能以敬服的心情聚集在领导者的周围，齐心协力干事业。

总体来说，领导威信实质上是一种影响力。领导威信的构成包括两部分，一是强制性影响力，二是非强制性影响力。

（二）强制性影响力

强制性影响力是由社会赋予个人一定的职务、权力、地位构成的，即领导权力，故也称权力性影响力。

一个人占据一定行政领导职位，具有相应行政领导职权和职责，就会带给他这种强制性影响力。这种影响力带有强制性，是外界附加给领导者的，被领导者受领导者的影响，是被动、服从的心理和行为，因而这种影响力对人们的心理和行为的激励作用是有限的。

（三）非强制性影响力

非强制性影响力与领导者的权力地位无关，而纯属由领导者自身的品质、才能、知识、感情等素质和现实领导行为造成的影响力，故也称自然性影响力、统御力。

非强制性影响力表面上没有合法权力作基础，但由于它是被领导者在心理认同的基础上产生对领导者的敬爱、敬佩、信赖、亲切，因而这种非权力性影响力往往是权力性影响力所不及的。每个行政领导者要树立领导威信，必须努力提高自身的品德、知识、才能等素质。

三、行政领导艺术

行政领导艺术是在行政领导活动中善于熟练地运用领导原理、原则、方式方法，以完成领导职能的技能和技巧。领导艺术是领导成员的智慧、学识、能力、胆略、经验的综合体现。

（一）运用权力的艺术

领导者由于具有一定的职位，所以或多或少地掌握着一定的权力。因此，运用权力成为领导者的一项经常性工作，运用权力艺术的好坏直接关系到领导者的工作效果，也关系到领导者自身的声誉，并对组织目标的实现产生较大的影响。运用权力的艺术涉及领导者如何处理有关交流、说服、命令、奖惩和授权等活动的能力和技巧，其中，掌握授权的原则和方式是运用权力艺术的关键。

1. 授权的含义

授权是指由行政领导者授予直接被领导者一定的权力，使其在领导者的指导监督下，享有在本职范围内的处理事务的自主权。授权之后，授权者对被授权者保持指挥、监督、检查的权力，被授权者负有完成任务、进行报告的责任和义务。行政领导者对被领导者的授权应该是全面的、系统的，包括人、财、物各方面，但是，关系全局目标、政策方针制定等的主要权力不能全部授予，必须保留对被领导者的监督权、检查权和纠正权。

2. 授权的原则

（1）权责统一原则。行政领导在授权时，必须逐级明确授权，从上而下形成一个权责分明的权责系统。有责无权会出现下级不敢做主、无法完成工作任务的情形；而有权无责则会形成任人唯亲、推诿扯皮的局面。

（2）事能授权原则。这一原则要求权力与能力相适应，要根据所授事项的性质、特点和难易程度来选择能力适合的下属，力求授权对象与拟授之权对应，即能力相当，职能相近。

（3）信任与监督相统一的原则。行政领导者在对下属授权时必须对下属给予充分的信任以发挥其工作的积极性和创造性，同时这种信任是有条件的，必须对其加以严格监督，防止其滥用权力。

（4）单一隶属原则。这一原则要求一个人在一件事情上只能对一个上级负责，上级授予下级的权力是确定的。如果隶属关系不清，就容易形成多头领导，造成矛盾，从而影响工作任务的完成。

3. 授权的方式

（1）充分授权。充分授权是指行政领导者在进行授权时，允许下属决定行动方案并创造所需条件，给予其充分的自主权，以有利于充分地调动下属的积极性、主动性、创造性。

（2）不充分授权。这是一种相对保守的授权方式，在此种情况下，由下级提出解决问题的方案并对领导者进行汇报，上级同意之后才能开始执行，而且在执行过程中，下级必须保持与上级的紧密联系，随时让其了解情况、知道结果。

（3）弹性授权。弹性授权也称动态授权，是指在执行一项任务的不同阶段，采取不同的授权方式。对于复杂的任务或者下属能力、水平无法把握时，适宜采用这种授权方式。

（4）制约授权。制约授权是指把某项任务的职权分别授予两个或多个子系统，使系统之间产生相互制约的作用，避免出现疏漏的授权方法。在实施制约授权时要注意相互制约的系统不宜过多，否则会导致管理效率低下。

（二）把握全局的艺术

所谓把握全局，就是要求领导者在工作安排上要深谋远虑、总揽全局，抓住要害、时刻把握工作的主动权，切忌工作中被庞杂的事务和头绪所缠绕，甚至一叶障目。具体来说主要包括以下几个方面。

（1）领导者要具有全局的、系统的观点，善于把本部门的工作与全局的整体发展计划联系起来，在抓各项具体工作时要从总体需要去考虑，防止顾此失彼，给整个工作带来被动。

（2）把握全局还要求领导者在工作时具有超前的观念，掌握立足当前谋长远的本领。高水平的行政领导者，眼睛都不是只盯着眼前，而是多看几步棋。只有对不可预知的未来有所把握，领导者才能真正地掌握和控制现实的大局。

（3）领导者必须具有细致的观察力，要对周围环境的变化和新事物、新情况、新问题有敏锐的感知力，善于从细微处发现别人发现不了的东西，要从现象中及时感知并把握事物的本质，从而更好地驾驭全局，为实现组织的既定目标服务。

（三）随机决断的艺术

随机决断是指领导者在随机性决策过程中善于从全局出发，审时度势、随机应变、果断决策，对于看准了的事情一定要当机立断。对于一时还把握不了的事情，要多方面收集有关资料权衡利弊，及时地作出处理决定，或提出可供选择的处理意见，供最终决断时参考。

1. 要善于审时度势

审时，就是对事物发展变化的时间进行体察，了解时势的特点；度势，就是对客观形势进行思考，估计情况的变化。总体来说，就是要在决策前对事物的状况包括当前的态势、发展的趋势等进行系统的、周密的调查研究，把掌握的情况连贯起来思考，然后进行判断推理，拍板决断。

2. 要做到当机立断

所谓时机，是指某种行为赖以存在和发展的条件。抓准时机，就是要及时选择有利的条件，避免不利的条件，领导者把握时机，不但要善于识别和捕捉时机，还要善于创造时机，一旦时机到来，就要迅速果断地作出决断。在随机性决断过程中，领导者要善于根据情况的变化，灵活地运用原则，随时修改原来作出的决定。有时甚至要不拘泥于常识、常规，敢于在一般人认为不能取胜的时间、地点和条件下去取得胜利。

（四）知人善任的艺术

为政之要在于择人。行政领导者由于工作点多面广，尤其需要选贤任能，做到知人善任。所谓选贤任能，就是要按照德才兼备、任人唯贤的原则，把那些思想品质好、业务能力强、文化水平高、身体素质适宜且具有开拓精神和求实精神的有识之士选拔、安排到合适的岗位上去，力求使人员和任务相匹配。所谓知人善任，就是要细心地考察干部，确切地了解下属，精心选派、合理使用、认真培养。

1. 知人善任

在选人用人问题上，要以科学的选人用人方法和制度为保障，把人选准用准。要善于用人首先必须“知人”，即对人的了解，也就是说要合理使用人才首先必须善于发现人才，知人的过程就是一个发现人才的过程。发现人才的方法很多，古有“伯乐识马”之说，今天，我们发明了很多新的识别人才的方法，包括群众举荐、考试录用和组织考察等，这些方法对领导者“知人”是非常必要的。

在行政领导过程中，领导者应尽量避免“知人”简单化，即通过一两次接触就轻易下结论的“知人”方式。领导者不但要善于知人还要善于任用人才，而知人则是“善任”的前提和条件。

2. 任人唯贤

要做到任人唯贤，就必须反对任人唯亲。任人唯亲就是在用人问题上不是出于公心、唯才是举，而是从个人恩怨、好恶出发，以亲疏作为取舍标准。从本质上讲，任人唯亲是封建社会的产物，是党内不正之风在用人问题上的反映。任人唯亲，是危害事业、败坏领导者威信的祸根。古往今来，任何一个领导者要成就其事业，都要把坚持任人唯贤、反对任人唯亲作为选才用人的基本原则。

3. 用人所长

金无足赤，人无完人。人才的优点和缺点往往是并存的，甚至才能越高的人其缺点往往也越明显。在选拔人才时，对那些有事业心、有工作能力但存在一些缺点的人才放着不用，而把一些各方面平庸、无明显缺点，但也不能开创新局面的人选拔上来，其结果必然是贻误事业。领导者要做到扬长避短，适才适用，一要有爱才之心、识才之智；二要有求才之渴、用才之艺；三要有容才之量、护才之魄。人有所长，必有所短，领导者应该以正确的方法，动之以情、晓之以理、导之以行，以求克服其短。

古人云："疑人不用，用人不疑。"此话不无道理，但今天看来也不全对，对于一个有魄力的领导者来说，也许应该"疑人可用""用人当疑"。也就是说，即使怀疑一个人有这样或那样的缺点，只要他有胜任某方面工作的优点，就应敢于用他；同时，因为每个人都可能有这样或那样的缺点甚至私心，所以在用人时还应加强监督。

（五）合理处事的艺术

行政领导者做事有条不紊是一种艺术。在行政组织中，有时有这样一些领导，整天忙忙碌碌放弃了娱乐、休息和学习，甚至连看报纸、看文件的时间都没有，总感到时间不够用。说到底就是因为处理事情的时候没有把握好分寸，本来应当由下属去做的事情、应由下属执行的职权，却全掌握在自己手中，事必躬亲，导致没有精力做好本职工作。

（1）行政领导者的工作包括决策、用人、指挥、协调激励和监督。这些事情都是应该做的，但是不表示全部都应该由部门的最高行政领导者来完成，而应该分清主次先后、轻重缓急，分给下属各级领导者去做，让每一级领导者去管理好本职范围内的事情。

（2）部门的最高行政领导者应该只抓重中之重、急中之急，按照"例外原则"办事，即已经授权给下属去做的工作，领导者就要克制自己，不要再随意插手，只需要管理那些没有授权的、例外的非日常事务。领导者如果太看重自己的地位和作用，不分巨细、事必躬亲，结果不仅浪费自己的时间和精力，还会挫伤下属的积极性和责任感。

（3）行政领导者处事时还应该当机立断，不得犹犹豫豫。当机立断就是要抓住事情发展的关键时刻、最佳时期，做出正确的决定，该办能办的事情立即就办，不该办不能办的事情应该采取措施立即停办。总之，行政领导应该学会抓中心工作，统筹兼顾、协调平衡，在千头万绪中抓住中心工作带动其他工作，不顾此失彼，只有这样才能保证工作顺利完成。

（六）利用时间的艺术

做任何事情都需要占用时间，时间是一个客观存在的常数，人们不能按主观意愿来创造它、消灭它；时间又是一种特殊的财富，人们不能按个人需求来储存它。每一个行政领导者都必须学会科学地运筹时间、珍惜时间，做时间的主人，这是提高工作效率的必备条件。

1. 行政领导者要运筹好自己的时间

（1）要有计划地安排时间和工作，做驾驭时间的主人；否则，只会使自己陷于各种事务包围之中不能自拔。

（2）要有重点地利用时间。在平时工作中总有轻重缓急之分，尽量将宝贵的时间用于处理最重要而又最急需的工作，努力提高时间的利用率。

（3）要有意识地保护自己的时间，尽量避免各方面的干扰。对于一般性的电话、来访、不太重要的事情可由秘书去处理或授权有关人员去办，以便集中精力去做最主要的工作。

2. 行政领导者不要浪费他人的宝贵时间

（1）行政领导者应减少下级的等待时间，及时布置工作，对下级提出具体要求，让下级迅速地贯彻落实。

（2）要减少研究时间，审批下级请示性文件要实行“时效制”，及时地给予批复和回答，避免以“研究”为由耽误下级的时间。

（3）行政领导者要控制会议规模，减少会议时间，减少不必要的与会人员，缩短会议时间，提高会议效率。

（4）要减少闲散时间，化整为零，优化劳动组合，精简机构，实行满负荷工作制，最大限度地减少下级的闲散时间。

3. 掌握一些时间管理的基本技巧

（1）集中精力，重点突破。领导者要对自己所从事的工作产生浓厚的兴趣，集中注意力把它做好，不受情绪的左右；必须养成不轻易被周围事物吸引的习惯；要严格限定正在进行工作的完成期限，从而更好地把握有限的时间把工作做好。

（2）领导者应该有效地限制会议时间，避免不必要的会议。尽可能减少无谓的社会活动，把自己从繁忙的交际活动中解脱出来，去从事对自己更有意义的工作。

（3）合理安排工作日程。制订计划和日程表在节约时间和提高效率方面是极其重要的。领导者为了实现工作的目标，应该精心地编制一份工作日程表，据此来确定事情的轻重缓急，科学地安排时间，并以此克服办事拖拉的习惯。

（4）充分利用现代工具。领导者应该善于运用一些现代化的办公工具，以最快的速度掌握信息并加强与外界的沟通，从而大大提高利用时间的效率。

◎ 案例讨论

从乔布斯的成功故事看领导力

领导能力是领导者的个体素质、思维方式、实践经验以及领导方法等影响具体领导活动效果的个性心理特征和行为的总和，领导能力是领导者素质的核心。领导力意味着人们总能从宏观和大局出发分析问题，在从事具体工作时保持自己的既定目标和使命不变；领导力也意味着人们可以更容易地跳出一人、一事的层面，用一种整体化的、均衡的思路应对更加复杂、多变的世界；领导力还意味着人们可以在关心自我需求的同时，也对自己与他人的关系给予更多的重视，并总是试图在不断的沟通中寻求一种更加平等、更加坦诚，也更加有效率的解决方案。苹果公司的创始人——史蒂夫·乔布斯，被称为“美国最粗暴的老板”，他是李开复眼中的创新教父——拥有跟随内心与直觉的勇气；他是马云眼中的趋势大师——热情、有主见和雄辩；他是王志东眼中的大侠，类似于《侠客行》里的石破天；他是潘石屹眼中的冒险商人。史蒂夫·乔布斯，他的人生由一个又一个传奇组成，这与他的领导能力密切相关，他的身上有很多东西值得我们去学习。

史蒂夫·乔布斯的哲学是“做正确的事”，这个正确，不是技术，不是设计，不是美学，而是“人性”。乔布斯靠着这种对消费者心理的“深潜”不断制造颠覆，比如 iPhone 的多点电感触屏，采用的并非笔触屏（电阻式触摸屏），而是更为先进的指触屏（电容式触摸屏）。用手指点就可以，而那种笔尖才能点的屏幕很容易误点或漏点。他总是反常人之道而行，将自己的产品设计得更加人性化，他时刻考虑消费者的感受，而不管业内人士如何评价。多年的行业经验让他形成了一套行之有效的产品判断方法：他首先是个独立思考的人，其次是一个苛刻的遴选者。独立思考使他的产品与众不同，具有鲜明的个性，不会成为市场上同类产品中众多相似面孔中的一个。对于自己所认定的事情，就坚信自己是正确的，不因为他人的看法而轻易动摇。他对消费者的偏好和市场的趋势总是有敏锐而且正确的判断。一个好的领导者需要具备这种能力，才能指引他所带领的团队走向正确的方向，走向成功的彼岸、辉煌的未来。什么是创新的关键？不少公司认为技术、研发费用是关键，史蒂夫·乔布斯却认为钱不是关键。先看看微软的研发投入，2006年，微软在研发方面的投资为60亿美元，2007年又提高到75亿美元。苹果公司在研发上的投资比微软少得可怜，但是获得的收益并不少。史蒂夫·乔布斯曾讽刺微软说："这就表明并不是什么东西都可以用钱买得到。"而苹果市值超过微软和惠普的背后，也意味着游戏规则的变化：一个"技术创新"驱动的时代徐徐落幕，继而是一个"应用创新"时代大幕的开启。史蒂夫·乔布斯实际上走的是一条应用创新的路径，他擅长激发创意人才的潜力，苹果公司制造的产品都能深深打动人的心灵。史蒂夫·乔布斯信奉"烤面包机"哲学——抛弃繁杂的技术路线，寻找打动消费者内心的最直接路径，不管是iMac，还是iPad、iPhone、App Store都遵循这种应用创新理念。《史蒂夫·乔布斯管理日志》中有不少这样的故事，有个极端的例子，1980年的一天，乔布斯带着一本电话簿走进一场设计会议，并把电话簿扔在桌子上说："那是麦金塔能够做的最大尺寸，绝对不能更大。如果再大，消费者会受不了。"当时，房间的人都傻了，这本电话簿只是过去出现过的计算机的一半大小，实现它是根本不可能的，那些计算机配件、CPU等绝对无法放进那么小的箱子里。

（资料来源：百度文库：http://wenku.baidu.com/view/e75.html，有改动）

讨论题

通过史蒂夫·乔布斯的案例，分析行政领导者应具备怎样的特质以使企业走向成功？请结合自身分析。

◎ 实训活动

一、实训项目

领导者的指挥游戏。

二、实训内容

"员工甲"离开教室后，"员工乙"做的动作为"两手交叉放于胸前"。"员工甲"回到教室后，"领导者"告诉他猜测"员工乙"刚才所做的动作。于是，"员工甲"开始做动作，直到他的动作有用到手或者是与"员工甲"的动作有些接近时大家鼓掌喊"对"，由他慢慢摸索，直至做出"两手交叉放于胸前"的动作为止。

三、实训器材

一间教室，房间前有一部分空间；手表一块（用于计时）。

四、实训指导

（一）情节

"员工甲"暂时离开教室，在"员工乙"做完动作后返回教室。

"员工甲"回到房间后，听从"领导者"的指挥，猜出"员工乙"所做的动作。"领导者"说："'员工乙'想让他用脚做动作，在他做动作的同时，其余的同学适时地给出反馈。每当他做出用到手的动作时，大家就纷纷鼓掌表示正确。"领导者"则继续引导、指挥，"员工甲"

猜该动作是用手做的如此反复，直到“员工甲”猜出该动作为止。

（二）角色分配

一名同学扮演“员工甲”，一名同学扮演“员工乙”，一名同学扮演“领导者”，参与者为全班其他同学。

五、实训点评

领导具有决策、组织、指挥和协调等职能。这个游戏中的“领导者”指挥下属采用了错误的方式，但游戏实训的目的并不是关注领导者的错误决策、指挥、组织，而是要关注领导指挥的同时，还应特别注意信息反馈的问题，领导者为实现其成功的领导，除了采用命令、奖惩和授权等能力和技巧外，还必须与人交流。没有人的信息交流，就不可能有领导。领导者在履行指挥和协调的职能时，必须把自己的想法、感受和决策等信息传递给被领导者，才能影响他们的行为。同时，为了进行有效的领导，领导者也必须了解被领导者的反应、感受和困难，还有更重要的，就是在进行“领导”的过程中，并非所做的决策、指挥都是正确的，所以，领导者在其领导的整个环节中，还必须要注意做好交流、反馈，只有这样才能按照自己的预期进行工作，集中精力随时对的员工保持高度关注。

六、实训报告

请将实训所得结果填写在实训报告纸上。

◎ 复习思考题

1. 什么是领导及其主要含义？
2. 何谓行政领导？它具有哪些特征？
3. 论述行政领导的职位、职权和职责，及其相互关系。
4. 简述行政领导集团素质结构及其优化的原则。
5. 简述行政领导职能及其主要内容。
6. 行政领导方式有哪些主要类型？你认为最有效的领导方式是什么？请简述理由。
7. 你认为要成为一名优秀的领导者必须具备哪些重要的素质？
8. 简述领导威信中的强制性影响力和自然影响力。
9. 简述行政领导艺术的主要特征。
10. 何谓运用权力的艺术？请举例说明。
11. 领导者应如何更好地运用时间艺术？
12. 结合实际分析如何处理行政秘书与行政领导的关系，举例说明行政秘书与不同类的行政领导者协调的能力和技巧。

第五章

行 政 决 策

◎ 学习目标

- **知识目标**

识记：决策、行政决策、行政决策原则、程序、系统等概念。

领会：决策、行政决策的特点、类型、程序及其构成。

应用：理解行政决策中枢系统、行政决策咨询系统、行政决策信息系统的科学运作，将其应用于行政管理的实践活动中。

- **能力目标**

应知：了解行政决策特点，熟悉行政决策程序。

应会：学会行政决策的方法和技巧。

掌握：信息收集、加工、传递、储存。通过行政秘书的工作，协助行政领导提高行政决策的效率和科学性。

◎ 情景导入

办公室秘书宋敏在参与行政管理日常运行以后，很快就参与到行政决策的程序中，在对行政信息的收集、加工、传递、存储的过程中，利用计算机为行政领导进行行政决策提供大量的行政信息。

如何在行政决策中处理好行政秘书与行政领导之间的关系，是秘书在行政管理实务中的重要环节。

从行政秘书的角度来观察行政决策，需要了解决策、行政决策、战略性决策与战术性决策、经验决策和科学决策、确定型决策、风险型决策和非确定型决策、常规性决策和非常规性决策等概念。需要理解行政决策原则、行政决策程序、行政决策体制、行政决策系统等基本要素。需要熟悉决策、行政决策的特点，行政决策的类型，制定行政决策的基本程序；发现问题，确定目标的方法和意义；调查预测，拟订方案的必要性和技术；评估选优，确定方案的价值标准；局部试点，完善决策的要求；行政决策体制与行政领导体制的关系，现代行政决策体制的构成。需要学会行政决策的方法和技巧，完成行政领导交给的与行政决策有关的职能和任务，特别是掌握行政信息处理程序中信息收集、加工、传递、存储和充分利用计算机这一现代技术。从行政秘书的角度，除掌握行政决策的一般含义以外，主要应从人际沟通的角度，掌握行政决策中的辅助工作的能力和技巧。

在行政管理实务中，行政决策和辅助决策是两个不同层次的范畴，行政秘书一定要扮演好秘书的角色，在行政决策中既不“越位”也不“虚位”。在行政决策的咨询系统和信息系统中，在发现问题、调查预测和拟订方案等行政决策程序中扮演好辅助决策的角色。通过行政秘书的工作，协助行政领导提高行政决策的效率和科学性。

第一节　决策与行政决策

行政决策是行政管理活动的一个环节。通过对行政决策的内容程序和技术等环节的考察，进一步掌握行政管理活动的规律，提高行政管理的效率。

案例分析

国务院取消和调整审批项目的决策

经过严格审核和充分论证，2015 年 3 月，国务院决定取消和下放 90 项行政审批项目，取消 67 项职业资格许可和认定事项，取消 10 项评比达标表彰项目，将 21 项工商登记前置审批事项改为后置审批，保留 34 项工商登记前置审批事项。同时，建议取消和下放 18 项依据有关法律设立的行政审批和职业资格许可认定事项，将 5 项依据有关法律设立的工商登记前置审批事项改为后置审批，国务院将依照法定程序提请全国人民代表大会常务委员会修订相关法律规定。《国务院关于取消和下放一批行政审批项目的决定》（国发〔2014〕5 号）中提出的涉及修改法律的行政审批事项，有 4 项国务院已按照法定程序提请全国人民代表大会常务委员会修改了相关法律，现一并予以公布。

各地区、各部门要继续坚定不移地推进行政审批制度改革，加大简政放权力度，健全监督制约机制，加强对行政审批权运行的监督，不断提高政府管理科学化规范化水平。要认真落实工商登记改革成果，除法律另有规定和国务院决定保留的工商登记前置审批事项外，其他事项一律不得作为工商登记前置审批。企业设立后进行变更登记、注销登记，依法需要前置审批的，继续按有关规定执行。

分析：国务院的这种决策，说明我国政府正在实现转型，从过去的强势政府向有限政府转型，从过去集中计划管理、微观直接管理向全面市场管理、宏观调控转型，同时也说明政府正在转变行政职能，以不断适应经济、政治、社会和国际形势的发展。这种决策符合我国经济、社会发展的需要，是科学的决策。

一、决策与行政决策的含义、特征和行政决策科学化

从现代管理学的观点来看，管理是一个过程，这个过程的主要活动是决策、执行与监督，决策作为管理活动的起点，构成了管理过程的重要环节和基本内容。

（一）决策的含义与特征

“决策”一词最早出现在《韩非子》一书中，意思是决定某种策略或计谋。“决策”一词作为现代管理学上的术语，首先使用于美国，英文“decision-making”的意思就是做出决定。

人们将根据预定目标做出行动的决定称为决策。

1. 决策的含义

决策有狭义和广义两个不同的概念。狭义的决策是指在几种备选的行动方案中做出最终抉择，也就是拍板定夺；广义的决策是指为了达到某种组织目标而制订方案，下定决心努力实施的全部过程。

所谓决策，就是人们在正确地认识客观规律的基础上为自己的行动确定目标和选择行动方案的过程，即做出决定的过程，既是人们的一个理性思维的过程，又是一个决断的过程，因而也是人们意志活动的过程。

2. 决策的基本特征

（1）目的性。要有明确的行动目标。

（2）针对性。要针对客观存在的、提到日程上需要解决的问题。

（3）选择性。要有多种可行的方案以供选择。

（4）预见性。要预测未来行动的环境、条件及决策效果。

（5）实践性。要将制定的决策付诸实施，解决问题。

相关链接

关于决策的研究

最早把决策作为行政的主要功能进行研究的，是美国行政学家古利克。1937 年，古利克在《组织理论的笔记》一文中，提出了决策是行政的主要功能的观点并进行了论述。

1938 年，美国管理学家巴纳德在《经理人员的职能》一书中也提出决策的概念，还提出了与决策必不可分的“动机”“沟通”“目标”“组织关系”等概念，并对它们的关系进行了较为系统的分析。

真正奠定决策科学理论框架的人是美国学者西蒙。西蒙在 1944 年发表的《决策与行政组织》一文和 1947 年出版的《行政行为：对行政组织中决策过程的研究》一书中，勾画了现代决策理论的轮廓，并提出了一系列行政学中的新概念，他不但创立了现代行政管理的决策学分支，而且形成了行政管理的决策学派。西蒙后来又进行了管理决策的过程和技术问题的研究，为决策科学的发展做出了巨大的贡献。

（二）行政决策的含义与特征

行政管理作为人的一种有目的的活动，并且是一种高级形态的有组织的活动，首先必须进行行政决策，确定行政管理的目标，制订行政管理的具体方案和行动计划。

1. 行政决策的含义

所谓行政决策是行政机关或行政管理者在管理政府内部行政事务或社会公共事务过程中，为促进社会公共利益的实现，依法运用行政权力做出决定的过程。

2. 行政决策的特征

（1）从决策主体上看，行政决策的主体是行政机构或行政人员，尤其是行政领导者。行政决策与行政权力密切相连，行政决策的主体应该是行政管理机构或行政人员，特别是行政领导者。当然，其他政治机构、官员或公民个人也可能参与行政决策的过程并在其中发挥重要作用。

（2）从决策内容上看，行政决策内容是行政事务。行政决策的内容主要是行政管理所涉及的行政事务，包括政府内部行政事务和社会公共行政事务。

（3）从决策过程上看，行政决策过程是一种行政权力的运用过程。无论是对政府内部事务的决策还是对社会公共事务的决策，都离不开行使和运用行政权力。在这个过程中，决策是一个最基本的、首要的环节，离开了行政权力就如同没有行政决策主体一样，整个行政决策过程就无法展开，也无法进行下去。

（4）从决策作用范围上看，行政决策具有广泛的约束范围。行政决策不仅约束行政组织的内部成员，而且也约束该行政组织管辖范围内的一切机关、团体、企事业单位及其个人。

（5）从决策目的上看，行政决策的目标在于追求公共利益的最大化。行政部门是一个“追求公共利益”的机构，因此，其决策准则应该是“公共利益的最大化”，这是行政决策与企业决策的本质区别。

（三）行政决策科学化

在国内外行政管理过程中，不乏许多决策成功的事例，但是，伴随着决策的成功，决策的失误也随处可见。因此，研究行政决策的科学化具有十分重要的意义。

1. 研究行政决策科学化的重要性

由于科学技术的迅速发展加快了社会和经济的发展节奏，把全球连成了一个相互依存的整体，大大加剧了国与国之间的竞争。在这种形势下，政府的行政职能明显增强，行政决策的重要性日益突出，如果再出现和以前类似的决策失误，其损失将不可估量，甚至可能永远也无法弥补。因此，行政决策者必须在新的形势下认真学习现代化的决策技能，努力提高决策水平，把行政决策科学化提高到一个新的水平。

2. 行政决策科学化的意义

（1）行政决策科学化有利于行政管理活动的科学化。一般来说，行政决策是行政管理过程的中心环节，没有行政决策就没有行政活动。决策科学化的直接效应是带动整个行政系统的运转进入科学化的轨道。

（2）行政决策科学化有利于提高行政领导者的素质。衡量行政领导者称职与否的重要指标之一是看其决策能力如何。如果领导者都能掌握科学化的决策方法，那将会大大地增强领导者的判断力和分析水平，从而提高领导者的素质。

（3）行政决策科学化有利于实现社会经济文化的顺利发展。行政决策中包含着对社会经济、文化发展等重大问题的抉择，实现了行政决策科学化，将会使政府部门的决策者在决定经济和文化方面的重大政策时实现最优化原则，从而保证社会、经济、文化事业的健康发展。

二、行政决策的类型

行政决策所要处理的公共事务性质多样，决策者和决策过程的条件、情况不同，决策方式不同，所以行政决策可以从多种不同的角度加以分类，见表 5-1。

表 5-1　行政决策的分类

标准	类型	基本内容
按决策主体在行政组织中所处的地位不同划分	国家决策	国家决策是国家最高行政机关为解决关系全国性的重大问题而进行的决策
	地方决策	地方决策是指各级地方政府部门为完成上级所交的行政任务，根据国家决策，解决本地区管辖范围的社会公共事务而进行的决策
	基层决策	基层决策是基层行政组织为完成上级所交的行政任务，根据国家决策和地方决策，处理基层某些公共事务而进行的决策
按决策凭借的主要依据不同划分	经验决策	经验决策是指主要依靠领导者的经验和直觉判断进行的决策
	科学决策	科学决策是在科学理论的指导下，遵循一定的程序，以现代科学的方法进行预测、计算、分析、论证，进而进行的决策
按决策问题的地位作用不同划分	战略性决策	战略性决策是指关系全局和具有长远意义的决策，也称宏观决策或全面决策
	战术性决策	战术性决策是解决局部性、阶段性问题，为执行战略性决策而制定的具体决策
按决策的重复性程度不同划分	程序性决策	程序性决策是指针对重复出现，一般可遵照已有的标准、程序和方法去解决的问题进行的决策
	非程序性决策	非程序性决策是指对首次出现或偶然出现的非重复性问题的决策。这类决策要求决策者具备高超的创造能力
按决策的可靠性程度不同划分	确定型决策	确定型决策是指决策目标明确，决策条件（或称自然状态）可以确定，决策后果可以预计的决策
	风险型决策	风险型决策是指决策条件可以确定但不能控制，决策后果承担一定风险的决策
	非确定型决策	非确定型决策是指决策条件不确定，决策人无法确定未来各种自然状态发生概率的决策

三、行政决策的理论模式

行政决策的理论模式是决策理论家对决策过程的本质、程序、方法的一种理论概括。不同的决策理论家由于对决策过程具有不同的认识，因而提出了不同的行政决策理论模式，有代表性的主要有：理性决策模式、有限理性决策模式、渐进决策模式和混合扫描决策模式。

（一）理性决策模式

理性决策模式，通常也被称为科学决策模式。人们在决策时所遵循的是最大化原则，即谋求最大效益，在经济领域则是求得最大利润；在抉择方案时进行最优选择，即从诸多方案中选择最优方案。

理性决策模式理论认为，决策过程必须遵循系统的决策程序。决策程序大致有六个步骤：发现问题、提出目标、设计方案、预测后果、分析比较、选择最优方案。

（二）有限理性决策模式

有限理性决策模式的主要代表人物是西蒙。他在批评理性决策模式的过程中提出了自己的有限理性决策模式，并进而建立了现代决策理论。理性决策模式所要求的是进行最优的选择，西蒙认为这是不可能的。因此，他对这一准则做了重大修正，提出了相对性准则，这就是著名的满意决策准则，这一准则认为，决策过程中不存在最优决策，而只有满意决策，所以他的理论又被称为满意决策模式理论。

所谓满意决策准则，就是在决策时确定一套标准，用来说明什么是令人满意的最低限度的替代办法（备用方案）。如果替代办法满足了或者超过了所有这些标准，那么这个替代办法就是令人满意的。西蒙指出，用满意决策准则代替“最优准则”，强调其实用性，从而使决策理论与决策实践更加接近。

（三）渐进决策模式

渐进决策模式是美国著名的政策科学家林德布洛姆提出来的，林德布洛姆认为，政策的制定既是一个科学的过程，又是一个社会互动的过程。人们的决策活动是在边行动、边探索的过程中进行的。在绝大多数情况下，人们并不是在有了明确的目标和方案之后才去行动，相反，人们在有了一个大致的方向时便开始行动，通过“走一步，看一步”逐渐明确行动的目标和形成或完善行动的方案。渐进决策过程中的理性分析只对决策方案进行边际分析。所谓“边际”或“边际的”，意即“增加的”，所谓边际分析意即对新方案与原有方案相比的不同部分进行分析。

渐进决策主张者的一个重要理由是任何决策的改变必须要考虑决策的连续性和社会的稳定性，它强调在改变现状时必须维持社会和组织的稳定，因而主张不间断地修正，逐步地对政策加以修改并最终改变政策，而不是引起动荡的变革。从行政决策的角度看，渐进决策模式不失为一种在某种条件下有用的思想和方式。

（四）混合扫描决策模式

混合扫描决策模式，是由美国社会学家埃佐尼提出来的。混合扫描决策模式的主张者认为，无论是理性决策模式还是渐进决策模式都有其各自的片面性。因此，在他们看来，应该将两种模式结合起来。

混合扫描决策模式的优点在于：它对决策的方法和过程进行了比较全面的考察，克服了理性决策模式与渐进决策模式各自存在的片面性，同时看到了二者的合理性，并力求把它们结合起来，对人类决策过程做出较为全面的解释，给人类的决策行为提供一种较为全面的指导思想。

第二节　行政决策的原则、程序与方法

决策过程是在一定原则指导下，按照一定程序、运用一定方法展开的。因此，必须研究行政决策的原则、程序和方法。

一、行政决策的原则

行政决策的原则是对行政决策活动固有规律的概括，它是从行政决策实践中总结出来的。行政决策原则有层次性，有的是反映决策过程中某一步骤上的具体原则，有的是适用于某个社会形态的决策原则，有的则是适用于现代各类社会形态的行政决策活动的基本原则。

（一）系统原则

运用系统分析的理论和方法作决策，是现代决策的重要特征。客观事物都不是孤立的而是互相联系互相作用，处于一定的系统之中的。所以人们的思维也应表现出相应的相互联系性。决策时，必须把决策对象放在它所处的系统中去考察，综合分析整体与局部、内部条件与外部环境、当前利益和长远利益、主要目标和次要目标以及以上各因素之间的互动关系。

只有从整体出发，统筹考虑、全面安排，才可能做出科学的行政决策，尤其是高层次的决策，综合性强，更应坚持系统原则。

（二）信息原则

信息是决策的依据，行政决策的科学性在很大程度上取决于是否有全面、准确的信息。如果决策时缺乏必要的信息，凭主观贸然决策，是不可能有科学的决策的。信息越全面、越准确、越及时，决策思维的广度和深度也就越大，决策的科学化程度也就越高。

（三）预测原则

决策是对未来行动所作的一种设想，是事情发生之前的一种预先分析和抉择，必然有明显的预测性，科学预测是建立在唯物辩证法基础上的。决策前要对决策问题的未来发展和决策方案的实施结果以及决策过程将出现的问题进行比较充分、准确的估计，即进行科学的预测以保证行政决策的科学性。

（四）可行性原则

决策必须切实可行，要具备决策实施的现实条件，如人力、物力、财力、科技能力等各种主客观条件及其变化发展。在做决策时，必须实事求是地分析，确实有实施保证，才能作出决定。超出现实条件，片面追求高速度、高指标的决策，可能使决策产生与主观愿望完全相反的后果，欲速则不达。

（五）择优与弹性原则

决策必须根据客观事物的变动性和复杂性制订出多种方案以供权衡利弊、对比选择，如果没有选择，无从优化，没有优化，也就不可能有最好的决策。

行政现象是随着社会经济的进步而变化的，各个因素之间有着有机联系，每一因素的变化都会影响其他因素。为此，决策一开始就要富有远见、留有余地，适应未来的发展，保持可调节的弹性，准备有应变措施。在决策实施中，要注意信息反馈，随时检查，及时调整。

二、行政决策的程序

（一）发现问题，确定目标

1. 发现问题

发现问题是决策活动的起点，决策是针对需要解决的问题而进行的。所谓问题是指迫切需要缩小或消失的现有状况同应有状况之间的差距。发现问题的重要方法是调查研究，如深入人民群众听取意见，将本组织的活动同国家政策法令、规章制度、社会道德等相比找出差距，找出本组织与同行竞争对手相比有哪些差距，发现问题需要有敏锐的洞察力。在问题刚刚表现出某些迹象，尚处潜在的、可能产生问题的阶段时，就应洞察其可能形成的、并将对未来产生的不良影响，及早发现采取预防措施，使它对社会的破坏降至最低限度。发现问题之后，要进一步分析、确认它。

相关链接

分析问题的“KT 决策法”

现在常用的分析问题方法是“KT 决策法”，它是美国的凯普纳和特雷高二人合创的。其分析步骤如下：

第一步是界定问题。即了解差距产生的时间、地点、条件，以便弄清问题的性质、范围、程度、特征以及它的影响，这好比医生诊断病情。

第二步是分析原因。即对界定的问题查清原因，包括表面原因、间接原因、直接原因，特别是根本原因，对问题所处的环境、条件、发展趋势、解决的条件等也要了解清楚。这样，问题被发现并被确认了，产生的原因找到了，解决问题的环境条件探明了，决策就有了明确的方向，也就可以确定决策目标了。

（资料来源：许文惠. 行政管理学. 北京：红旗出版社，1992.）

2. 确定目标

确定决策目标，就是指在一定环境条件下解决问题要达到的结果和目的。决策目标的确定是整个决策活动中具有决定性作用的一步，因为它既为决策指明了方向，又为选择行动方案提供了衡量标准，为决策实施的控制提供了依据。目标错就一错百错，为此，决策目标应切中要害，合理合法，具体明确。对决策目标可事先进行价值判断，确定其实现程度、实现的约束条件状况等。

（二）调查预测，拟订方案

1. 调查预测

决策目标确定后，就要拟订和寻求实现决策目标的办法与途径。这需要根据调查资料和预测资料拟订可供选择的可行方案。

调查就是在大量的材料中寻找对拟订决策方案有帮助的信息，其任务就是运用科学方法，系统、有效地收集和分析各种信息，以得到拟订决策方案和进行科学决策的依据。

预测是在调查的基础上，运用科学的方法对各种因素进行分析研究，对未来的发展趋势做出判断和推测，为制定正确的决策提供依据。预测首先要确定预测目标，明确目标之后才能根据预测的目标去选择预测的方法、决定收集资料的范围与内容，对拟订方案的准确性和可靠程度做出评价。

2. 拟订方案

拟订决策方案是一项重要而又复杂的工作。除了很简单的决策问题可以直接设想出几个可行方案外，一般需要经过粗拟阶段和精心设计阶段两个步骤。粗拟阶段是把握决策内容的主要方面，勾画方案的大致轮廓，要求大胆设想，拓展思路，扫除人云亦云等思想障碍。精心设计要求先对大量的轮廓设计进行初步筛选，然后将轮廓设计具体化，使之切实可行，比如可能遇到什么环境条件和困难，会产生什么副作用，应采取哪些措施，对实施结果情况等都应加以分析研究，这一步要求冷静、细致、求实。通过精心设计制定出若干个互不重复的可行方案，作为预选方案提供给决策者审定。

拟订预选方案时，领导者要广泛运用智囊技术，充分发挥专家、学者的外脑作用。目前国外常用的智囊技术也叫创新技法，种类很多，主要的有头脑风暴法、哥顿法、对演法或逆向头脑风暴法等。

（三）评估选优，抉择方案

1. 评估选优

评估方案是关键的一步，关系重大。拟订的几个预选方案尽管都是可行的，但也有优劣得失之别。为此，必须对各个预选方案进行综合的评价和估量，在权衡利弊得失的基础上，或选取其中一个，或综合形成一个比较满意的行动方案。

2. 抉择方案

抉择方案的工作由握有决策权的决策机构或决策者个人完成。抉择方案必须注意两件事：首先，明确选定方案的基本标准是保证最好地实现决策目标。如果某个方案不能满足“必须达到的目标”，虽然花费小、时间短，也必须弃之不用。如果几个预选方案同样有把握实现决策目标，则应着眼于选用代价小、风险少、速度快、副作用小、适应性大的预选方案。其次，决策者抉择方案必须重视发挥专家学者的外脑作用，先请专家、学者参与评估审议，对各种预选方案从必要性、可行性、经济性、协调性等多方面做可行性研究与论证，然后由决策者在综合评估基础上最后决断，这个程序不可颠倒。

运用科学分析技术也是抉择方案时要注意的。抉择方案的基本方法主要是经验判断法和数学模型法。数学模型法是运用数学方法对可以定量化的决策进行分析和研究的方法，如以资金形式分析其投入和产出量来衡量某个方案是否可取。

（四）局部试点，完善决策

1. 局部试点

抉择的方案通过局部性试验，以检验其实施的可靠性并发现问题、修改方案、完善决策，特别是一些重大的行政决策，在抉择方案后必须接受实践检验，以发现决策方案设计论证过程中所发现不了的缺陷。

局部试点应注意：一定要选择有代表性的试验点；必须严格按照决策方案做试验；对试验的情况，要认真观察、总结和分析，及时反馈到决策中心。

2. 完善决策

经过试点和修改完善的决策方案，就可以普遍推广实施了。行政决策在全面执行的过程中，如发现原定决策方案已危及决策目标的时候就应改变原有决策重新进行决策，这就是所谓的追踪决策。

追踪决策的过程是一种对原有决策的扬弃过程，抛弃原有决策中错误的东西，保留其中合理成分。追踪决策是一个更复杂困难的工作，因为它需要找出原有决策的缺陷进行双重优化，同时要排除人们各种心理阻力，及时迅速决策，尽量减少损失。

三、行政决策的方法

行政决策的方法有多种，归纳起来可分为两大类：一类是定性决策方法，另一类是定量决策方法。

（一）定性决策方法

定性决策方法，国外常称其为“软技术”方法，它主要是靠决策者应用社会科学的原理，根据个人的经验和判断能力，从研究决策对象的本质属性入手，通过定性研究，了解方案的性质、可行性和合理性，然后选择决策方案。

在具体实施过程中，定性决策方法也被称为专家创造力方法，主要依靠专门人才在决策过程中的分析判断来进行决策。现代行政学认为，在行政决策的所有步骤中，无论是确定目标还是拟订方案或者是选择方案，专家的意见都是极为重要的。因为专家不但具有专业性的知识和技术，还常常能超越某些程序性规范或传统性习惯的束缚，较为客观、冷静地做出分析和判断。因此，如何有效地组织专家就决策问题发表意见就成为定性决策的重要环节。

（二）定量决策方法

定量决策方法，国外常称其为“硬技术”方法，它主要是运用数学模型和计算机技术解决决策问题，它其实是在定性分析的基础上，对决策对象进行数量研究和计算，用来比较和选择优秀的方案。

定量决策方法主要包括数学模型和决策模拟两大类。数学模型是行政决策数学化、模型化和计算机化的核心内容。数学模型要求用数量关系表示出变量之间以及变量同目标之间的关系，并用计算机的算法语言编成程序模型以供计算机处理使用。数学模型方法一般适合于重复性的常规决策，但是在行政过程中，由于政治的、社会的、人际的各种复杂因素使很多问题都不可能或不能简单地数量化，因此数学模型方法有一定的局限性。

决策模拟是在拟订决策方案之后创造一定的条件，通过某种方式的试验以有形的结果对方案进行分析、评估和修改。决策模拟是一种专业性和技术性都很强的决策方法，它是未来决策技术化的重要内容和必然趋势。

（三）常用的决策方法

定性决策和定量决策法并不存在谁优谁劣的问题，真正科学的决策应该把两种方法结合在一起，使之相辅相成才能取得更好的效果。一般来说，在行政学领域中常用的决策方法主要有以下几种。

1. 头脑风暴法

便于发表独创性意见的头脑风暴法主要用于收集新设想。通常是把有兴趣解决某问题的人集合在一起，发给大家问题，同时说明会议规则。一般规则如下：

（1）不许批评别人的意见。在没有讲完所有的意见和建议之前不以任何方式评论他们。

（2）欢迎新的思路。思路越宽越好，争取较多的意见，建议越多越有可能出现高质量的意见。

（3）寻求建议的归纳和补充。欢迎对别人的建议做出改进，以使更加新奇的建议像风暴一样来得快而猛。

在一次这样的会议上，所产生的很多设想中，只有少数是比较现实的，它们值得进一步加以考虑。即使没有产生有价值的设想，但由于与会者参加了决策过程，思绪受到他人的启发和激励，必将产生对解决问题的责任心和长远的兴趣，以后会对解决该问题提出更好的建议。

2. 列名小组法

列名小组法又叫“列单法”，即召开一个由各方面专家参加的正式会议，程序如下：

（1）公布问题，由各位专家在纸上写下自己对问题的看法和解决问题的几种可行办法，不要跟别人商量。

（2）经过规定的时间（一般为 15 分钟），每个与会者开始向大家介绍自己的想法，采用事先设计好的不分先后次序的抽签方法进行发言，轮到某个人发言时，每次只能发表一个意见。

（3）当各人发表意见时，记录员在纸上记下这些意见，但不记意见是谁提出的，直到大家发表意见完毕为止。

（4）记下的每项意见都按它的优点、可行性和其他特点开展讨论。

（5）群体对各种意见以无记名的方式投票，得票多的就成为全体的最终决策。

3. 德尔菲法

德尔菲法是美国兰德公司于1946年发明并首先用于技术预测领域的。德尔菲法是专家会议预测法的一种发展，它是围绕某个社会、政治、经济发展问题，以背靠背的函询方式向有关专家和权威人士征求意见，并把每一轮得到的意见汇总整理后再发给这些专家进行再一轮的分析判断，经过几轮反复，在各个征询项目上取得较为一致的意见，从而产生相对可靠的预测结果和预测方案的一种以直观判断为主的综合预测方法。德尔菲法具有以下三个特点。

（1）匿名性。由于应邀参加预测的专家互不见面，消除了心理因素的影响；同时，被邀请的专家可以在后几轮中随时修改自己的意见，无须公开说明理由，无损于自己的威望。

（2）轮间反馈沟通。德尔菲法在运用时一般要进行好几轮的函询方式，预测工作机构要对每一轮专家提出的意见做出统计和汇总，并将其结果和有关专家的论证依据与资料作为材料反馈给每一位专家，供下一轮预测时参考。由于每一轮预测之间进行了反馈沟通和比较分析，因而能够相互启发，提高预测的准确性。

（3）预测结果的统计特性。由于德尔菲法对专家意见的汇总和处理采用了统计方法，能够用定量的方式表示预测结果，所以能使最终的结论更具有科学性。

第三节 行政决策系统

行政决策系统是由承担决策各项任务的行政机关和行政人员所组成的一个组织体系。现代行政决策系统是由行政决策中枢系统、咨询系统和信息系统构成的。

一、行政决策中枢系统

（一）行政决策中枢系统的职能

行政决策中枢系统是现代行政决策体系的核心部分，其主要职能是统筹考虑决策目标、抉择决策方案、组织领导整个决策工作，其最重要的任务是“决断”，即根据信息系统提供的信息，对咨询系统提供的各种预选方案和建议、意见进行分析与比较，权衡利弊得失和弄清所需主客观条件，选定或综合得出最佳方案。

（二）行政决策中枢系统的类型

行政决策中枢系统由拥有决策权的领导机构和领导人员所构成。在不同的行政领导体制下，行政决策权力的行使表现出不同的方式，例如，在首长制体制下，由首长独立负责行使决策权；在委员会制体制下，领导集体掌握决策权，行政首长无权单独做出决定。个人决策的优点是速度快，能适应现代行政快速变动的要求。集体决策的优点是集思广益，可弥补个人知识经验之不足，减少失误。我国政府实行行政首长负责制，在决策方式上集中了这两类决策方式的优点，既能集思广益又能快速高效。

（三）行政决策中枢系统的地位

行政决策中枢系统作为行政决策的核心部分直接决定着一个决策的成功与否。因此，提高这一系统的质量是行政活动面临的一个重要任务。一个政府领导部门只能有一个决策中枢系统，其人员也不宜过多，否则，容易出现政出多门的弊病。决策中枢系统的领导者是整个决策系统的操纵者，其行为有关整个决策成败。为此，决策者应具有较高的文化素质和丰富的决策经验，有面向未来、面向世界的领导观念和民主作风。

行政决策中枢系统的质量取决于两个因素：第一，决策者本身的素质，包括知识、智慧、能力、经验以及作风和性格等，为此，必须注重决策者的选拔和素质培养；第二，决策者的群体结构，包括群体的知识能力结构、人际关系结构以及组织结构等，为此，必须注重行政组织群体结构的优化。

二、行政决策咨询系统

行政决策咨询系统是辅助行政决策中枢系统决策的智囊机构，是现代行政决策体制的重要组成部分。它是由辅助行政决策中枢系统进行科学决策的专家学者、专职人员和决策咨询机关等组成，这一系统的任务是以建议、参谋等形式为决策机关和行政领导者服务，向他们提供科学的决策方案，并发挥决策过程中的辅助性作用，所以决策咨询系统又称为智囊团、思想库和行政决策智囊系统。行政决策咨询系统的主要职能是调查研究，分析决策的环境与条件，进行科学预测；拟订各种可行方案及依据；论证、评估各种方案，采用取舍意见、建议等形式，辅助中枢系统决策。行政决策咨询系统最重要的任务是“谋”，为领导决策出谋献策。

（一）行政决策咨询系统的产生与发展

1. 历史上的智囊

智囊作为一种社会活动，在我国已有几千年的悠久历史，在《诗经》和《尚书》中就已出现了“咨询”一词。“咨”意思是商量，“询”的意思是请教和考察。春秋战国时期诸侯割据，激烈的军事斗争、频繁的外交活动促使大量以谋划为职业的门客、谋臣、策士产生。齐国的孟尝君、魏国的信陵君、楚国的春申君、赵国的平原君，每人都养有 3 000 名门客，这是最早意义上的智囊团。战国时，吕不韦养门客 3 000 人，命他们“人人著所闻”，汇编为《吕氏春秋》一书，为秦国治理国家、统一天下提供方略。唐朝时，唐太宗重用魏征，采用他的施政方针治理国家，形成了“贞观之治”的良好局面。明代开国皇帝朱元璋采用智囊刘伯温为其提供的“高筑墙、广积粮、缓称王”的战略建议，对建立明朝的统治起了关键性的作用。

西方智囊团的形成源于拿破仑。拿破仑被打败后，曾任拿破仑军事参谋的柏特尔将军总结其失败教训后，提出在军队中需要建立参谋机构，负责制定军事行动目标，拟订各种作战方案，预测军事行动可能出现的变化，并对作战过程进行组织和协调。1806 年普鲁士军事改革家沙恩霍斯特在普鲁士军队中组建了比较完善的参谋本部体制，随着普鲁士军队在 1870 年普法战争中的胜利，参谋本部体制成为各国效法的榜样。1829 年上任的美国总统杰克逊在自己周围安插了一批没有行政官衔的顾问，杰克逊经常和他们在白宫的厨房内讨论一些国家大事，决定一些重要的大政方针，故有所谓“厨房内阁”一说。

2. 现代智囊体系

现代行政决策智囊团首创于英国，兴起于美国，并在西欧国家和日本迅速普及。1913 年英国成立了咨询工程师协会，它可以被看作是现代行政决策智囊团的雏形。美国在 1918 年创立了布鲁金斯学会，1919 年创建了胡佛研究所，这两个综合性的研究机构是现代行政决策智囊团的先驱。

第二次世界大战结束后，在西方国家出现了组织形式更加高级的，包括政治、经济、军事、科技在内的综合智囊服务机构，它们被冠以“思想库”或“头脑公司”的美称，其中著名的有美国的兰德公司、斯坦福战略情报研究所，日本的野村综合研究所、三菱综合研究所等。与此同时，在智囊服务机构之间还兴起了国际合作的浪潮，著名的有伦敦国际战略研究所、国际应用系统分析研究所，国际发展问题独立委员会等。

智囊机构的不断出现是当代发达国家的显著特点之一。这些机构有的直接受政府各部的委托，为其出主意、想办法；有的派其成员担任政府要职直接参与政府决策；也有的通过各种舆论工具传播其政策主张，以期对当局者施加影响。相当多的政府官员在离开公职岗位后纷纷回到或加入这些智囊机构，继续为政府的决策出谋划策。

（二）行政决策咨询系统的组织形式

1. 内部智囊机构

内部智囊机构是指一个国家、地区、部门或企事业单位内部常设的智囊机构，是专为其领导部门和各级领导者进行决策提供咨询服务的部门。这类智囊机构都是非营利性的，其咨询内容包括社会经济、科技文化等社会生活各方面的有关长期和中期规划的制定，地区性、区域性的综合开发，跨地区、跨部门、跨行业的政策研究以及有关自然资源、环境、城市、人口、交通等方面的综合咨询。

2. 外部智囊机构

外部智囊机构是指那些在社会上建立的具有法人资格的营利性智囊机构，它们接受来自政府、团体、私人等委托者的咨询任务，为它们提供决策的依据。

外部智囊机构具有内部智囊机构所不能起到的两大作用：一是它与委托单位所咨询的问题没有任何利害关系，容易做到客观公正，而内部智囊机构提供意见时往往局限于领导者提出的构思，侧重于搞一些“论证式”的咨询，而较少提出反对性的观点。二是外部智囊机构的出现反映了现代社会对咨询业提出的要求，这些机构可以汇集各方面的专家和权威人士，以有偿服务为前提，用高效率的工作方法提供全面的情况分析和解决问题的办法，以供各级行政领导作为决策的依据。从长远来看，外部智囊机构应该成为现代行政决策智囊部门的主体。

3. 柔性智囊机构

柔性智囊机构是指为完成某一项专门任务而临时组成的智囊机构。这种机构具有弹性，可以根据任务要求组织有关专家，在一定时期内从事科学论证与研究，在得出有关结论后各自回到原工作岗位。其特点是招之即来，来之即干，干完就走，人员不多，费用较低，不占编制，效益显著。

相关链接

强化行政决策过程的咨询工作

咨询工作是决策科学化的重要保证。现代社会是一个信息社会、知识社会，也是一个高度分工的社会，不论是哪一级政府的领导者，都不可能是各行各业的专家，而政府作为现代社会的公共管理部门，其决策往往又涉及社会生活的各个领域。因此一些重大经济社会决策方案的制订与评估论证，往往离不开专家的作用。

专家对决策方案的论证和评估与政府内部人员相比，不仅更专业，而且更客观，更少受利益关系的影响，更敢于提出不同意见。正是基于这一背景，当代世界一些发达国家的咨询业非常发达，而且有相当一部分的咨询公司的业务主要来源于政府，有的咨询公司主要是为政府服务的，如美国著名的兰德公司。

目前我国政府的一些重大决策往往很少有咨询机构参与，所以会出现决策方案“粗”而不“细”、专业化程度低、评估方案时“论而不证”等现象。实际上，开展政府重大决策咨询是专家参与政府重大决策，实现政府重大决策科学化、专业化的一条重要途径。因此，在当前条件下，为完善我国政府行政决策程序，有必要把咨询工作纳入政府行政决策的程序之中。

（资料来源：胡象明. 行政管理学. 北京：高等教育出版社，2005.）

三、行政决策信息系统

行政决策信息系统是现代行政决策体系的神经系统，它主要由信息的收集、处理、存储、传递等机构和人员组成，是为中枢系统和咨询系统提供信息服务的体系。决策中枢系统、咨询系统的工作都要以信息为基础。行政信息系统的职能是确定信息需要、收集和加工信息、传递信息、存储信息，以及信息系统的管理工作。

（一）行政信息的含义、类型与特征

随着计算机技术和信息技术的发展，现代社会进入了一个全新的“信息时代”。目前，发达国家获得各类经济、政治信息的能力和速度已经达到了很高的水平，大大加快了经济运行能力，提高了行政管理的效率。就我国目前情况来说，如何更好地建立高效能的信息系统，掌握最新、最全、最准确的信息，是参与国际竞争、享受国际分工带来的好处，充分占有信息资源的关键。

1. 信息的含义

“信息”一词来源于拉丁文“information”，意思是解释和陈述。一般来说，信息是指客观存在的一切事物通过物质载体发出的信号、消息、情报、数据、图形、指令中所包含的一切有价值的内容。

人们常常把信息和信号及消息相混淆，其实，三者的含义是不同的。信号可以用来传递某种约定的声音、光线和标志等，其最大的特点是约定性，它只是信息的一种表现形式，信息是信号的内容；消息是常见的新闻体裁，其主要特征是传播性，容易发生失真现象，消息只是信息的外壳，信息才是消息的内核，只有揭去外壳才能捕捉内核。平时人们常说到的语言、文字、图形和符号本身也不是信息，它们只是信息的载体而已。信息不是事物本身，而是表征事物的消息和信号中的内容。

信息和物质、能量并称为人类社会三大资源。其中，信息是一种特殊资源，隐含着以下多种开发利用的价值：第一，信息可触发人类灵感，激起创造性思维，开拓科研新领域；第二，信息能提供经济方面的多种选择，促使经济活跃、财富增长；第三，信息可制造政治发展和社会进步的契机，导致社会发生深刻的变化。

2. 行政信息的含义

行政信息是反映整个行政管理活动的各种资料、情报、数据、指令、密码、符号、文字、语言、信号所包含内容的总称。人们从事行政管理活动，不断产生各种行政信息，并通过行政信息的接收、传递和处理、反映和沟通各方面行政情况的变化，借以控制和管理政府的行政事务，实现各管理环节之间的联系，从而顺利地完成行政管理的各项事务。行政信息的特征主要有真实性、价值性、多变性、时效性和共享性。

3. 行政信息的类型

（1）原始信息与加工信息。原始信息是指用数字、文字、草图等对某种行政活动所做的最初的直接记载。加工信息是指在原始信息的基础上，进行筛选和加工，使之成为行政过程中各种有用的信息。

（2）日常信息和突发信息。日常信息是反映行政机关内外各种有规律的活动，按规定的程序不断地收集和处理的信息。突发信息是指与行政活动相关的各种突发事件的有关信息。对突发信息的处理，一般不能采用常规的方法，否则有可能酿成大祸。

（3）正式信息与非正式信息。正式信息是指行政部门按正规渠道获取的信息，这类信息包括上级部门的命令、指示、决议、通报、通告，以及下级部门的请示报告总结等，这类信息比较正式，因而其地位较为固定，沟通起来较为容易，接收效率也比较高。非正式信息是指行政部门不是通过正规渠道所获取的信息，如行政领导者不定期地下基层，进行现场调查，亲自走访群众获取的第一手资料等，这些信息有助于领导深入了解下情，妥善解决实际问题，对克服官僚主义作风很有好处。此外，非正式信息还包括行政人员的各种情绪和心理活动，同事之间的私下闲谈，社会上的各种传闻和流言等，这类信息不具有正式的法律地位，常常是变动不定的，但对行政人员的影响又是极其显著的，应恰当对待。

（4）语言性信息与非语言性信息。语言性信息是指通过口头语言、书面语言传播和沟通的各种信息。非语言性信息是指不通过语言所表达和传递出来的各种内容，如言谈中的“弦外之音”，谈话时的表情、手势、动作、语音、语调等，这类信息常靠高度的语言技巧和谈话艺术来间接表现，目的是给接收者以暗示。这类信息传递方式灵话，但传递的效果直接依赖于接收者的领悟力，只有那些老练的行政人员才能及时、准确地把握对方所表达的意思和说话时的心态。

（5）既往信息与预测信息。既往信息是指在以往的行政活动中曾经出现过的信息，对这些信息需要收集分析和评价，以便从中摸索出行政管理活动的规律，更好地指导以后的工作。预测信息是指那些能够揭示反映和预测未来行政活动的各种信息，对这些信息应花大力气收集以作为行政部门制定未来方针政策的重要依据。

4. 行政信息的特征

行政信息与其他信息一样，具有以下一般特征：第一，客观性。行政信息是行政管理活动的反映，具有客观的性质，要求信息是真实的、有事实依据的。第二，共享性。行政信息不同于通常的物质资源，它可以同时被许多单位和人员共同利用。第三，时效性。行政信息有突出的时效性，有些行政信息必须在规定期限内使用，否则就会贬值失效，甚至会给国家行政管理活动造成严重影响。第四，可传递性。行政信息借助于一定的载体传递出去，实现其效用。第五，增值性。行政信息通过分析综合，可引申、推导、加工处理形成新的信息。

行政信息除了与其他信息共有的一般特征外，还有它自身的特征：第一，敏感性。许多行政信息直接反映了国家的大政方针、政府的行政目标、行政计划和策略，会对全社会产生巨大影响，有些行政信息透露了政府活动的主要原则和大致程序，指出了管理对象的某些情况，对社会也发生一定的有效作用。这些决定了行政信息具有敏感性，从而决定了处理行政信息既要注意公开、共享，又要注意分步骤公开，以避免不应有的混乱现象。第二，多样性。行政对象的多方面、多层次，行政管理活动的多阶段、多向度，要求行政信息也必是多种多样的。行政信息的表现形式有指示命令、决议政策等，名称不同，书写格式也不同。

行政信息是行政沟通的纽带，它好比一个人的“血液”和“神经系统”。在信息沟通的基础上实现行政管理的计划、组织、指挥、协调、控制等运行职能。所以，现代行政管理要高度重视信息的作用。

（二）行政信息是行政决策的基础

科学决策必须依靠及时、准确、全面的信息，尤其是在现代科技和社会经济迅速发展变化的条件下，如果不能及时捕捉到有用的、可靠的信息或信息滞后、不足、片面，都可能导致决策的失误。现代行政决策如果没有行政信息，那只能是无源之水。

1. 根据信息，发现问题，确定决策目标

通过调查研究获取大量信息，才有可能发现最迫切需要减少和消除的差距，才能界定问题、分析原因，探明问题所处的环境、条件、发展趋势以及解决问题的主客观条件，这样，确定决策目标才具有依据。

2. 依靠信息，拟订和抉择决策方案

拟订多种可供比较、选择的方案，要依靠专家、学者和人民群众提供的信息资料。领导者发挥外脑作用，对备选方案论证评估也离不开信息，信息是咨询之本。只有对大量的、准确的信息进行整理和归纳、定性与定量分析、加工处理，才能做出合情合理、切实可行的决策。

3. 借助信息，实施监控决策

整个行政执行过程都是在信息沟通的基础上进行的，执行部门根据信息从事工作，同时将不断产生的新信息反馈。监督协调和控制部门则依据决策部门的指令信息和执行部门的反馈信息发现新情况、新问题，决策部门随时根据反馈回来的信息不断修正完善决策，保证按计划实现决策目标。

4. 利用信息检验决策效果，提供再决策参考

决策效果如何对再决策是重要的参考。信息是判断决策效果的依据，有时实施中会出现因主客观情况变化而使决策目标发生变动或出现既定方案危及实现目标的情况，要进行追踪决策，更要依据信息排除各种干扰因素，吸收原有决策的合理因素。

（三）行政信息的处理程序和方法

行政信息的加工处理过程是一个系统的、辩证的流程，它包括对行政信息的收集、加工、传递、储存、输出和反馈。在不同阶段采取不同的方法。

1. 收集信息

行政信息的收集除了被动地接收正规渠道的信息之外，还应该积极主动地采用信息开发的方法，通过观察、发掘、试验加工、改造及发明等活动，利用自然、社会和思维领域里的资源创造出各种新的信息。行政信息开发成功与否，离不开行政人员主动性、积极性和创造性的发挥。常用的收集原始信息的方法有常规性开发和创造性开发两种，具体来说包括专业实践、有偿征集、定点收集、采访阅读、信息追踪、解剖分析、捕捉机遇、推理加工等。

2. 加工信息

加工信息就是对收集到的信息进行加工整理的过程。由于许多原始信息中包含着大量虚假的、错误的成分，必须对其进行认真的加工筛选才能获得真正有用的信息。加工处理的方法具体包括分类、比较、综合、研究编制等步骤，保留有用的信息，剔除陈旧的、过时的部分，同时对其进行归纳分析，把有用的数据资料加工成能综合反映事物总体特征的信息，从而为行政决策服务。

3. 传递信息

传递信息就是指各种信息在行政部门之间流动的过程。对于行政部门现已掌握的信息来说，如何使它们物尽其用是一个十分重要的课题。行政信息人员应根据行政决策需求的前后次序和轻重缓急，把有关的信息及时传递给行政领导者和决策者。对各种信息的输出，要求行政信息人员做到及时、准确、真实，信息的传递既有纵向的（上下级之间），也有横向的（部门之间）；有单向的，但大量是双向的；有正式渠道的，也有通过非正式渠道传递的。传递信息的主要途径目前除了会议、报告、报表等传统手段外，随着现代通信技术的进步，更先进的传递方式不断地被运用到行政信息的传递过程中，如可视电话、移动通信、计算机网络等，所有这些传递方式皆应本着迅速高效的原则加以运用以保证信息传递效率的提高。传递还要防止信息的脱节和失真，必须按规定的要求传递。这一切都要求行政人员认真学习并熟练掌握新的信息传递方式、传递技术和传递业务，从而保证信息传递的时效性和高质量。

4. 储存信息

储存信息是把已收集加工处理的行政信息资料，以文字、图像、数据的形式，并借助计算机和各种媒介手段记录和储存起来，以便随时利用，行政信息的储存在现代行政信息系统中是十分重要和复杂的一环。这些被储存起来的信息具有可再用性，能供行政决策者随时调用。它们还具有历史价值和兼有档案的属性，可为日后的工作需要及历史研究提供参考性和借鉴性服务。

5. 输出信息

将处理并储存好的信息在需要时调出来，按照要求编印成各级行政领导及管理人员所需要的报表和文件，以便于他们及时获取所需要的信息和资料。

6. 反馈信息

在信息输出以后，及时回收有关信息使用者的看法与反映，然后针对信息本身存在的不足及时地加以扩展和补充，以更好地满足行政决策者对行政信息的要求。

相关链接

强化行政决策过程的信息工作

信息是决策的灵魂，在决策过程中必须强化信息收集和信息处理的程序。西蒙认为，信息活动是决策过程中的一个最重要的程序，整个决策工作几乎将一半的时间花在信息收集和信息处理上，因为在决策过程中，发现问题、制订方案、评估选择和组织实施都离不开信息的作用。

为了强化决策过程的信息工作，就我国当前各级政府而言，首先，应加强政府信息机构建设，适当增加对信息工作的投入，包括增加必要的信息工作人员和改善信息工作的物质装备；其次，应改革信息收集和信息处理的方法，实现信息工作的现代化，包括物质条件和方法手段的现代化，建立较为全面、真实的信息数据库，严防片面的、虚假的信息影响决策；最后，要强化决策者的信息意识，在决策过程中把信息收集与信息处理置于重要地位，尽可能做到信息不全面（相对而言）不能决策，信息不准确不能决策。

（资料来源：胡象明. 行政管理学. 北京：高等教育出版社，2005.）

◎ 案例讨论

深圳机场选址之争

1988 年 1 月 9 日，15 位中外专家实地考察之后，一致对深圳决定在白石洲兴建机场投了反对票，他们认为已定的白石洲机场方案是“违反客观规律的决定”，是“最得不偿失”的方案。次日，《深圳特区报》对此进行了报道。

专家们的意见及时校正了深圳机场选址的决策。1991 年深圳机场建成并投入使用。

机场选址达 17 处之多

我是土生土长的宝安人，在部队服役 30 多年后，1982 年 11 月转业到深圳机场筹建办公室。从 1983 年到 1986 年间，深圳开始着手机场选址的可行性研究。在市政府副秘书长李新亭的带领下，我和机场筹建室的叶武等人，还有几位被聘请来的民航专家，为了机场选址跋山涉水，勘测的足迹遍及深圳市和宝安县的沟沟壑壑。经过 3 年多的初选，我们在地图上标出的机场选址的地点就有 17 处之多，羊台山、小南山、坪山，就连观澜中学后山都被标出。在选点的同时，我们对每个点的气象、水文资料等都进行了可行性研究。

“白石洲机场方案”遭否决

经过反复甄别和精选，到 1986 年上半年，最终遴选出 3 个方案：第一个是羊台山方案，第二个是黄田方案，第三个是后海湾方案，就是后来被专家否决的“白石洲机场方案”。后海湾方案，是将机场建在深圳大学以东和以南的方位上，该方案一度还被作为优选方案。

“白石洲机场方案”提出来以后引起很大反响，民航部门首先表示不赞成。1988 年年初，15 位中外专家实地考察之后，一致对深圳决定在白石洲兴建机场投了反对票，认为这一方案是“违反客观规律的决定”。

中国城市规划设计研究院院长邹德慈也持反对意见，他认为：历史教训引人深思。现在，武汉、郑州、西安、上海、沈阳、青岛、广州等城市机场都准备搬离市区，深圳不应反其道而行之。

原建设部规划局局长王凡指出：定在白石洲建机场，深圳将付出沉重的代价。机场噪声影响面积近 40 平方千米，相当于城市的一半，受影响的人口将有 40 万。

而比邻的深圳大学反对的声音就更加强烈，“一旦机场选址定在白石洲，1.4 亿元建校资金将付诸东流。”

国务院领导登直升机亲自察看

1988 年 1 月 1 日至 4 日，国务院领导来深圳视察，在南头海洋直升机场候机楼贵宾厅召开会议，专题听取遴选出的羊台山、黄田以及白石洲 3 个机场方案汇报，国务院领导提议调直升机到几个场址现场察看。

我当时还担任着海洋直升机公司党委副书记，即命令基地飞行大队政委魏文德亲自驾驶“超美洲豹”直升机前往。在飞往羊台山途中，国务院领导看到这一区域阡陌纵横、民居连片，当即要求前往白石洲和黄田，并重点对黄田区域进行了视察。国务院领导并没有指示究竟在哪里选址，但是他有倾向，不赞成羊台山和白石洲。视察完毕，国务院领导指示中央有关同志听取、论证各方意见，并明确表示：深圳的机场是由深圳投资兴建的，选址还是由深圳方面决定吧。

已故原市政协主席周溪舞当年陪同国务院领导视察，对这一段的回忆十分清晰，周溪舞这样叙述："当时，市委书记、市长李灏曾问我，在黄田建机场，处理淤泥的技术、建成后跑道的质量、飞行安全等问题能不能解决？我回答说，根据水电部长江葛洲坝工程局的施工经验，可以把跑道底下的淤泥挖出来，然后填上花岗石夯实就可以了，跑道质量和飞行安全都有保证，李灏认为，既然这样，那还是定在黄田吧。"深圳机场选址问题至此尘埃落定。

深圳：全国第四大空港

黄田场址的确定，为深圳机场早日动工打下了基础。1988 年 5 月，市政府成立深圳机场建设领导小组，同年 12 月 28 日深圳机场奠基。作为国内首家由地方自筹资金兴建的机场，深圳机场于 1988 年破土动工，1991 年 10 月建成正式通航。

目前，深圳机场拥有 A、B 两座候机楼，总面积为 14.6 万平方米，年吞吐量为 1 500 万人次。深圳机场现有跑道、滑行道可供世界上最大型的客货机起降，停机坪总面积为 92 万平方米，停机位为 72 个。深圳机场多年来保持全国第四大机场的地位，是集海、陆、空联运为一体的现代化国际空港。迄今，深圳机场已通航 20 多个国家和地区，拥有近 40 个国家的国际航权，运营的航空公司超过 30 家，通达国内外城市近百个，开通航线 130 多条。

目前，包括第二跑道在内的深圳机场扩建工程正在进行中。第二跑道长 3 800 米，计划 2020 年建成投入使用。届时，深圳机场年旅客吞吐量将达 4 500 万人次。事实证明，深圳机场的选址决策取得了巨大的成功。

（资料来源：http://sztqb.sznews.com/html/2010-/09/content_923992.htm#）

讨论题：

1. 行政决策的基本程序是什么？
2. 深圳机场的选址决策给我们留下了什么启示？

◎ 实训活动

一、实训项目

模拟海上遇险条件下的决策。

二、实训内容

每个队员发一张关于"海上遇险"的问卷，根据问卷要求把 15 件物品按顺序排列，通过个人排序、小组排序、专家排序取得个人决策得分、小组决策得分，进而分析决策过程，从而得出决策的理论内容。

三、实训设施及工具

行政管理实训室，15 件与生活有关的物品。

四、实训指导

（1）理解决策产生的过程；

（2）明确个人决策和集体决策的关系；

（3）探讨提高个人决策和集体决策的有效途径和方法；

（4）体会怎样规避决策风险。

五、实训点评

通过游戏（海上遇险）讨论（出主意、想办法）、说服别人，形成一致意见、检讨反思、发表感悟的方式，让学员自己完成一次决策和总结教训的过程，从而激发潜能、拓展思路，实现教学相长和学学相长；可以使人感悟到领导干部的行政决策直接影响到一个集体的存亡；提高在工作中的应变、沟通、协调、组织、聆听、决策分析能力。

通过游戏，更好地认识自身的潜力，磨炼战胜困难的毅力，激发想象力和创造力，提高解决问题的能力，同时还可认识群体的作用，增进对集体的责任心，学会更好地团结协作，进一步开阔视野，增强凝聚力和团队精神。

◎ 复习思考题

1. 什么叫决策？它有哪些主要特征？
2. 结合实际谈谈应如何实现行政决策的科学化。
3. 举例说明行政决策的一般程序，每一阶段应主要运用哪些原则和技术？
4. 论述行政决策在行政管理活动中的地位和作用。
5. 现代行政决策系统由哪些部分构成，说明行政咨询系统的地位和作用。
6. 结合我国政府、企业决策中的经验教训，谈谈应如何实现行政决策的科学化。

第六章

行政执行

◎ 学习目标

- **知识目标**

识记：行政执行、行政协调、行政沟通的概念。

领会：行政执行、行政协调、行政沟通的特点。

应用：理解行政执行、行政协调、行政沟通在行政管理实务中的地位和作用，各类行政沟通的技巧和艺术，将其应用于行政管理的实践中。

- **能力目标**

应知：了解行政执行的特点，熟悉行政执行的程序。

应会：学会行政执行、行政协调、行政沟通的方法和技巧。

掌握：掌握行政秘书行政执行的技能，通过行政秘书的沟通工作，协助行政领导提高执行行政决策的效率。

◎ 情景导入

行政执行的主体是各级行政人员，在行政执行过程中，一支精干的行政队伍必然显示出超强的办事能力、良好的办公效果和最佳的工作业绩。办公室秘书宋敏在参与行政决策以后，很快就融入了行政执行的过程，成为办公室工作的骨干。从行政决策的执行、行政信息的传递、行政结果的反馈，到行政执行中人、财、物的管理，样样精通，尽显其能，获得领导和同事的好评。宋敏认为，她在行政执行中找到了行政秘书的位置，发挥了自己最大的潜能，这得益于她在学校接受的行政执行、行政协调、行政沟通方面的学习和训练。

行政执行的主要功能是把行政决策目标变成具体的现实，行政协调是行政执行的重要手段，行政沟通则是行政执行和行政协调的润滑剂，要提高行政执行效率，就要掌握行政沟通的技巧。行政秘书要扮演好秘书的角色，在行政执行中就要具有很强的行政沟通能力。通过行政沟通，处理好各方面的关系，协助行政领导提高行政执行的效率。

第一节　行政执行的功能和程序

从行政决策确定到决策目标的实现，要经过一系列行政管理活动，这就是行政执行过程。

在行政管理过程中，行政执行是关键的一环，它直接决定着行政管理的效率，这也是行政管理实务的主要内容。

案例分析

行政执行中的公车不“公”

一组公车消费数字表明：八五期间，全国公车耗资720亿元，年递增27%，大大超过了GDP的增长速度。截至20世纪90年代后期，我国约有350万辆公车，包括司勤人员在内耗用约3 000亿元人民币。在职务消费中，车辆消费占单位行政经费的90%左右，占到全部国家财政支出的38%。2004年，在一汽集团研制的科技含量很高的8款新车中，有5款属于公务车。公车每万千米使用成本高出社会车辆的5～10倍。在使用公车的情况中，公用占1/3、干部私用占1/3、司机私用占1/3。公车不“公”现象日益严重。

分析：根据数据显示，可以看出我国公车制度存在许多问题，党的十八大之后，我国对公车制度进行了改革。“三公”经费大幅缩减，公车改革朝着市场化、货币化的方向发展。

一、行政执行概述

在每一项系统的行政管理工作中，行政决策的完成并不意味着这项行政管理工作已经完成。相反，有关这项行政管理工作还仅仅是确定了一个拟实现的目标以及如何实现这一目标的方案。而真正实现这一目标还有待于对这一方案进一步实施。

（一）行政执行的含义

行政执行是行政机关及其工作人员实施决策中发出的决策指令，以达到预期目标的全部活动，也就是从决策批准起到决策目标实现为止的整个实践过程。行政执行是国家公务人员最经常的活动，也是行政管理过程中最基本的环节之一。从广义上看，行政机关是国家权力机关的执行机关，主要任务是执行权力机关的政策、法律和各项决议、决定。从狭义上看，行政机关在执行权力机关决议时，也要做出一系列的行政决策以及完成实施决策的具体活动。

（二）行政执行的特点和原则

行政执行有着自身内在的特点和原则，认识这些特点和原则对于我们正确、有效地执行决策有着重要的指导意义。行政执行是一个系统工程，这就要求行政执行人员在执行活动中统筹兼顾、合理安排。

表6-1中列出了行政执行的特点和原则。

表 6-1　行政执行的特点和原则

项目	表现	基本内容
行政执行的主要特点	目的性	行政执行是一种具有目标导向的活动，在整个执行过程中的一切行政措施或行为，都是为了按期或提前达到决策目标
	经常性	行政执行是一项经常性的活动，国家行政机关及其行政人员日常大部分的时间和精力都在执行政策
	务实性	行政执行是一种务实性的活动，是要付诸实际行动和操作的，也就是它需要通过一定的具体步骤或实际行动来落实政策
	强制性	行政执行是一种具有强制性的活动，上级的行动指令或决策下达之后，下级则必须贯彻执行
	时限性	行政执行是一种具有时限要求的活动，即必须在规定的时间内完成规定的动作或任务
	灵活性	行政执行的过程是一个灵活多变的过程，必须根据当时当地的实际情况，相机行事，灵活处理
行政执行的主要原则	忠实决策的原则	忠实于决策，使贯彻执行不走样，这是行政管理对行政执行环节的首要要求
	迅速有力的原则	要求在行政执行过程中坚决有力，迅速把决策目标变为现实，又需防止操之过急
	创新灵活的原则	要求在行政执行活动中要一切从实际情况出发，创造性地、灵活地实施行政决策，以取得最好的效果
	持之以恒的原则	要求在行政执行活动中持之以恒，不达目的决不罢休，一切工作围绕中心去做，要分清轻重缓急，妥善安排先后顺序
	计划安排的原则	要求在行政执行活动中要有周密的计划安排，使各项工作有条不紊地进行

（三）行政执行在行政管理中的地位和作用

1. 行政执行是实现行政决策的唯一途径

政府要有效地管理国家和社会事务，必须根据社会政治、经济、文化发展的需要，针对现实生活中存在的重大问题，及时正确地进行决策。而正确的行政决策要付诸实施，变成现实，就必须依赖于准确果断的行政执行。如果没有准确有效的行政执行，再好的行政决策也只能是纸上谈兵、一种设想而已，不可能变成社会现实。因此，要使行政决策得以顺利实施，就要依赖于坚强有力的行政执行，行政执行是行政决策转变为现实的唯一途径。

2. 行政执行是验证和修正行政决策的重要步骤

行政执行活动是行政管理活动的实践活动，行政执行的结果就是检验行政决策正确与否的最好尺度。所以，行政执行及其结果对于验证和修正行政决策极为重要。只有重视行政执行并根据执行的情况及结果来验证、修正和完善现行的政策，才能使政府的政策更正确、更合理，才能使政府的管理更有成效。

3. 行政执行是行政领导者的一项主要责任

行政领导者的主要责任是决策和执行。领导者只出主意、做决策是不够的，重要的还要抓好落实。行政领导者制定决策和发布决策指令就给下级指出了努力的方向，工作到此则刚刚开始，还必须大力抓好落实。执行是为了实现决策目标，而在执行中又可以检验决策，发现不利于决策实施的情况，可及时反馈到决策中心，以便领导者采取措施，修改补充原来的决策。所以决策和执行是行政领导者不可偏废的两项紧密联系的工作，决策是行政领导者根本性的工作，执行则是经常性的工作，一个称职的行政领导者必须既善于决策又善于执行。

4. 行政执行结果是判断测量各行政单位工作成效的重要尺度

一个行政管理单位，工作是否出色、成功，一靠决策正确，二靠执行有力。从思想的角度看，做出正确的决策是重要的；而从行动的角度看，实施决策更为关键。执行决策更是一个行政单位最经常、最具体、最繁重的工作，也是最能反映该行政单位工作面貌的。

二、行政执行的主要环节

行政执行是由一系列具体的行政活动或环节所组成的，其中最重要的环节是计划、组织、指挥与控制。

（一）行政执行计划

执行重大的行政决策，必须认真编制具体的实施计划，选择最佳的执行方法，以确保决策目标的实现。

1. 行政执行计划的含义

所谓行政执行计划，就是根据实际情况，科学化地、及时地制订出为达到目标的未来行动方案。行政执行计划是在行政活动未开始之前对行政活动所做的一种预先安排。计划一般可以分为三个层次：战略计划、策略计划和工作计划。

战略计划是指决策人员对于组织的长期目标、政策和发展方向所做的一种事前安排，主要内容包括长期目标和政策、组织的发展方向、重大人事安排、期望的成果及其所达到的时间等。

策略计划是指高级管理层所做的一种事前安排，主要内容包括如何实现已经确定的目标，需要些什么样的条件，什么时候实现经过批准的方案，应该在什么地方对一些重要活动加以协调，什么人对哪些业务进行监督等。

工作计划是指业务部门对具体工作的布置和落实的时间、措施等的一种事前安排，主要内容包括个人工作安排，具体行动的时间，需要的设备或工具，如何对职工做出指示和予以激励，为了完成所分配的任务而需要进行的调整等。

行政执行计划是决策方案的具体化，它对决策方案实施所需要的人、财、物，具体的时间、地点、措施、办法等都事先进行了具体安排，这就使执行工作有条不紊地进行，使执行者有了行动的具体依据。

2. 编制行政执行计划的原则

编制行政执行计划，必须持认真、细致的态度，切忌马马虎虎、敷衍了事，应坚持以下几个原则。

（1）计划要切实可行、积极可靠。编制实施计划，一定要采取实事求是的态度，充分考虑人、财、物和社会环境等各种因素，把主观需要和客观实际有机地结合起来，制订出切实可行的实施计划。否则，脱离实际情况，再好的计划也只能被束之高阁。

（2）计划要顾及全局、统筹安排。编制实施计划，一定要从工作的全局出发，统筹考虑各个方面、各个环节的工作，分清主次和轻重缓急，注意前后之间的衔接，把各个方面、各个环节的工作纳入一个统一的有机体，只有这样才能保证实施计划的协调平衡。否则，就会出现顾此失彼的现象，影响计划的执行。

（3）计划要留有余地、富有弹性。环境条件是不断发展变化的，计划的时限越长，未来的不确定因素就越多。因此，计划要适应环境，具有一定的弹性，有变动的余地，以便能应付意外事件的发生，采取灵活机动的措施保证计划的执行和目标的实现。

3. 行政执行计划的程序和步骤

编制行政执行计划就是对决策整体目标进行分解、计算并筹划人力、物力、财力，确定实施程序方法及有关的具体制度和规定。具体地讲，编制行政执行计划的工作一般包括以下四个方面。

（1）进行工作安排。即开展几项工作，开展什么工作，按照什么方式和程序进行等。

（2）进行人力安排。即由谁来做，由谁负责执行，需要多少工作人员。

（3）进行物力安排。即需要多少财力、物力，做出详细的经费预算。

（4）进行时间安排。即实现计划需要多长时间，确定出特定时间的期限计划。

在编制行政执行计划时，应力求具体而详尽，如短期行动计划要细致，而 3 年以上的长期计划则要指出大致方向、规模和趋势。

相关链接

编制行政执行计划的四步工作法

编制行政执行计划包括四个阶段和八个工作步骤。

第一阶段：计划制订过程，分为四个步骤。

第一个步骤，描述组织决策，明确组织的使命和宗旨。

第二个步骤，采用 SWOT 分析法，评估组织当前状况。所谓 SWOT 分析，即对组织以前的行为予以综合评价，将其中的关键问题汇总在一起。其中 S、W、O、T 分别代表优势（strengths）、劣势（weaknesses）、机会（opportunities）和威胁（threats）。通过分析为制订计划指明清晰的思路。

第三个步骤，制定并分解目标。目标是预期的结果，指明要达到的重点和主要重点。

第四个步骤，综合平衡、编制计划。制订具体的计划方案，画出行动路线图，用来指导整个计划的执行过程。

第二阶段：执行，就是按预定的计划去执行的过程。这是第五个步骤。

第三阶段：检查，将实际工作结果与计划目标对比，检查计划的执行情况。这是第六个步骤。

第四阶段：总结处理。第七个步骤是总结经验教训，巩固成绩，并对出现的问题加以处理；第八个步骤是对遗留问题找出原因，为修订计划提供条件。

4. 行政执行计划的重要作用

行政执行计划是组织实施决策的纲要。没有计划的行政执行，是盲目杂乱的活动，至多是一些临时性的应付措施。因此，周密的行政执行计划在整个行政执行活动过程中具有不可忽视的重要作用。

（1）周密的行动计划能够确保执行活动的顺利进行和决策目标的实现。行政决策，尤其是重大行政决策目标的实现，往往需要许多地区、部门、单位和人员，经过长时间的共同努力才能实现，如果没有统一的、周密的计划，各个部门、单位和阶段的活动，就会变成杂乱无章的活动。因此，只有经过周密的计划安排，把各个部门与单位、各个阶段的活动纳入一个统一的计划，才可使行政执行者明确所需的组织结构和人员配备，方可使员工各尽其责，使人员、组织、设备的利用达到最大效能，从而使整个行政执行活动有条不紊地进行，顺利地实现决策目标。

（2）周密的行动计划是对行政执行过程进行控制和监督的依据和标准。计划和控制是分不开的，未经计划的活动是无法控制和监督的。控制就意味着通过纠正脱离计划的偏差，使执行活动沿着计划规定的方向进行。没有计划就不知道执行活动往哪里去，就无法衡量执行活动是否达到了目标或发生目标偏差，也就无法监督、检查下级完成任务的情况。因此，为了加强对行政执行活动的有效监督和控制，保证行政执行活动沿着既定的方向运行并圆满地实现决策目标，就必须事先编制出周密的实施计划，使监督和控制活动有所依据。

（3）周密的行动计划可以使行政执行人员对未来发展趋势作出科学的预测，以起到防患于未然的作用。良好、周密的行政执行计划，能使行政执行机构及人员对未来可能出现的各种因素的影响及其发展趋势做出科学的预测，制定出预防措施和对策，对执行中可能遇到的困难、危险有足够的准备，使有利的时机能够得到充分的利用，以减免不必要的损失和浪费。

（二）组织落实与人员调配

任何一项决策的实施都必须依赖于一定的机构和人员承担，都必须有一定的制度做保证。行政决策的执行是否有力，首先取决于行政执行机构和人员是否得力。因此，组织落实与调配工作对于决策的实施具有重要的意义。有效的管理来源于有效的组织和人员，没有健全的组织和较高素质的执行人员有效地执行决策方案，决策目标是不可能实现的。

1. 行政组织行为的含义

行政组织行为即动态的行政组织活动及过程，是指政府为管理社会公共事务、行使国家行政权力而进行的组织活动和运行过程，包括行政组织的设计和维护，行政运行过程中的冲突及其解决，以及对行政组织进行的改革。

行政组织内部的成员之间、成员个人与行政组织之间、行政组织中不同群体之间的由于目标不同、对事实的解释存在分歧，在行为期望方面不一致以及利益方面不一致等，造成的彼此抵触、争执和攻击的组织行为，通过行政组织行为使行政组织的冲突得到有效的化解。

所谓行政组织变革是指行政组织的变化与革新过程。通过行政组织行为，围绕着行政组织结构、行政组织权力关系等方面进行改革，以适应行政组织变革的趋势。

2. 组织落实与人员调配的主要环节

组织落实与人员调配是指通过建立组织机构，配备胜任职责的工作人员，确定职位、职责、职权，进行有效的指挥与协调，将组织内各个环节、各个要素联结成一个有机整体。通过制定必要的制度、规章，使人力、物力、财力、信息得到最合理的利用，为达到共同的目标而共同努力的活动过程。组织落实与人员调配应抓好以下几个环节。

（1）明确各执行部门的职责范围。组织之间的相互关系不明确是产生摩擦、扯皮、无效率的主要原因。因此，明确各执行部门的职权和职责在组织落实中至关重要。明确职责就是要明确规定每一个执行部门的组织规模、组织规程；明确规定其职权职责地位和所应承担的任务，以避免在执行过程中产生职权不清、事权冲突、相互扯皮、争权夺利等弊病。

（2）明确各执行人员的职责权限。即明确每一个执行人员在执行过程中的任务、责任和权利。为此，可通过建立岗位责任制的办法，明确规定各个工作岗位的职责、权利，做到职权相称、责利相连，以确保各执行人员都能够各司其职、各尽其责地努力工作。

（3）合理授权。即行政执行的负责人，在明确地给下级分配工作任务时，应根据执行工作的需要，授予下级一定程度的管理权限和自主权，使之能积极有效地完成任务。通过合理授权，达到事权统一，责权统一。只有事权统一、责权统一，才可避免工作拖拉与相互扯皮，充分发挥所有人员的潜能，提高工作效率。

（4）健全各项规章制度。建立相关的管理规章制度也是组织准备中不可缺少的一个环节。为了保证行政决策的顺利实施，行政执行机关必须制定出一套相应的规章制度，如上下班作息制度、检查监督制度、考核奖惩制度，以保证行政执行工作中的秩序和各项工作的如期完成。

3. 组织落实与人员调配的过程

组织落实与人员调配工作贯穿于整个执行过程的始终。在执行行政决策的过程中，应随时根据形势发展的需要适当调整组织结构，调整工作人员，完善工作制度，使组织机构和人员能适应环境的变化，以确保决策目标的最终实现。

（三）行政执行中的指挥

指挥是执行工作的关键，因为执行工作的好坏取决于指挥是否得当。如果指挥得当，执行工作必然顺利；否则，就会给执行者带来很大的困难。

1. 行政执行中指挥的含义

行政指挥是指行政领导者按照既定的目标和计划，发令、指使、引导、调度和推动下属从事某种活动，以实现组织目标的行为或活动过程。指挥是管理人员在一切准备工作就绪之后，使别人着手工作的一个起决定性作用的行动。

行政指挥是行政执行中的主要环节之一，是领导作用在行政执行过程中的直接体现，尤其在现代行政执行过程中，参与的人员多、分工细、协作性强，各项工作相互联系、相互制约，必须有高度统一的指挥。

2. 行政执行中指挥的内容、原则和方式

表 6-2 中列出了行政执行中指挥的内容、原则和方式。

表 6-2　行政执行中指挥的内容、原则和方式

项目		基本要求
指挥的内容	发布命令	命令需要清楚、完整，并在下属有可能完成的范围内
	培训活动	用以教导下属，使他们能够完成当前情况下的特定工作任务
	激励行为	通过对工作人员的激励，使他们能够努力满足管理人员的期望
	实行奖罚	维护纪律和奖励执行情况良好的人员，执行纪律惩罚违纪人员
指挥的原则	统一指挥	指令必须从一个渠道下达，只能有一个权威的指挥，不能形成多头指挥
	明确指挥	指挥必须具有针对性，也就是针对所要解决的问题有的放矢；各项必须明了确切，而不能模棱两可、含混不清

续表

项目		基本要求
指挥的原则	坚定指挥	行政指挥者在遇到困难和阻力时，不为暂时的困难所吓倒，不为表面现象所迷惑，能够在危难之际指挥若定，不乱方寸
	适时指挥	行政指挥者在发号施令、部署调度、督导时，能够抓住有利时机，见机行事，提高指挥的有效性
	灵活指挥	要求指挥者在指挥过程中不墨守成规、刻板行事，能够在情况发生变化时随机应变，灵活指挥
指挥的方式	口头指挥	口头指挥是运用口头语言面对面地直接指挥
	书面指挥	书面指挥是利用各种行政公文形式进行指挥
	会议指挥	会议指挥是运用各种会议的形式进行指挥

3. 行政指挥在整个行政执行过程中的作用

（1）有效的指挥，可以将行政执行活动从静态推向动态，沿着既定的方向和轨道前进。

（2）有效的指挥，可以使各种行政管理资源得以充分利用。

（3）有效的指挥，可以激发士气，挖掘人们的潜能，充分调动人们工作的积极性、主动性和创造性。

（四）行政执行中的控制

要使行政执行过程不发生偏离决策目标的重大失误，就必须对其行政执行过程实行有效的控制，这就需要专门的控制方法，同时要求有相应的控制系统，以保证行政执行过程的顺利进行。

1. 行政控制的含义

行政控制是指行政领导者按照计划标准衡量计划的完成情况，纠正计划执行中的偏差，以确保计划执行和目标实现的一种活动或过程。

行政控制是行政执行过程中的一个重要环节，其目的就在于及时指出计划实施过程中的缺点和错误，以便加以纠正和防范，这对于保证行政管理工作的正常开展和行政目标的实现，对于保证行政执行工作方向的准确性，提高行政执行的效益和效率，都具有重要的作用和意义。

行政执行中的控制是衡量当前的行政执行情况，并使之导向行政决策目标的过程。控制的实质在于对照原定行政决策目标，以检查现有行政执行是否围绕着行政决策的目标在行动，并对偏离行政决策目标的执行行为加以纠正，使整个行政执行过程符合行政决策的要求和目标。所谓行政执行控制系统就是指按照一定的标准或程序对决策过程实行控制的有机系统。

2. 行政执行控制系统的基本要素

（1）衡量行政执行是否符合要求的正常标准。对于行政执行来说，这个标准除了行政决策目标外还应该包括法律政策和上级机关的有关规定。这些标准是衡量行政执行是否达到要求的尺度。一般来说，在进行行政决策时，已经考虑到了行政决策目标、行政措施与法律、政策和上级有关规定的一致性。因此，在具体的行政执行控制过程中，控制的标准主要是行政决策目标。凡符合行政决策目标的行政执行行为及其结果，就是正确的、合理的行政执行行为；否则，就是错误的、不合理的行政执行行为。

（2）衡量当前行政执行情况的手段。行政执行控制要求必须拿当前的行政执行情况与标准相比较，因此，首先必须对当前的行政执行情况有所了解。如果不了解当前的行政执行情况，就无法把它与标准加以比较。那么，怎样衡量当前的执行情况呢？这就应有具体的方法和手段。在这一要素中，一般是将当前行政执行的各种情况列成表格或写成书面报告，其中所使用的单位要与标准相一致，以便于与标准相互比较。

（3）将当前的行政执行情况与标准相比较的方法。这种方法实际上指对两者的各种关系进行研究的方法。通用的方法是比率、趋势、数学方程式和列表等。

（4）矫正当前的行政执行情况以便达到标准的方法。当前行政执行偏离行政决策目标的情况，或者是没有达到预定的标准，或者是超过预定标准所规定的范围，因此必须寻找一种适当的方法修正当前的决策，以使之与预定标准相一致。

3. 行政控制的步骤

行政控制的首要前提是要有计划并有组织机构的保证，否则，控制工作就无法进行。行政控制的过程分为以下三个步骤。

（1）确定标准。标准是衡量和检查行为的尺度，是作为一种模式或规范而建立起来的测量单位，控制标准与行政目标具有一致性。控制标准是对行政目标的具体规定和阐述。确定控制标准是整个控制过程的基础，如果没有一套完整的控制标准，就无法衡量和检查工作的成败与行为的偏差，也就无法采取正确的纠正措施。

（2）衡量成效。衡量成效就是按照确立的标准衡量实际成效，检查执行情况是否与计划过程中建立的标准相一致，找出执行中出现的偏差。要衡量成效就必须进行测量工作，因此，测量工作要注意全面性、客观性和敏感性。

（3）纠正偏差。纠正偏差就是根据衡量的结果，采取一定的措施或手段，纠正实际执行过程中出现的偏差。及时纠正偏离标准和计划的误差，是保证行政执行工作按原计划标准进行的一个重要步骤。

4. 行政控制的类型

行政控制作为一种实际管理活动，有多种多样的表现形式。根据控制的不同用法、时间和重点，行政控制可分为以下三种类型。

（1）预先控制。即在计划实施的准备阶段就加以控制，以保证将来实际结果能达到计划要求，尽量减少偏差。预先控制是使计划所需的人力、财力、物力都合乎标准，防止在行政实施中所使用的各种资源在质和量上产生偏差，以起到防患于未然的作用。

（2）现场控制。即在计划实施过程中，管理人员通过亲临现场，亲自观察、检查，对所出现的问题及不合标准的行为及时加以纠正，以使计划执行工作按规定的程序运作。

（3）事后控制。也叫反馈控制，即在计划完成之后，依据执行结果反馈的情况，了解、揭露计划实施过程中出现的问题及偏差，采取一定的补救措施，以保证下一轮执行工作的顺利开展。

为了有效地实现行政控制，在统一认识、统一思想的前提下，还应做到组织机构健全、办事程序明确、信息传递畅通、考核标准完善，最后达到迅速纠正错误的目的。同时，在整个行政控制的过程中，还必须坚持系统、客观、适时、灵活、经济的原则，针对不同的情况采取灵活多样的手段或方法予以适时控制。

三、行政执行评估

（一）行政执行评估的意义

行政执行评估是指对行政执行任务完成情况所进行的工作评价或工作总结。即对执行情况进行全面、仔细的衡量，检查和评估任务执行完成情况，总结政策贯彻落实情况的成绩和缺点、经验和教训，以便为下一步的工作提供参考。

行政执行评估是行政执行工作的最后阶段，也是管理过程中的最后一个程序。行政执行评估在行政管理中有着重要的地位和作用。

第一，行政执行评估可以总结和检查政策、计划的执行情况，肯定成绩，鼓舞斗志，推动工作的进展。

第二，行政执行评估可以及时揭露出执行工作中存在的缺点和错误以便总结经验教训，实现从感性认识到理性认识的飞跃，从而提高自己的思想水平和工作能力。

（二）行政执行评估的基本内容

行政执行评估，无论是阶段性工作评估还是行政执行工作结束后的评估，其具体内容主要包括以下几项。

1. 对行政执行工作进行全面检查

即对执行工作的完成情况和工作成果进行全面的检查和核实，也就是从数量、质量、速度、效果、效率诸方面进行考查和核实，验证是否完成了预定的目标和任务，是否与原计划相符，是否执行了有关的政策和规定，整个工作是否达到了进度快、质量高、效果好的要求。总之，工作考核必须严肃认真，必须如实具体，用事实、数据说明问题。

2. 对行政执行的结果做出实事求是的评定

即依据考核的结果，对行政执行情况做出实事求是的评定，区分优劣，为奖励惩罚提供客观依据。评定工作一定要客观公正、科学合理，否则就达不到鼓舞先进、鞭策后进、提高工作效益的目的。

3. 总结经验教训

即在工作考核和评定的基础上，实事求是地肯定成绩，指出存在的问题，分析原因，总结经验教训，研究进一步改进工作的方法和措施。

（三）行政执行的评估方法

1. 对发扬民主，走群众路线的评估

行政计划的执行要依靠群众，发动群众来做。行政执行工作评估也必须依靠群众，发动大家来总结评估。因为群众是行政计划的具体执行者，最了解情况，最有发言权。只有充分发动群众，同时，也只有通过群众性的评估活动，才能提高工作人员的参与意识和主人翁责任感，才能提高其思想水平和工作水平。所以，工作评估一定要走群众路线，充分发挥民主，不能只是几个领导人说了算，否则，就失去了工作评估的真正意义，也达不到评估的真正目的。

2. 自下而上的评估和自上而下的评估

自下而上的评估方法就是首先由基层单位做起，然后由上级集中起来加以综合研究分析，做出本单位、本部门的工作评估或工作总结。自下而上的评估方法的优点：它不仅使评估工作建立在坚实的群众基础上，而且能够正确地找出工作中的缺点和错误，认真地分析和总结经验教训，充分地发挥和调动下级机关和工作人员的工作积极性、主动性和创造性。

自上而下的评估方法，首先由上级机关做出总结，然后用文字或口头传达下去，给下面的评估指出方向，指导下面的评估工作。不过这种自上而下的评估方法必须以对下情充分了解和深刻分析为基础，在评估过程中尽可能地用各种方式吸收下级机关和群众的意见，否则，就会使评估脱离或背离实际。

3. 领导亲自动手评估

行政领导者在行政行动中居于主导地位，起着统筹全局、指挥、协调、监督、控制的作用。因此，对全局有着比较透彻的了解，容易抓住关键，总结评估出新的经验。同时，领导者亲自评估可以提高领导者的认识，有利于改进工作方法。所以，在评估工作过程中，应倡导领导者亲自上阵，带头搞好评估总结工作。只有这样，才能真正体现领导者的思想和意志，有效地推动和改进今后的工作。

4. 面向未来，总结评估

工作评估不是为评估而评估，而是为了把今后的工作做得更好，开创新的局面。因此，在评估方法上，应着眼于未来。要把历史作为一面镜子，观察未来的发展，善于从历史的经验教训中找出对未来最有指导意义的东西，作为总结的重点。对于过去出现的问题，应把它放在当时的历史条件下，用历史的观点加以分析和对待。对于成绩、错误，都应以现实情况为立足点，而不要过多地纠缠历史旧账或躺在过去的功劳簿上。

第二节 行政协调的原则和类型

一、行政协调的性质与作用

（一）行政协调的含义

行政协调就是调整行政系统与其外部环境之间、行政系统内部的各种关系，使之分工合作、相互配合、协同一致，有效地实现行政目标的行为。

行政协调是行政管理的一个重要职能。它与组织、计划、控制等一起构成行政运行的完整的职能体系。在具体管理实践中，无论是高层管理，还是中层管理、基层管理，无论是经济行政、社会行政，还是文化行政，无论是行政决策、行政执行，还是行政监控，都需要行政协调。可以说，行政协调涉及行政管理的各个方面，贯穿了行政管理的全过程和各个环节。正是在这个意义上，许多管理学家将行政协调视为行政管理的本质特征之一。

（二）行政协调的必要性

行政协调是现代国家行政发展的一个必然需要和结果。具体而言，行政协调的必要性直接来源于下列因素。

1. 行政环境的变化和不确定性增大

与传统政府行政的环境相比，现代行政系统所面临的环境变得更加动荡和更具有不确定性。社会变迁速度的加快，变革程度的剧烈，变革范围的扩大和多样化的加强，都表明了行政环境的复杂性。在这种情形下，政府行政如何使之适应外在环境的变化，进行不断的调整，实现行政与社会大系统的协调并协调社会发展中的诸种关系，显得尤为重要。

2. 政府职能的扩大和政府管理事务的复杂性增强

现代社会，行政权力和行政活动扩展，行政权力及其活动大量介入国家事务和社会事务，行政职能已从传统的维持秩序、防卫、公共工程、税收扩展为建设国家、管理经济、促进福利、保护环境等诸多领域。与此同时，政府所管理事务的复杂性增强，要完成和实现政府的职能需要有组织的整体行为，而非一个个体或一个团体单独的、离散的行为。例如，调节社会的经济活动和经济关系，需要国务院、中央各有关部委、省市政府及其各有关厅、局或相关机构共同完成，这需要大量的协调工作。

3. 行政发展的专业化和规模的庞大

随着职能的扩张，行政组织的规模庞大，专业化程度提高，形成了许许多多结构复杂、分工细致，门类繁多的专业部门。一方面，这种现象提高了政府管理的专业化水平，有利于提高效率；另一方面，分工和专业化不可避免地形成职权交叉、部门主义、本位主义、部门利益和地区利益。在此情况下，工作时不易实现相互配合，没有行政协调是不可能保障整个行政系统的有效运转和协同一致的。

（三）行政协调的目的和作用

1. 行政协调的目的

行政是由许多相互制约、相互联系的因素所构成的庞大系统，是体现系统要素之间相互协作关系的统一整体。行政系统各组成部分之间的相互作用，必然产生某种整体的效应。这种效应表现为行政组织系统的整体功能不等于组成该系统的各组成部分的功能的简单相加。这种非相加性有两种可能：一是整体功能大于各部分相加之和；二是整体功能小于各部分相加之和。前者来自行政系统内部各部门和成员之间的协作与协调，后者则是行政系统内部各部门之间的力量相互抵消、内耗造成的。

行政协调的根本目的就在于减少行政系统内部各种因素间的功能损耗，使行政系统内部协调有序地运转，通过建立和谐、相互依赖和配合的关系，使行政系统的整体功能实现现代化。

2. 行政协调的作用

行政协调的作用具体表现在以下几方面。

（1）使各行政部门、各单位人员之间在工作上能够密切配合，分工合作，避免事权冲突。

（2）消除各部门在人力、物力、财力和时间上的浪费，避免工作的重复和摩擦，提高效率，增进效益。

（3）调节人与人之间的关系，使人与人之间在思想上达成共识，在行动上谋取一致，在利益上求得平衡，使相互之间紧密团结、相互理解与支持，增强组织的内聚力。

（4）通过协调，使各部门职责分明，工作程序明确，恪尽职守，使行政管理实现有序化。

总之，行政协调可以减少管理过程中的功能损耗，有助于建立结构完整、分工合理的行政体系，促使体系灵活、高效地运转，提高行政效率，保障行政系统整体职能的实现。

二、行政协调的基本原则

在行政管理活动及其过程中，不协调和无序的表现是多种多样的。这便要求政府各部门及其领导人员从具体实际问题出发实施有效的协调。在具体的协调过程中，应把握和遵循的基本原则包括统筹兼顾，力求平衡；求同存异，灵活权变；客观公正，实事求是，具体见表 6-3。

表 6-3　行政协调的基本原则

原则	含义	基本内容
统筹兼顾，力求平衡	协调整体与局部、重点与非重点、眼前利益与长远利益关系的准则	● 必须从整体利益出发，全面考虑，统筹安排，局部利益要服从整体利益；在实现整体利益的同时，顾及局部和个体的利益 ● 行政协调要处理好管理工作重点与非重点的关系，在解决重点问题的同时，带动并解决非重点问题 ● 行政协调要协调好眼前利益与长远发展的关系，使眼前利益、当前工作为长远战略目标服务，克服急功近利以及行为的短期化
求同存异，灵活权变	在保证政令统一的前提下，允许各部门在管理上的灵活性和创造性	● 求同的目的在于寻找协调对象之间一致之处、共同点和共同的利益，以此作为协调的基础和出发点，从而谋求问题的解决 ● 求同不等于搞一种管理模式，更不是采取一刀切的办法解决问题，而是求大同，存小异 ● 在追求管理整体效益的过程中，承认利益、行为思想等方面的差异，从而使行政管理因地制宜、因时制宜，灵活权变
客观公正，实事求是	管理者在协调各种关系矛盾和冲突中，客观公正，实事求是	● 遵循制度，信守原则，以公共利益为出发点，处理问题和矛盾 ● 秉公行事，既不以私害公，亦不假公济私 ● 在解决问题时，涉及的部门和人，均应本着协商、尊重、信任的态度，实事求是，面对现实，相互谅解，以谋取共同的利益

三、行政协调的模式类型

行政协调模式反映了在不同情景下行政协调所面临的主要问题，以及行政协调的途径和方法。它是对现实行政协调活动及其行为的理论概括。在现代社会中，国家行政系统是由组织结构、运行程序、人员等要素组成的，是与外界行政环境发生相互作用的一个开放系统。

行政协调主要有以下四种基本模式：以适应–平衡为中心的行政协调、以系统结构为中心的行政协调、以行政程序（行为）为中心的行政协调、以行政人员为中心的行政协调。具体见表 6-4。

表 6-4　行政协调的模式类型

模式	含义	基本内容
以适应–平衡为中心的行政协调	随着行政环境的发展，政府的行政系统要适时调整自己的功能和结构，使行政外部环境保持动态平衡的关系	● 行政反馈。行政系统的运行是一个“输入、转换、输出”的过程。行政系统的运转，有赖于信息的输入和反馈 ● 行政功能分化。这是行政体系在社会发展过程中对日益增长的社会需求所要做出的反应，其直接结果是提高行政体系对外界环境的适应性和调适的能力 ● 行政参与。社会公民、团体和各种组织通过各种渠道和形式，直接或间接介入政府行政决策及其行为，使参与成为谋求协调的一个重要途径 ● 行政委托。行政系统减少自己的权限，缩小范围，将行政权力下放或者委托给有关社会组织
以系统结构为中心的行政协调	组织层级结构的协调	● 权力委任。把工作或职责委托给下级，把权力或职权委任下级行使，并为权力委任者建立义务和责任 ● 行政分权。把决策权力下放给下级组织单位，使下级具有一定程度的独立自主的权力，从而发挥其主动性、创造性 ● 行政督导。上级部门通过等级结构的层级控制发出指令，引导和监督各管理层级的活动 ● 政府会议制度。以政府首脑或行政首长主持下的会议，作为协调政府运转的中枢机构 ● 委员会制度。为了加强政府职能部门之间的横向沟通与协调，设立各种委员会，向政府提供方案，并对决策起监督、检查的作用 ● 部际委员会。大多数国家均设立了跨部门的部际委员会，给部门之间平等的协调提供了必要的手段和条件

续表

模式	含义	基 本 内 容
以系统结构为中心的行政协调	横向部门结构之间的协调	● 职能部门协调。通过授权，授予有关职能部门在某一方面的综合协调权 ● 行政改组。通过撤销、合并，按照职能完整统一原则，理顺各部门之间的关系，使部门之间形成紧密的联系
以行政程序（行为）为中心的行政协调	对于行政过程中行政决策的协调，一个重要的途径是建立决策协调机制	● 行政监测网络系统。建立行政监测网络系统，对决策及其运行进行经常性的监测，并对决策或政策问题进行反馈和修正 ● 社会发展指标体系。为制定社会发展战略决策、制定政策提供依据，并及时发现不协调的问题，采取对策保证社会协调发展 ● 团体决策。对于行政目标的确立、政策的规划、决策的制定以及重要问题的解决等通过民主参与，以团体决策的途径制定或选择
以行政人员为中心的行政协调	核心是化解人与人之间的矛盾和冲突，从而使组织有一个良好的人际环境和组织气候	● 尊重人格。行政组织中的人员在人格上是平等的，只有互相尊重人格，才能产生合作精神及集体意识 ● 共同利益。把机关视为一个利益共同体，满足人们在物质精神上的双重利益 ● 积极鼓励。对人的管理要以积极鼓励的方式来激发人的动力，而非消极的惩罚或制裁 ● 意见沟通。通过充分的意见交流，相互之间达成共识、了解，从而在行动上谋取合作 ● 参与管理。应赋予机关人员参与管理的权利，使人的潜能和智慧得以发挥，从而培养合作的意识和精神

第三节　行政沟通的过程和技巧

行政沟通行为是政府机关组织及其工作人员在政府系统内部以及政府系统与其他社会系统之间，凭借一定的媒介，交流、传递政策信息和思想观点，以达到相互理解、协同合作，最终实现政府管理目标的一种管理活动和过程。

一、行政沟通的性质与作用

沟通是指人与人之间意义的传递与理解。完美的沟通是人或组织把理念、思想、创意传递给受众，使受众群体所感知到的心理图像与传递者发出的意思完全一样，俗称“打动人心”。

（一）沟通过程模型

信息沟通过程模型包括七个部分：信息源发送者、编码、信息、信道、解码、信息接收者和反馈。

（1）信息源发送者。信息源发送者是指具有传递信息需求的主体。

（2）编码。由于信息本身是抽象的，所以首先要考虑的是寻求一种适宜的载体将信息编制成信码，如文字、图像、声音和色彩等。这一步骤叫编码。即把需要传递的信息用一定的符号来表现，以便于受信者了解。

（3）信息。信息事实上是经过信息源编码的物理产品，如所要传递的情报、指令、数据、意见等。

（4）信道。信道是指传送信息的媒介物，它是由信息源选择的，是传递信息的通道和载体，如文件、报纸、邮件、告示等。

（5）解码。解码是指在信息被接收之前，接收者必须先将信道中加载的信息翻译成他（她）理解的形式，即对信息的解码。受信者对信息进行翻译或判断，转化为自己能理解的东西。

（6）信息接收者。信息接收者是信息指向的客体，指获取信息并随之与信息源相关联的机构或个人。

（7）反馈。被解码的信息返回到信息源的过程叫反馈，以便发信者根据受信者的反应，对沟通进行调整和适应。因此，行政沟通实质上是一个信息传递、接收和反馈的过程。

（二）行政沟通的含义

所谓行政沟通，是指国家行政体系与外界环境之间、行政体系内部各部门之间、层级之间、人员之间凭借一定的媒介和通道，传递思想、观点、情感，交流情报信息，以期达到相互了解、支持与合作，谋取行政体系和谐有序运转的一种管理行为或过程。简言之，即行政系统内、外信息之间的交流和传递。

行政沟通行为既可能存在于行政系统内部行政机构与行政机构之间，也可能存在于行政人员与行政人员之间；既可能存在于行政领导者与被领导者之间，也可能存在于同级别的行政机构或行政人员之间；同时，它还可能存在于行政系统与行政环境之间。

（三）行政沟通在行政协调中的作用

行政沟通对于任何一个行政系统及其运行来说都是非常必要的，行政系统经常表现出种种不协调现象，这种不协调现象的产生有许多原因，但其中的一个重要原因就是行政沟通不善，行政系统与环境之间、行政系统内部的工作人员之间，缺乏认识上的一致，从而产生各种不协调。

行政沟通行为的目的就在于促进行政系统内部的思想一致和行动协调，促进行政系统内外的关系和谐与协调发展。行政活动的高绩效有赖于行政组织中人与人之间、人与组织之间、组织与组织之间的有效沟通。

行政沟通是行政系统的神经，它与行政协调密不可分。协调在于谋取行动上的协同一致，沟通在于求得思想和意识上的共识与了解。从一定程度上讲，行政沟通是行政协调的关键方法与途径，行政协调是行政沟通的结果。具体来说，行政沟通对行政协调的作用体现在以下方面。

（1）在环境复杂多变的情况下，通过行政沟通，了解问题，发现问题，制定科学决策与计划，实现决策协调。

（2）现代行政组织庞大，人员众多，事务复杂，专业化程度高，利害冲突、意见分歧极易发生，行政沟通即在于消除这种弊病。

（3）行政的本质在于协作，意见沟通在于达到思想上的一致和相互了解与合作。

（4）行政沟通可增进行政人员的了解与信任，使人际关系得以改善，增强团体感、责任心、士气和服务精神。

二、行政沟通的特点、类型与形态

（一）行政沟通的特点

1. 交互性

在行政沟通过程中，任何一个行政机构和行政人员既是行政沟通信息的发出者，又是行政沟通信息的接受者，都在不同程度地履行着双重活动，这是行政沟通行为交互性的体现。

2. 媒介性

任何行政沟通行为的发出和实现都必须借助一定的媒介，包括语言、文字、体态、光信号等，在互联网迅速发展的今天，网络已成为行政沟通的一种重要媒介，大大提高了行政沟通的速度和效率，减少了沟通的中间层次，避免了因信息的层层过滤、多级传递而引起的失真。

3. 目的性

行政沟通行为的发出总是具有一定目的和意义的，这既是提高政府机关行政效率的必然要求，也是服务于社会公共利益的需要。另外，行政沟通是需要成本和代价的，因此，行政沟通行为不能漫无目的地随意发出，需要以完成行政任务、达到组织目标为方向和目的。

（二）行政沟通的类型

表 6-5 中列出了行政沟通的类型及其基本内容。

表 6-5　行政沟通的类型及其基本内容

类　型		基 本 内 容
正式沟通与非正式沟通	正式沟通	● 正式沟通是指通过正式组织程序，按组织规定的线路和渠道所进行的信息传递与交流 ● 正式沟通的特点是正式、严肃、约束力强，重要的信息常采用这种形式，其缺点是沟通的速度慢、刻板
	非正式沟通	● 非正式沟通是指在正式规定的渠道以外的信息交流和传递，它不受组织监控，自由选择沟通渠道 ● 非正式沟通具有灵活、迅速、程序简便的特点，其缺点是不能控制，信息失真、歪曲，小道消息和流言蜚语易于传播
单向沟通与双向沟通	单向沟通	● 单向沟通是指发信者向受信者发出信息，发信者与受信者的方向和地位不变，双方不存在任何反馈的沟通过程 ● 其优点是沟通快捷，发送信息的一方不会受到另一方的批评或挑战，可以维护行政领导的尊严；其缺点是沟通意见可能不一致
	双向沟通	● 双向沟通是指发信者和受信者的方向和地位不断互换，双方进行信息交流，得到信息反馈的沟通过程 ● 其优点是对沟通意见可以获得比较正确的了解，受信者对接受信息有辨别是非的机会；其缺点是发送信息者容易受到批评
上行沟通、下行沟通与平行沟通	上行沟通	● 也称为向上沟通，是指在行政组织中下级向上级汇报情况、反映意见、表达态度的程序 ● 这种沟通由于角色地位感，容易产生心理距离及沟通障碍，在传统组织中一般不被重视，比较脆弱
	下行沟通	● 也称为向下沟通，是指在行政组织中，行政领导向下级传达组织目标、方针、规章、程序、通知等的过程 ● 传统组织结构更偏重于下行沟通，它可以增进上下级之间的相互了解，并增强下级行政人员的参与感
	平行沟通	● 即行政组织内部同级之间或者不相隶属的各单位之间的横向沟通程序 ● 它可使办事程序简化、节省时间、提高效率，并增强合作，能比较迅速地处理工作事务

（三）行政沟通的形态

沟通网络形态是指商务沟通中的线路结构、信息流动的通道。主要有五种模式：圈式、链式、量式、轮式和全通道式。

1. 圈式沟通

圈式沟通是沟通活动主体与客体秘密交换信息的沟通网络，是一种原始沟通形式。它仅局限于信息互换的目的，常常变成联络感情的手段，形成一个封闭圈。

2. 链式沟通

链式沟通是严格遵循正式的命令系统，形成信息沟通网络，能保证信息的精确性。

3. 量式沟通

量式沟通是以沟通活动主体为核心放射状与客体之间保持单线联系，客体之间不发生联系，是一种集权式沟通形式。

4. 轮式沟通

轮式沟通把沟通活动主体作为所有群体沟通的核心，是一种全方位的信息沟通，所有成员都有均享信息的权利。

5. 全通道式沟通

全通道式沟通是指允许所有的群体成员相互之间进行积极沟通的网络形式。它是在圈式沟通和量式沟通的基础上发展而来的，它实现了从直接沟通到间接沟通的发展。在这个网络中，沟通活动主体和客体通过上传下达的方式进行直接或间接的信息交换。

研究表明，每种沟通类型各有长短，没有一种类型在所有情况下都是最好的，应根据具体情况，多种结合，综合运用，扬长避短，充分发挥最佳的综合作用。

三、行政沟通的方式与过程

在现实的行政沟通活动中，往往存在许多障碍，这些障碍有的来自沟通者的主观方面，如个性、知识、经验、态度；有的来自客观方面，如空间上的距离、机构庞大、层次过多、渠道不畅、语言障碍等，诸如此类的因素都影响着沟通的效果。因此，通过研究行政沟通的方式与过程，可以改善和提高沟通能力。

（一）行政沟通的方式

沟通是信息在两个或两个以上的个人或组织中传递交换的过程，其方式多种多样，在行政组织中主要有以下几种沟通方式：书面信息沟通与口头信息沟通，非言语沟通、元信息传递和辅助语言系统，电子网络沟通。具体见表 6-6。

表 6-6 行政沟通的方式及其基本内容

类型	方式	基本内容
书面信息沟通与口头信息沟通	书面信息沟通	● 书面信息沟通是指以文字的形式进行信息交流。这种沟通包括信函、便函、报告、摘要、会议记录、新闻稿和计划书等 ● 书面信息沟通具有权威性，在传递过程中不易歪曲，易于长期保存，但它对文字的依赖性强，时效有限，应变力弱
	口头信息沟通	● 口头信息沟通是指以语言的形式交流信息，包括当面交谈、面试、会议、简报、演讲和演示等 ● 口头信息沟通灵活迅速，简便易行，可以提高沟通效果。但这种沟通范围有限，信息保留时间短，受空间限制
非言语沟通、元信息传递和辅助语言系统	非言语沟通	● 非言语沟通是指由个体的躯体各部位所发出的身体语言，它涉及手势、面部表情及其他身体动作，它通过动作和表情与人交流思想 ● 非言语沟通具有三种功能，一是修饰、肯定或否定语言手段；二是直接代替语言手段；三是表达语言所难以表达的思想感情

续表

类型	方式	基本内容
非言语沟通、元信息传递和辅助语言系统	元信息传递	元信息传递也属于非语言符号系统，动态无声的皱眉、微笑抚摸或静态无声的站立、倚靠、坐态等，以及眼镜、口红、发型等附加物在交往中都能起到一定的作用
	辅助语言系统	● 辅助语言系统是指音质、音幅、声调及言语中的停顿、速度快慢，附加干咳、哭或笑等 ● 辅助语言系统能强化信息的语义分量，具有强调、迷惑、引诱的功能
电子网络沟通	手机、计算机	● 电子网络沟通是指以电话、传真闭路电视、计算机网络为媒介的沟通 ● 这种沟通方式传递快速，信息容量大，可以对多人同时进行远程沟通，廉价高效。其缺点是单向传递，缺乏面对面交流的亲切感

在行政组织的正式沟通中，以上几种沟通方式都是十分经常且必要的，多种方式通常结合在一起使用。比如，行政会议是以口头沟通为主要形式的，但是会议过程中往往借助文字沟通形式，给与会人员分发文件和图表等，发言人还可以借助肢体语言、语调来强调自己的观点，表明态度，帮助接受者更好地理解所要传达的信息。

（二）行政沟通的过程

行政沟通的过程就是信息发送者将信息传递给接收者的过程，它不仅是一种逻辑的传递，还是一种理性与感性的混合交流过程。行政沟通主要包括以下几个阶段。

1. 信息发送者意愿的形成

信息发送者首先决定发送信息的内容，内容越简单明了，则越容易被接收，效果也就越好，与此同时，还受到发送者的性格、知识、经验和能力等因素的影响。

2. 信息发送者选择传递信息的媒介

媒介的选择直接关系到发送信息的效果，所以选择时应该十分慎重，要根据接收信息者的接收能力、接收规模和发送信息的性质灵活选择。

3. 发送者将信息编译成接收者可以理解的符号

这些符号包括文字、图表、照片等。

4. 确定发送信息的时间、途径和方式

信息的发送效果与发送方式、途径和时间关系密切，同一个信息可以由发送者直接向接收者传递，也可以由中间人通过媒介来传递。一般来看，直接发送的效果比间接发送的效果好，因为信息在传递的过程中难免失真，传递的中间层次越多，失真性越大。

5. 接收者接收信息

接收者根据信息的传递方式、途径来选择相应的接收方式，尤其是当传递信息是采用口头方式时，要注意认真听并做好记录，以免丢失。

6. 接收者将信息再编译为具有特定含义的信息，即对信息的再理解

接收者收取信息之后，并不是一成不变地保存下来，而是在理解、重新解释的基础上重新编译，成为自己的东西。一般在接收信息过程中有四种情况：一是完全理解发送者的意图，并认为发送者的意愿是正确的，从而乐于接受这一意愿。二是部分了解发送者的意图，并认为合理，从而部分接受。三是了解发送者的意图，但是认为不正确或是不完全合理，因而拒绝接受。四是误解了发送者的意图，且认为发送者的决定或意见不合理，因而拒绝接受。

7. 接收者采取行动

沟通的目的并不是传递信息，而是使接收者认同任务或决定采取一致行动去完成工作。接收者采取的行动有积极行动和消极行动之分。积极行动就是赞同发送者的意图并采取一致行动来支援发送者，消极行动则是在不同意发送者意愿的前提下采取行动，反对或者不采取任何行动来表示反对。

8. 发送者通过信息反馈来了解所传递的信息被接受的程度

一般来说，行政沟通过程存在很多干扰和扭曲信息传递的因素，这使得沟通的效率大为降低，因此，发送者有必要了解信息被接受的程度，从而构成信息的双向沟通。

相关链接

非言语沟通练习

在沟通中，缺乏非言语沟通时，会导致沟通障碍。这一练习帮助你认识到人际关系中非言语沟通的价值。

（1）把全班学生分为 两组（A 方和 B 方）。

（2）A 方从下面列出的主题中选择一个主题。

a. 管理中东员工与管理北美员工大相径庭。

b. 有时组织中的员工流动是件好事。

c. 组织中的某些冲突是有利的。

d. 组织内部的告密者常常对组织弊多利少。

e. 官僚机构不利于工作。

f. 雇主有责任为每一名员工提供有趣而且富有挑战性的工作。

g. 每个人都应该参加投票选举。

h. 组织应要求所有员工定期接受艾滋病检查。

i. 组织应要求所有员工定期接受毒品检查。

j. 学商业或经济学的人比学历史或英文的人工作干得更好。

（3）B 方根据 A 方选出的主题提出一种观点（比如，不同意“组织中的某些冲突是有利的”），A 方必须持与 B 方相反的观点。

（4）双方根据这一主题相互辩论，时间为 10 分钟。要注意，每个人都只能使用言语沟通，而不能使用手势、面部表情、身体语言及其他非言语沟通，每个人都把手背在后面以防干扰。

（5）辩论结束后，在课堂上讨论下面几个问题。

a. 在该辩论中，沟通的效果如何？

b. 在沟通中存在什么障碍？

c. 非言语沟通有利于什么目标的实现？

d. 用在该练习中得到的经验，解释电话或电子邮件沟通中可能出现的问题。

◎ 案例讨论

为什么要暴力拆迁？

新华网 北京2004年6月4日电 对××县房屋拆迁中损害群众合法权益问题，中央高度重视。根据国务院领导的批示，湖南省政府、建设部联合调查组通过深入细致的调查取证工作，基本查明主要违法违规事实。调查表明，这是一起集体滥用行政权力、损害群众利益的违法违规事件。

××县珠泉商贸城是一个以商业营业用房为主的房地产开发项目。现已查明，××县在未进行规划项目定点的情况下，为开发商发放“建设用地规划许可证”；先办理“建设用地批准书”，再补办土地使用权挂牌出让手续；在开发商未缴纳土地出让金的情况下，发放“国有土地使用证”。在缺乏拆迁计划、拆迁方案和拆迁补偿安置资金足额到位证明等要件的情况下，为拆迁人发放“房屋拆迁许可证”；在没有按规定程序举行听证的情况下，对11户被拆迁人下达强制拆迁执行书。在项目实施过程中，县委、县政府滥用行政权力强制推进房屋拆迁，2003年12月份以来，先后对11名公职人员进行了降职、调离原工作岗位到边远乡镇工作等错误处理，并错误拘捕李××等3人。

××县拆迁中的问题经上访群众反映后，上级有关领导和部门曾多次责令纠正，但××县委、县政府对上报告已经进行了自查自纠，实际却继续加大行政介入力度。在媒体对拆迁事件曝光后，××县委、县政府有关领导不能正确对待舆论监督，依然一意孤行，这些行为不仅损害了干部群众的合法权益，也造成了极为恶劣的影响。

根据《中国共产党纪律处分条例》《国家公务员暂行条例》的有关规定，经湖南省委常委会研究决定，已责成有关方面按规定程序撤销周××中共××县委委员、常委、书记职务；撤销李××中共××县委委员、常委、副书记职务，并依法撤销其县人民政府县长职务；给予李××党内严重警告处分，责令其引咎辞去中共××县委副书记、××县人民政府常务副县长职务；给予中共××县委常委、政法委书记周××留党察看一年处分；给予雷××党内严重警告处分，免去其××县人民政府党组成员、县长助理、城关镇党委书记职务。对涉嫌触犯刑律人员的刑事责任，由司法机关调查后做出决定。对其他有关单位和人员的问题，将由有关部门继续调查处理。

国务院高度重视这起事件，表明了党中央、国务院严肃法纪、依法行政的决心。湖南省委、省政府表示要从这起事件中吸取教训，举一反三，引以为戒，继续深入查处有关人员的违法违规问题，强化依法行政的教育，维护人民群众的合法利益。

（资料来源：搜狐新闻：http//news.sohu.com/1/0504/77subject220147758.shtml）

讨论题：

结合事件，分析在行政执行中应该如何防范行政执行权力侵犯公民权利的现象？行政执行的强制性在具体的行政执行中如何应用？

◎ 实训活动

一、实训目的

行政秘书的协调与沟通能力训练。

二、实训内容

在一个模拟办公室环境下，各部门主管例会正在召开，总经理秘书某某主持讨论，大家纷纷踊跃发言。公司将举办一个新产品的展示宣传活动，需要各个主管讨论并制订一个具体计划，当讨论到这一问题时，生产部门主管与销售部门主管的意见出现了分歧。他们对展览地点的选定产生了不同意见，发生了争吵而且愈演愈烈。这时，秘书就要发挥其行政协调与沟通的能力，运用适当的语言和方法，控制这种争吵的局面，调节会场气氛，使会议顺利举行。

三、实训设施及工具

行政管理实训室、新产品的样品、展示宣传活动材料。工具：圆形会议桌、椅子、投影仪、文件材料等。

四、实训指导

（一）情节

每组同学在做游戏时，大家对会议的议题进行积极讨论，踊跃发言。当涉及某一问题时，两位同学产生不同意见，你一言，我一语，各有各的道理，谁也不服谁。这时，扮演秘书的同学就要赶快设法控制这种紧张的局面，制止更加严重的事情发生。要求比较哪一组的秘书能在最短的时间内控制住争吵。

（二）规则

每位同学都要十分投入，踊跃发言；扮演争吵者的两名同学要坚持自己的意见并把握住分寸，适当接受秘书的劝解；扮演秘书的同学作为主角，要根据自己的能力，充分发挥沟通与协调作用，利用所学的知识，并运用各种行政协调的途径和方法以及各类行政沟通的技巧和艺术。

（三）角色分配

游戏分为 3 组，每组 5～6 人，每次游戏由一组同学进行。

会议主持人：秘书。

与会者：设计部门、研发部门、生产部门和销售部门的四位部门主管。

五、实训点评

（一）游戏目的

作为行政执行的重要角色的行政秘书，要在各种突发的环境下发挥其行政沟通与行政协调的作用。这个游戏培养了行政秘书行政协调与行政沟通技巧的能力。每位同学的能力不同、方式不同，协调与沟通的效果也不同。此游戏可以通过比较，发挥所长，并相互学习，充分体会行政执行的作用，并提高自己的行政执行能力。

（二）指导教师评论

执行过程中的主体是各行政人员，尤其是行政执行秘书。在行政执行的过程中，一支精干的行政队伍必然显示出超强的办事能力和最佳的工作业绩，行政执行的主要环节是行政协调和行政沟通。作为一名行政秘书，要扮演好秘书的角色，在行政执行中就要具有很强的行政沟通与行政协调能力，通过行政沟通处理好各方面的关系，协助行政领导提高行政执行的效率。

六、实训报告

请将实训所得结果填写在实训报告纸上。

◎ 复习思考题

1. 怎样理解行政执行的含义？
2. 简述行政执行的特点和原则。
3. 论述行政执行在行政管理中的地位和作用。
4. 简述行政执行的主要环节。
5. 怎样进行行政执行评估？
6. 简述行政协调的必要性。
7. 简述行政协调的作用和原则。
8. 分析行政协调的主要模式。
9. 简述行政沟通的主要功能和过程。
10. 简述行政沟通的主要类型和特点。
11. 怎样掌握行政沟通的技巧？
12. 结合实际，说明行政执行、行政协调和行政沟通在行政管理中的作用。

第七章

行 政 监 督

◎ 学习目标

- **知识目标**

识记：行政监督、行政绩效评估、行政道德等概念。

领会：行政监督、行政绩效评估、行政道德的特点和原则。

应用：理解行政监督在行政管理实务中的地位和作用，掌握行政监督、行政绩效评估的途径和方法，将其应用于行政管理的实践中。

- **能力目标**

应知：了解行政监督的特点，熟悉行政监督的程序。

应会：学会行政监督、行政绩效评估的方法和技巧。

掌握：掌握行政绩效评估的现代技术，编制行政绩效评估量表。

◎ 情景导入

行政秘书宋敏逐渐成熟，工作越来越出色。在行政管理的实践中，不断积累经验，逐步增长才干，成为既懂理论又有经验的行政管理人才，受到各方面的好评。

在行政反馈环节，发挥自身的理论优势，深刻理解对行政权的监督是建立民主政治的关键，自觉接受来自外部和内部的监督，并引入现代行政理念，开展对政府行政绩效的评估，运用行政绩效评估程序和技术，编制本部门行政绩效评估表，对行政工作进行量化分析，对自己的工作做到定性定量和时时刻刻的监督，在行政监督中养成行政道德自律的作风，使行政主体的素质全面升华。

在行政管理实务中，行政监督的主要功能是对行政决策、行政执行结果的反馈，是对行政权进行监督的重要手段，行政绩效的评估是对政府行政业绩的考核，行政道德自律则是对行政主体素质的提升。行政秘书在行政监督中一方面要配合行政系统外部和内部的监督工作，另一方面要自觉培养自己的行政职业道德。

第一节　行政监督系统

任何管理过程都离不开监督，行政管理过程也是如此。通过行政监督使行政决策效率和质量提高，必然有助于提高整个行政系统的效率，也能够使行政权力的使用更加科学与合理，更能为公共利益服务。

案例分析

2018年审计“利剑”主攻这些方向

“5年来，全国共审计65万多个单位，促进增收节支和挽回损失2.5万亿元，推动健全完善制度2.38万项，移送违纪违法问题线索2.35万件。”这是2018年1月9日审计署党组书记、审计长胡泽君在全国审计工作会议上透露的一组数据，也是党的十八大以来，我国审计事业取得的一张亮眼成绩单。

中央经济工作会议指出，中国特色社会主义进入了新时代，我国经济发展也进入了新时代，基本特征就是我国经济已由高速增长阶段转向高质量发展阶段。那么，2018年审计这把“利剑”应如何为高质量发展保驾护航?

1. 重点关注“三去一降一补”任务完成等情况

审计，是党和国家监督体系的重要组成部分。1983年，审计机关在建立之初，主要是对国务院各部门和地方各级人民政府的财政收支、对国家的财政金融机构和企事业单位的财务收支进行审计监督。随着党和国家事业的发展，审计在国家经济社会发展中发挥着越来越重要的作用。如今，推动我国经济高质量发展，审计更是不可缺位。

2018年是全面贯彻落实党的十九大精神的开局之年，是改革开放40周年，也是决胜全面建成小康社会的关键之年。

胡泽君表示，2018年要扎实开展政策落实跟踪审计，围绕深化供给侧结构性改革，重点关注“三去一降一补”任务完成、“放管服”改革深化、新旧动能转换等情况，聚焦落后产能退出、行政审批制度改革、国有企业兼并重组、房地产去库存等精准发力。

同时，胡泽君还提到，要扎实开展各专项审计。深化财政审计，加强预算执行和决算草案、转移支付、资金统筹整合等审计，推动建立权责清晰、财力协调、区域均衡的中央和地方财政关系；深化金融审计，重点关注信贷流向、信贷资产质量、金融创新、互联网金融、跨境资本流动等，推动提升金融服务实体经济能力。

深化企业审计，加大国企国资和境外国有资产、国有企业境外投资的审计力度，推动国有资本做强做优做大，实现国有资产保值增值；深化民生审计，突出抓好扶贫专项审计，持续加大对医保、养老、保障性住房等民生资金和项目的审计力度，围绕解决不平衡不充分问题，重点关注民生政策贯彻落实、资金筹集管理使用情况等，促进增强人民群众的幸福感、获得感。

2. 围绕打好“三大攻坚战”精准聚焦

日前，中央经济工作会议确定，按照党的十九大要求，今后三年要重点抓好决胜全面建成小康社会的防范化解重大风险、精准脱贫、污染防治三大攻坚战。

“这关系到能否成功跨越我国经济发展现阶段特有的关口，关系到我国经济能否顺利迈向高质量发展阶段。”胡泽君指出，审计署要围绕打好“三大攻坚战”，进一步聚焦审计重点，精准聚焦、靶向发力，在推动打好“三大攻坚战”中积极发挥作用。

胡泽君表示，打好防范化解重大风险攻坚战，重点是防控金融风险，今后，要继续发挥审计专业性强、触角广泛、反应快速等优势，深入揭示风险隐患，及时发出预警。

党的十八大以来，我国已有6 000多万人口稳定脱贫。未来三年是脱贫攻坚的关键时期，我国目前还有3 000多万贫困人口，而且大多属于自然条件差、经济底子薄、贫困程度深的地区。越往后脱贫成本越高、难度越大。

对此，胡泽君提到，要持续组织开展扶贫审计，实现对贫困地区审计全覆盖，重点关注精准扶贫、精准脱贫政策措施落实情况，揭露扶贫资金被挪用滥用、贪污侵占等问题，揭露作风不实、搞形式主义、弄虚作假甚至失职渎职等问题，推动追责问责，让脱贫成效真正获得群众认可。

日前，中共中央办公厅、国务院办公厅印发了《领导干部自然资源资产离任审计规定（试行）》，这为审计机关打好污染防治攻坚战提供了新契机。“打好污染防治攻坚战，我们要不断创新审计方式方法，推动各级领导干部牢固树立‘绿水青山就是金山银山’的意识，促进加快生态文明建设，推动实现经济发展和环境保护双赢。”胡泽君说。

3. 促进激发各类市场主体活力

近年来，各类新产业、新业态、新模式层出不穷，培育了经济发展新动能，为我国经济稳定增长撑起一片新天地。2018年继续加大对新动能成长的支持和保护力度，这是审计机关的重要着眼点。

“要促进激发各类市场主体的活力，推动社会主义市场经济健康发展。”胡泽君说，发展社会主义市场经济，必须充分发挥市场在资源配置中的决定性作用，更好发挥政府的作用，实现各类市场主体公平竞争、平等保护。

胡泽君提到，要围绕加快建设创新型国家，重点关注科技体制创新、企业科研投入等，着力揭示科技经费管理、科研人员薪酬等方面制约人才智慧发挥和合理流动的体制机制障碍，促进激发科研人员的积极性和创造性，推动“双创”新发展。

胡泽君表示，2018年要创新审计理念，突出审计重点，依法全面履行审计监督职责。要积极推进大数据审计，研究探索数据共享的方式和途径，提高数据运用的便捷性，增强审计人员大数据分析能力，实现数据的有效运用；探索多维度、智能化数据分析方法，加强各领域、各层级、各系统间数据关联分析，提高发现问题、评价判断、宏观分析的能力，提高对风险因素的感知、预测、防范能力。

（资料来源：2018年审计“利剑”主攻这些方向. 光明日报，2018-01-10（10）.）

分析：审计监督正成为我国行政内部监督系统中一支重要的力量。在行政内部监督系统中，审计监督属于专门监督，审计署依法对各级行政机关、各企事业单位和社会团体的财务收支、经济效益、财经法纪等情况进行专门的稽查和审核，有助于保证国家财产的合理、合法使用，监督国民经济良性健康发展，为国民经济发展保驾护航。

一、行政监督概述

在行政管理过程中，在领导、决策、执行、反馈的同时必须对行政过程中的各个环节实行内部监督。同时，还要接受来自行政系统外部的监察和督导。行政监督的实施，不但有效地保护了国家政府、各社会团体和公民的利益，而且还对行政法制化建设起到很大的促进作用。在当代社会行政管理活动日益繁杂的情况下，行政监督的重要意义表现得越来越明显。

（一）行政监督的含义与特点

1. 行政监督的含义

行政监督就其含义来讲有广义的行政监督和狭义的行政监督之分。广义的行政监督是指立法机关、行政机关、司法机关、社会政党、社会团体、群众组织、公民、社会舆论等多种政治力量和社会力量对国家行政机关及国家行政工作人员的行政行为所实施的监察和督导。狭义的行政监督仅指行政机关内部对自己及其工作人员的行政行为所实施的监察和督导。

行政监督是指对国家行政机关及其工作人员的行政管理活动依法实施的监督，既包括国家行政机关内部上级行政机构对下级行政机构的监督、专业行政监督机构对其他行政机构和行政人员的监督、行政领导者对被领导者的监督和被领导者对领导者的监督，也包括行政机关以外的政党组织、社会团体、大众媒介和公民对行政机关及其工作人员的行政管理活动依法实施的监督。

2. 行政监督的特点

（1）行政监督的主体具有广泛性，既包括行政机关内部的监督主体，也包括行政机关外部的监督主体，体现了监督主体的多样性。

（2）行政监督的对象是行政管理机构和行政管理人员及其行政管理活动，确切地讲，是指国家各级行政机关及其行政人员的行政行为。

（3）行政监督的实质在于对行政权力运用的限制和对行政管理机构与人员的督促。为了对行政权力的运用实施有效的限制，同时督促行政管理机构与人员认真履行职责，按照行政规章和行政规范的要求开展工作，就必须对行政决策和行政执行两个环节实施监督。

（4）行政监督的内容具有广泛性。不仅要对行政机关各部门实施监督，而且还要对行政管理的各个环节实施监督，从而保证行政管理活动能依法办事。

（5）行政监督是一种依法实施的法定行为，具有规范性特征。行政监督是一种法制监督，各监督主体依法享有监督权，是对国家行政机关和国家行政人员在行政活动中遵守法制情况的监督，同时其监督活动是依照法定程序进行的。

（二）行政监督的任务与原则

行政监督的主要任务是防止一切违反国家政策、法规及规章制度的行政行为的发生，及时纠正行政行为中出现的偏差，保障行政目标准确及时地实现。行政监督的基本原则是指行政监督应当遵循的基本准则和指导思想。它对行政监督的实施起着指导和规范作用。

表 7-1 总结了行政监督的主要任务与基本原则。

表 7-1　行政监督的主要任务与基本原则

项　目		基 本 内 容
行政监督的主要任务	执行监督	监督检查对党的路线、方针、国家法律及行政管理法规的贯彻执行情况
	决策监督	监督检查行政决策中，民主化与科学化原则的贯彻情况，提倡科学决策，反对官僚主义，提高行政效率
	权力监督	监督检查行政权力的行使情况，防止滥用职权与失职行为
	人员监督	考察国家行政工作人员的实绩与能力，做出评价，惩处违法乱纪者
	效果监督	通过监督检查，修正错误，纠正缺点，不断提高行政管理的科学手段与方法等

续表

项目		基本内容
行政监督的基本原则	经常性原则	只有经常实施监督才能使行政管理活动按照客观规律正常运行，才能使违法违纪的行政行为得到及时纠正
	广泛性原则	行政监督除监督主体具有多样性外，监督的内容和范围涉及行政管理活动的各个方面和各个环节，必须实施广泛的监督
	公开性原则	行政监督活动应当具有一定的透明度，对政府工作实行公开监督，是民主政治的客观要求
	确定性原则	何种机关对何种机关及其人员实施何种监督，以及某种监督的范围、任务、方法等都必须是具体的、明确的
	有效性原则	监督机关要根据得到的有关信息，及时组织调查研究，发现并查明原因条件，及时实施监督，保证监督的有效性

（三）行政监督的意义与作用

国家行政机关在政治、经济、文化、科技、教育、卫生等诸多方面进行着广泛的行政管理，行使着广泛的行政权力。通过行政监督活动，从一定程度上对行政权力进行有效的制约。加强行政监督，是防止行政权力被滥用的一项十分有效的措施，有利于提高行政效率。

1. 行政监督的意义

（1）通过行政监督加强民主政治建设。建设高度民主的政治体制，行政监督本身即是对使用行政权力的一种监督与制约，也是人民群众广泛参政、议政、监政，参与国家管理的措施和手段，是民主政治建设的重要内容。

（2）通过行政监督，增强国家公务员的公仆意识。实施和加强对行政行为的监督，将行政机关的行政活动置于广大人民群众的监督之下可以增强国家公务员的公仆意识，促进其更好地为人民服务。

（3）通过行政监督，保障行政机关正确地行使权力。通过对行政行为的监督，能够及时发现问题并及时加以解决。防止或纠正违法或者不当的行政行为，使国家行政机关沿着法制的轨道正确地行使人民赋予的权力。

（4）通过行政监督，保护公民、法人和其他组织的合法权益。实施和加强对行政行为的监督，可以尽可能使公民、法人和其他组织的合法权益免受侵害，使受到的侵害得到相应的救济和补偿。

（5）通过行政监督，克服官僚主义和腐败现象。实施和加强对行政行为的监督，可以揭露官僚主义和腐败现象，促进国家行政机关及其公务员提高工作效率，加强廉政建设，积极惩治腐败现象。

2. 行政监督的作用

行政监督的根本作用就在于保障国家机关沿着社会主义方向运行，提高行政系统活动的整体功能和效益，促使各个行政组织按既定目标工作。

（1）预防作用。通过事先的行政监督，把在行政行为中可能出现的失误和违法现象预先消除，确保行政决策和行政管理法规的合理性和合法性。

（2）补救作用。在行政管理的实际活动中，通过行政监督发现失误和偏差，及时纠正和补救。对各种腐败现象要进行及时有效的揭露、追查、惩处和制止，防止今后行政行为中出现更大的失误和损害。

（3）改进作用。通过行政监督，改进工作方式，表扬先进，批评并激励后进，促使国家行政机关的工作人员改进工作、提高素质。

（4）评价作用。通过行政监督的评价作用，可以激励行政机关及其工作人员不断改进行政行为，有利于提高行政组织的整体效能。

二、行政监督的范围、方式和方法

（一）行政监督的范围

行政监督是以国家行政机关及公务员的抽象行政行为和具体行政行为为监督对象的，抽象行政行为即行政立法行为和规定行政措施的行为，具体行政行为即根据法律、法规的有关规定，通过采取具体行政措施的方式来实现的行为，如市场管理、交通违章处理等。

第一，协调有关国家行政机关之间的行政执法活动。目前存在两方面的问题：一是行政执法出现“空当”，许多领域没有执法或一些执法机关因无利可图而不愿执法，致使许多违法行为得不到制裁；二是行政执法重复交叉，致使执法机关之间相互掣肘或互相扯皮推诿，形成内耗，产生矛盾。行政监督就是要责令有关部门对行政执法中出现的“空当”予以补漏，并对行政执法机关间相互推诿的情况予以协调。

第二，撤销违法或不当的、影响行政管理相对人利益的具体行政行为。对公民、法人或者其他组织的复议请求，有关国家行政机关应当依法受理，并做出符合法律规定的复议决定，以保护公民、法人或其他组织的合法权益。

第三，指导监督对象的行政执法活动，处理监督对象在行政执法中越权、滥用职权或失职渎职行为。

第四，研究解决行政法律规范自身存在的问题。例如，对条文规定不具体、不明确，或发现有过时或违法时，应及时研究解决。

第五，监督检查本行政区域内国家行政机关及公务员是否遵纪守法、履行职务，并依法做出相应的处理决定。

（二）行政监督的方式

行政监督的方式是指行政监督的标准过程和手段或方法的总称，由于行政管理的内容多、范围广，因而行政监督的方式也是多种多样的，见表 7-2。

表 7-2　行政监督的方式及其基本内容

方式		基本内容
合法性监督和合理性监督	合法性监督	对行政管理机构所做出的行政决策、裁决、行为和制定的规章、制度、条例等实施是否合乎宪法与其他法律的监督
	合理性监督	对行政管理机构的行政行为，特别是对具体行政行为的合理性实施监督。行政复议制度主要是一种合理性监督
事前监督、事中监督和事后监督	事前监督	在行政管理机构制定行政决策、开展行政行为之前实施监督。最典型的事前监督是听证会制度
	事中监督	在行政管理机构决策与执行过程中所实施的监督。在决策过程中对决策实施监督，在执行过程中对执行活动实施监督
	事后监督	在行政决策或者行为做出之后，相关监督主体实施的监督活动。最典型的事后监督是国政调查
长期监督和暂时监督	长期监督	由常设的行政监督主体对行政管理机构和人员进行的监督活动
	暂时监督	为某一项特别行政事务、行政决策或者突发事件实施的监督和调查，如权力机关代表的质询活动

相关链接

典型的行政监督方式

行政复议制度主要是一种合理性监督。凡是公民、法人和其他组织认为行政机关及其工作人员所做的行政行为侵犯其合法权益并造成损害的，有权依法申请复议。受理复议申请的复议机关是具有层级监督权的机关，即做出该行政行为的行政管理机构所属的上级人民政府或者上一级行政机关。

最典型的事前监督是听证会制度。听证会是由立法机关、国家行政管理机构和某些行政事业性单位根据有关规定，召集社会各阶层、当事人或有关受益者和受害者进行交流与沟通的会议。一般有立法听政、价格听政、决策听政、调查听政等类型。听证会的举行，具有使社会公民和团体了解政府行为过程和信息、参与决策、监督政府行为的作用。

最典型的事后监督是国政调查。国政调查是立法机关就国家官员的行为、重大事件进行调查。现代世界各国，无论宪法有无明文规定，均普遍承认立法机关拥有国政调查权，并形成了比较完善的国政调查程序。

权力机关代表的质询活动是一种较为典型的暂时监督。质询是立法机关对行政管理机构进行检查和监督的一个主要方式。所谓质询，是对被质询机关的工作不清楚、不理解、不满意的地方提出质问，要求被质询机关做出澄清、解释的一种活动。

（资料来源：胡象明. 行政管理学. 北京：高等教育出版社，2005.）

（三）行政监督的方法

许多国家建立的针对行政权力的监督体系是以分权制衡为理论依据的，一方面设置了权力拥有者与权力行使者相分离的体制，另一方面构造起各种权力之间的相互制约与平衡的机制。国外行政监督的主要模式包括宪法监督制度、委任立法制度、司法审查制度、议会督察专员制度等。行政监督的方法多种多样，基本方法有以下三种。

1. 行政命令的方法

这是行政内部监督所采用的特有方式，是由行政管理的性质所决定的。行政命令是指上级行政机关及其领导者对下级行政机关及其工作人员的行政管理活动下达命令，下级行政机关及其工作人员必须服从和贯彻执行。上级行政机关及其领导者如果在监督过程中发现下级行政机关及其工作人员在行政管理活动中出现失误和错误，可以用行政命令的方法责令其立即改正。行政领导所发布的命令，只能在法律所规定的权限范围内行使，否则，其发布的行政命令无效。

2. 法治的方法

法治的方法就是指在具体实施行政监督活动时，必须遵守宪法、法律以及行政管理法规的有关程序和制度。要使法制在行政监督中发挥作用，首先必须制定和颁布完整的、系统的、全面的、科学的行政管理法规，作为行政监督工作的依据。然后进行严格的执法，并对出现的违法行为予以追究。

3. 社会舆论的方法

这是行政外部监督所经常采用的方式。社会舆论的方法主要适用于当行政工作人员在行政管理活动中的行为有明显的不当，但又没有违反宪法、法律或行政管理法规的这种情况，行政监督的主体就应该按照社会道德的标准，利用社会舆论工具对其进行谴责，使其受到警示并加以改正。

三、行政监督体系

由于行政监督主体的多样性，行政监督客体的广泛性，使行政监督活动不只是在一个主体和若干个对象之间进行，而是多角度和多方位的监督过程，这就构成了一个系统，所谓行政监督系统就是行政管理机构内外的监督主体对行政管理进行监督的全面性、综合性和多元性的监督体系。

（一）外部行政监督体系

外部行政监督体系是指由来自行政机关以外的监督主体，为保证行政工作的合法性、正确性以及社会效益而对行政机关及其公务员实施的监督。它主要包括政权监督、政党监督、司法监督、社会监督和舆论监督等。

1. 政权监督

政权监督，是指权力机关对行政的监督，又叫作立法监督，即国家立法机关对行政机关实施的监督。权力机关对行政机关的监督主要是法律监督和工作监督，见表 7-3。

表 7-3　政权监督的类型、方式及其基本内容

类型	方式	基本内容
法律监督	行使立法审查权	对国家行政机关所制定的行政、法规和规章等文件的合法性实施的监督
	行使法制审查权	各级人民代表大会及其常务委员会有权审查同级行政机关颁布的行政管理法规
工作监督	行使计划审定权	听取和审查同级人民政府的工作报告，审查和批准同级人民政府提出的国民经济和社会发展规划及其执行情况的报告
	行使罢免权	全国人民代表大会及地方各级人民代表大会有权罢免本级人民政府的组成人员
	行使质询权	各级人民代表大会及其常务委员会有权依照法律规定的程序提出对本级人民政府及其所属行政机关的质询
	行使视察、检查权	人民代表可以对政府的行政行为进行调查和视察，听取汇报，掌握情况，为审议工作报告、提出议案、讨论问题或质询做准备
	行使受理申诉权	接待信访群众，受理公民对行政机关及其人员的申诉、控告和检举等，并予以处理

2. 政党监督

政党监督是指执政党组织对国家行政机关及其工作人员的监督。执政党是指掌握和行使国家权力，组织成立政府行政管理机构的政党，在当代各个国家，执政党对行政管理机构和行政人员都发挥着十分重要的监督作用。

西方发达资本主义国家大多数实行两党或多党轮流执政的制度，他们对政府活动的监督主要通过两个途径来实现：一是政党可以通过自己所掌握的舆论工具以及党内成员揭露、支持或反对政府的某些政策或行为以达到监督的目的；二是政党可以通过议会等机构对政府进行监督和批评。

中国共产党领导的多党合作和政治协商制度是我国的一项基本政治制度。中国共产党作为执政党主要对自身组织和广大党员、对国家行政机关及其工作人员实施监督。它主要是通过制定路线、方针、政策以及对包括国家行政首脑在内的担任国家行政公职的所有党员的行为实施监督和制约。其监督方式主要有以下几种。

（1）日常监督。其途径主要有两种：一是通过各级党委或党组织经常全面了解、研究党和国家行政机关中存在的问题，及时提出正确的主张和切实可行的措施；二是督促全体党员自觉遵守党纪国法，在工作中经常自我监督。

（2）专门监督。党的各级纪律检查委员会对党组织及其党员实行党纪监督，对违反党的路线、方针政策以及党纪国法的党组织及其党员给予党纪处分，接受人民群众对在行政机关工作的党员的违法乱纪行为提出的控告和申诉，并做出处理决定。

（3）信访监督。党的信访部门通过接受信访对有关政府中党员的问题进行核实后，由党内做出决定或转交有关行政部门处理，并就有关情况向来信来访者做出解释或答复。

3. 司法监督

司法机关对行政的监督主要是指国家司法机关对行政管理机构实施的监督，是司法机关通过司法手段和司法程序对国家行政机关及其行政工作人员的行政行为的监督与限制。

在西方，司法机关往往通过法律手段对行政管理机构的行为、颁布的法律文件实施监督。司法监督主要包括两方面的内容：一方面，由专门的宪法法院或者普通法院系统地对政府所颁布的行政法规或行政措施进行审查，以判断其是否违反宪法和其他法律；另一方面，由司法机关对与政府行政管理有关的行政纠纷进行审理和裁判，以保护当事人的合法权益，这就是行政诉讼和行政裁判。

在我国，司法监督主要是指人民检察院和人民法院对国家行政机关及其工作人员的行政行为的监督。

人民检察院是国家法律监督机关，主要通过行使法律监督权对国家行政管理活动实施法纪监督。依照国家宪法和有关法律，人民检察院对行政机关及其工作人员是否遵守宪法和法律，行使检察权；对国家行政工作人员侵犯公民民主权利的犯罪行为和渎职犯罪行为，行使检察权。检察院在办案中发现的问题，将以司法建议书、司法建议通知书的方式，向案发单位及其主管部门提出改进意见和建议。

人民法院是国家审判机关。它通过行使审判权，审理与国家行政机关及其工作人员有关的行政诉讼案件，处罚行政机关及其工作人员的违法犯罪行为，保护国家财产和公民的合法权益，以实施对国家行政机关及其工作人员的监督，保障社会主义行政管理的顺利进行。同时，人民法院还通过公开审判制度、辩护制度的实施，教育公民和国家行政工作人员忠于祖国，自觉遵纪守法。

4. 社会监督和舆论监督

社会监督和舆论监督，主要是指社会各界，即各人民团体、群众组织、企事业单位公民等以及新闻舆论工具对国家行政机关及其工作人员实施的监督。表 7-4 中列出了社会监督和舆论监督的方式及其基本内容。

表 7-4 社会监督和舆论监督的方式及其基本内容

监督类型	方式	基本内容
社会监督	询问、要求、批评和建议	社会各界有权通过一定的程序就政府的行政决策、行政管理法规等向有关行政机关提出询问，并发表看法、建议和批评
	申诉、控告和检举	申诉、控告和检举国家行政机关及其工作人员的渎职、侵权等违法犯罪行为，是人民群众监督国家行政机关及其工作人员的有效方式，是宪法赋予每个公民的基本权利
	建立社会协商对话制度	社会协商对话制度是社会各界及新闻舆论了解政情、对政府提出问题、提高行政透明度、监督政府行为的好方式
舆论监督	报纸、杂志、广播、电视等形成的社会舆论监督	利用新闻媒介传播的信息量大、速度快、范围广等特点，形成广泛的社会影响和巨大的社会冲击力 通过社会舆论的宣传、“曝光”等形式，对国家行政机关及其工作人员形成一种威慑力量，有效地监督并制约行政权力

（二）内部行政监督体系

内部行政监督体系是由行政机构内部形成的监督系统实施监督的体系，即从国务院到地方各级人民政府及其所属的各个工作部门之间对行政行为的实施所进行的监察和督促。行政系统的内部监督系统包括一般监督与专门监督等。

1. 一般监督

一般监督是指国家行政管理机构在日常工作中根据需要随时实施的各种监督，其特点在于不另设行政监督的机构和人员，而是依靠行政管理机构本身的层级约束关系和日常工作的指令关系。一般监督主要包括上下级相互监督、职能监督和主管监督等。

（1）上下级相互监督。按照行政管理机构的直接上下级关系，实行自上而下和自下而上的双向监督。因为上级通常对下级以检察、指示等方式督导工作，而下级通常以请示、汇报、总结等形式与上级沟通，因此，这是一种最基本、最主要的行政监督模式。

上级监督是指上级行政机关或行政领导在推行政令的过程中对下级机关及其人员所实施的监督，以避免在日常的行政工作中出现偏离行政管理目标的失当行为，保证上级下达任务能及时、准确地完成。下级监督是指下级行政管理机构的行政人员对上级行政管理机构及其人员的违法违纪行为所提出的检举、控告等。

（2）职能监督。行政管理机构的职能部门就其所主管的工作，在自己的职能范围内对其他部门实施监督，而不管有没有领导关系，如财政部对其他职能部门的财政收支和财务活动实施的监督。

（3）主管监督。主管监督即上级主管部门对下级工作部门的监督和管理，如省级的健康卫生委员会对市级和县级的健康卫生局的监督与管理。

2. 专门监督

专门监督是指政府内部设立具有专门监督职能的机构对所有部门的行政工作以及公务员的行政行为实行专业性分工的监督。专门监督包括对人事管理的行政监察和对财务管理的审计监督，见表 7-5。

表 7-5 专门监督的类型、方式及其基本内容

类型	方式	基本内容
行政监察	检察权	行政监察机关对国家行政管理机构及其工作人员的活动是否合法、合理具有普遍检察权
	调查权	行政监察机关根据监察所得的线索和公民、社会团体的举报、检举、控告，具有就某具体事项对监察对象进行调查的权利
	建议权	行政监察机关在检察和调查的基础上，有权向被监察机关或被监察机关的主管部门提出处理意见
	行政处理权	通过立案调查证实了监察对象的行为已经构成违法违纪，则行政监察机关有权对行为人给予一定范围的行政处分
审计监督	检察权	要求被审计单位按照规定报送预算或者财务收支计划、预算执行情况、决算、财务报告等有关的资料
	调查权	有权就审计事项的有关问题向有关单位和个人进行调查，并取得有关证明材料
	建议权	认为被审计单位所执行的上级主管部门有关财政收支、财务收支的规定与法律、行政法规相抵触的，有权建议其纠正
	通报权	审计机关可以向政府有关部门通报或者向社会公布审计结果
	处理权	审计机关在法定职权范围内，对被审计单位违反国家规定的财务收支行为，有权依照法律和行政法规作出处理

相关链接

行政专门监督中的行政监察与审计监督

行政监察是行政系统内部专门设立的纪律监察部门对行政管理机构及其人员的纪律状况进行监督，如国家监察委员会及其派出机构对有关行政管理机构进行监察。通过监察国家行政机关和国家公务员以及国家行政机关任命的其他人员的行为，保证其遵纪守法，廉洁奉公，促进和保证政府机关实施廉政。我国的行政监察机构包括国家监察委员会、国家监察委员会派出机构、地方行政监察机关，其中国家监察委员会派出机构是指国家监察委员会在国务院所属各部委设立监察局，负责监督、监察所在部委的各职能部门及其工作人员。

审计监督是由专职机构和人员，对被审单位经济活动的合规性、合法性和效益性，以及会计和其他经济资料的真实性、公允性进行独立审查、评价和鉴证的经济监督活动。政府审计是由政府审计机关依法进行的审计，在我国一般称为国家审计。我国国家审计机关包括国务院设置的审计署及其派出机构和地方各级人民政府设置的审计厅（局）两个层次。国家审计机关依法独立行使审计监督权，对国务院各部门和地方人民政府、国家财政金融机构、国有企事业单位以及其他有国有资产的单位的财政、财务收支及其经济效益进行审计监督。各国政府审计部门都具有法律所赋予的履行审计监督职责的强制性。

（资料来源：胡象明. 行政管理学. 北京：高等教育出版社，2005.）

第二节 行政绩效评估

在行政管理过程中，除了一般意义上的行政监督，还要与时俱进创新体制。从积极的角度上看，通过对政府行政绩效的评估，引入行政监督的量化分析，达到有效管理社会公共事务的目的。

一、行政绩效评估概述

在行政管理过程中，尽量降低成本并提高效益，也是行政管理机构和行政管理人员必须遵循的基本准则。为了相对准确地确定行政管理成本与行政管理所取得的业绩之间的关系，有必要对行政管理的活动进行绩效评估。

（一）行政绩效评估的含义

绩效指的是个人、组织开展的活动所取得的成就或产生的积极效果。绩效的观念首先运用于项目管理和人力资源管理方面，是管理科学和实践的重要范畴之一。

行政绩效就是行政机关利用法律、政策等手段进行社会管理活动和自身管理活动所产生的工作成就以及积极效果。

行政绩效评估就是运用科学、客观的方法、标准和程序，对行政绩效信息进行收集、整理、归纳、总结，并在此基础上进行整体评估的活动，也称为行政绩效考核。行政绩效评估包含三个方面的含义：一是行政绩效评估是对政府管理行为投入产出的量化分析；二是行政绩效评估是对行政管理整体评估和绩效考核的活动；三是行政绩效评估是对政府服务多元标准的反映。

相关链接

行政绩效评估的产生

20 世纪 70 年代后，政府改革中出现了用企业家精神重塑政府的潮流，强调政府行政的效率和效果，绩效评估作为一项政治活动蓬勃开展起来。以公共组织为对象的绩效评估于 20 世纪 60 年代中期始于美国，20 世纪 70 年代初形成高潮。

1973 年，尼克松政府颁布了“联邦政府生产率测定方案”，力图使公共组织绩效评估系统化、规范化、经常化。依据这一方案，有关部门拟订了 3 000 多个绩效指标，由劳工统计局对各部门的工作绩效进行测定分析。据统计，20 世纪 80 年代中期，劳工统计局的这一工作涉及 400 多个联邦政府机构、62%的联邦政府文职人员。

1993 年美国颁布了《政府绩效与结果法案》，要求联邦各政府机构制订包括使命陈述和长期目标在内的五年战略规划，制订实现战略目标的绩效管理年度计划，定期测定部门工作绩效并向国会和公众提供绩效报告，从而以立法的形式明确了绩效评估的概念与制度。政府绩效评估有助于提高资源投入的效益，而评估结果也有利于政府确定问题，并寻找解决途径，行政绩效评估是行政管理活动的重要环节之一。

（资料来源：胡象明. 行政管理学. 北京：高等教育出版社，2005.）

（二）行政绩效评估主体

行政绩效评估主体是指与政府行为有关的社会组织、社会群体和个人，是政府行政管理行为服务的对象。从宪法规定来看，有权对政府实施监督的包括国家权力机关、各党派和社会公众。政府是国家权力机关的执行机关，要接受人民代表大会的监督，政府还要接受国家司法机关的司法监督。

行政绩效评估更加注重对政府行为中投入与产出比例关系的评估。因此，行政绩效评估主体的主要特点如下。

（1）有权对政府行为评估的主体，除国家权力机关外，还应包括社会各界群众。人民群众行使权力，既要靠自己的代表通过立法程序实现，也可以通过直接参与来表达意见，对政府工作提出批评和建议。

（2）具有评估政府行政行为可靠性与准确性条件的主体。政府绩效究竟如何，要做出准确、客观的评价。无论谁来评估，准确性都应放到重要的位置。只有客观地评估政府的绩效，才能对政府行为的功过得失有个客观的把握，政府行为的改善才会有目标和方向。

（3）与政府行政行为有相关利益的主体。谁接受政府的服务，谁的利益就和政府行为紧密地联系在了一起。利益是社会关系永恒的主题，这里表现为社会公众作为纳税人要对所纳的税用到哪里以及效果如何进行监督。接受政府服务的社会公众，对政府行为直接有感受，具备评价的信息基础。因此，谁接受并接近政府服务，谁就对政府行为进行评价。

（4）具有评估政府行政行为动力的主体。评估政府行政行为的动力来自职责、利益和需要，因此，具有评估政府行政行为职责、利益和需要的社会群体，应积极推进政府绩效评估，推动政府行政改革。

（5）加强自身建设，强化自我控制的主体，政府领导机关出于对内部控制的需要，也会推动政府绩效的自我评估，由于把政府绩效评估作为组织管理的手段，使政府自身也成为评估的主体。

综上所述，政府绩效评估的主体可以概括为国家权力机关、司法机关、社会公众和政府自身。

（三）行政绩效评估的目的

若想有效地对政府实施行政监督，就必须对政府行为有准确客观的行为评价，这是政府接受国家权力机关和社会群体监督的前提和基础。有了对政府绩效的评价，行政监督就有了依据，有了针对性。行政绩效评估的目的包括以下几方面。

（1）行政绩效评估是对政府行为实际效果与行政业绩的确认，行政监督的前提是了解和知情。人民对政府工作满意与否，不能仅凭表面现象来下结论，而主要应该依据实际的绩效。因此，对政府行为实际效果与业绩的认定是十分必要的。

（2）改善政府行政业绩，提高政府行政效率。政府绩效评估的目的还在于改善政府行为，通过评价，政府机构运行中的缺陷与不足才能反映出来。评估的目的从根本上来说是加强和改善管理，提高政府服务质量。

（3）行政绩效评估为社会和政府提供评价政府行为的参照系，行政绩效评估是为政府政策制定者、一般政府官员和社会公众服务的。

（4）行政绩效评估的广泛应用，有助于在行政组织内部形成浓厚的绩效意识，从而把提高绩效的努力贯穿于行政管理活动的全过程，渗透管理决策的各个环节。

二、行政绩效评估的类型和指标体系

（一）行政绩效评估的类型

行政绩效评估在现代公共行政学中占有重要的地位和作用，是行政管理活动不可缺少的一个环节，也是行政学术研究的一个重要组成部分。根据不同标准可以划分不同的行政绩效评估的类型（表 7-6），有助于对行政绩效评估的运用。

表 7-6 行政绩效评估的类型及其基本内容

标准	类型	基本内容
根据评估层次分类	宏观评估	对政府行为的科学性、合理性及其实际所发挥的作用的整体性、综合性的评价，属于对政府行政绩效的综合评估
	中观评估	对政府各职能部门的评估，属于对政府部门行政职能的评估，把各职能部门的实际绩效与所规定的职责加以对比
	微观评估	对政府承担的具体行政行为的评估，属于对政府行政绩效具体项目评估，包括项目评价和个体评估
根据评估指标分类	规划性评估	说明性评价，属于程序化的评估，是对某些绩效容易测量的组织进行测评
	描述性评估	定性式评估，属于对政府行政绩效的定性式考核。无法进行定量的考核，只能通过描述事实来说明其绩效好坏的评估
	警示性评估	政府行为的标尺或边限，属于规范性的评估。如果越过这条边限，这类评估的指标体系就会像警铃一样，发出警告

（二）行政绩效评估的指标体系

行政绩效评估是运用不同的指标来衡量政府绩效的过程，因此，确立评估的指标体系是评估活动的基础和核心。所谓行政绩效评估的指标体系，是指行政组织根据一定的价值准则所设定的作为衡量行政绩效高低的一系列数据、标准的总和。根据不同的标准，对行政绩效评估的指标体系可作不同的分类。

1. 根据行政绩效的内容性质划分

（1）经济发展指标。经济发展指标是指经济绩效表现在经济的持续发展上，国民经济不仅在量上扩张，而且在结构合理的前提下有质的提升。一般来说，一国的行政经济绩效主要是指宏观经济发展水平。经济发展指标的内容包括人均国民收入的水平、人均国民收入的增长率、社会就业率和进出口总额等。

（2）社会发展指标。社会发展指标是指社会绩效在经济发展基础上的社会全面进步。社会全面进步内涵丰富，包括人们的生活水平、生活质量的普遍改善和提高；社会公共产品供给及时到位，社会治安状况良好，人们安居乐业；社会和谐有序，社会群体、民族之间协调，没有明显的对抗和尖锐的冲突等。社会发展指标的内容包括社会教育事业发展指标、社会卫生健康事业发展指标、环境保护指标、社会治安和事故指标。

（3）政治发展指标。政治发展指标是指在市场经济条件下，政治绩效最经常表现为制度安排和制度创新。市场经济的游戏规则是一种政府制度安排，这是政府核心能力之一。政府制度安排的能力越强，政治绩效就越容易体现。政治发展指标的内容包括行政机构管理指标、行政决策指标、政治性的行政决策民主化程度指标、公众和社会专家参与决策程度指标、决策程序的时效指标。

2. 根据评估的方法划分

（1）经济评估指标。经济评估指标即成本评估指标，一般指组织投入到管理项目中的资源水准。成本指标关心的是“投入”的项目，以及如何使投入的项目获得最经济的利用。一个行政组织从事管理活动时，实际投入的并不是金钱，而是由金钱转化而来的人力、物力、设备、信息等，而获得和维持这些人力、物力、设备所花的资金就是投入的成本。不经济既可以表现为获得某一投入花了高于市场价的资金，又可以表现为超量投入，如办公条件过于豪华、设备闲置等。

（2）效率评估指标。人们通常将行政效率定义为行政投入与行政产出的比率关系。一般来说，行政效率与行政投入成反比例关系。在行政产出一定的情形下，行政投入越多，行政效率越低；反之，行政效率越多。而行政产出与行政效率则成正比例关系，在行政投入一定的情形下，行政产出越高，行政效率越高。效率评估主要测定产出与投入的关系。效率评估指标通常包括服务水准的提供、活动的执行、服务与产品的数量、每项服务的单位成本等。

（3）效益评估指标。效益评估关注的是组织工作的质量和社会效果，也就是行政管理的有效性。效益评估是评估内容中最为重要的一项。人们对社会效果的测定可以从两方面着手：一是看管理活动的产出是否满足了社会或公众的需求；二是看这项活动的产出对既定目标的实现做出多大贡献。效益指标的主要类型包括质的量化展示，用民意测验测定效益和服务质量，质量保证体系。

（4）公平评估指标。公平评估指标通常是指接受行政机关服务的团体或个人所获得的公正性，一般无法由市场经济自身自发解决。公平评估指标的类型包括单纯的个人公平、分部化的公平、集团性的公平、机会公平、代际公平。

三、行政绩效评估的程序和技术

（一）行政绩效评估的程序

行政绩效评估的程序是指实施行政绩效评估的过程及其所包含的各个阶段。实施具体的行政绩效评估应包括制订计划、初步调查、管理控制评估、详细评估和撰写评估报告五个步骤，见表7-7。

表7-7　行政绩效评估的程序

程序	内容	基本内容
制订计划	确定计划的目的	主要是为了确定评估目标、评估范围以及为实现目标而采用的方法
	确定计划的内容	应根据接受的评估任务事先编制评估计划及评估提纲，提出按照评估目标收集资料和信息的计划，以及具体程序和方法
	制订书面计划	制订评估计划应以书面形式表达。书面计划的形式和内容因评估的不同而异
初步调查	初步调查的目的	使评估人员在较短的时间内获得与被评估单位或事项有关的背景资料和一般信息，以便对被评估对象有深入的了解
	初步调查的内容	了解的资料只是一般的信息，在初步调查的基础上，评估人员可以确定暂行的评估目标，并鉴别与暂行目标有关的证据 初步调查的直接目的，无非是提出问题或说明问题，以确定继续调查的更加明确的目标，或者是提出终止审查的理由

续表

程序	内容	基本内容
管理控制评估	管理控制评估的目的	进一步了解、测试与评估事项有关的管理控制，评估人员应该获取充分的信息来支持他们对那些控制因素所作的判断
	管理控制评估的内容	● 使暂定评估目标发展成确定的目标，以便继续对特定的活动或规划进行审查 ● 通过管理控制制度的测试与评价，获得与暂定评估目标所有要素有关的信息，考虑从其他来源获得所需要的信息 ● 评估人员主要是通过调查、观察、审阅文件和记录或检查其他评估人员的报告来了解管理控制
详细评估	详情评估的目的	验证以前所获取信息的有效性；为了证实评估目标而收集充分、可靠和相关的信息，为评估成果和结论提供合理的基础
	详细评估的内容	● 通过对人员、财产或事项的直接检查或观察以取得实物信息，这类信息可以以备忘录、照片、图画、图表、地图或实物样本的形式形成文件 ● 通过审阅、复查、核对、收集、复制、摘录等方法以取得文件信息，如信件、合同、法规原文、会计记录、发票等信息 ● 通过整理、汇总、计算、比较、分析、推理等手段以取得分析性信息 ● 通过预先设计的评估模型或方法，对评估对象进行某一方面或者整体性的分析
撰写评估报告	撰写评估报告的目的	将评估结果变成第三方可以接受和理解的形式，以及减少结果被误解的可能，并使结果可以接受公众的检查
	撰写评估报告的内容	● 评估目标、范围和方法，评估结果，评估建议，评估准则 ● 重大不合理现象和滥用行为，违法行为，管理控制的重大缺陷 ● 被评估项目负责人对评估人员的发现、结论、建议和打算采取的纠正措施所表示的看法 ● 评估人员确认的重大管理成就，向未来评估人提出的建议 ● 报告未披露资料的性质以及必须不予披露的要求等

（二）行政绩效评估的技术

行政绩效评估需要一定的信息收集技术和测评技术，包括问卷的设计、成本与效益的测量等。行政绩效评估涉及的面特别广，都需要运用行政绩效评估技术，通过科学测评才能得出结论。

1. 行政绩效评估的信息收集方法

行政绩效评估必须建立在充分的信息基础上，因此在绩效评估过程中，必须全面地、有效地收集信息。为了使收集信息更加全面、有效，就有必要采用一整套科学的信息收集方法。行政绩效评估的信息收集方法是指在行政绩效评估过程中所采用的一系列收集信息方法的总和。

（1）利用官方记录的方法。官方记录包括修理的物件的数量、进行水处理的数量、收集垃圾的吨数等可以用于衡量完成工作量的记录；收到的投诉的数量、交通伤亡的数量、统计的犯罪数量和被逮捕的人数、消防和警察部门的接警数目等可以用于衡量服务质量的记录。

（2）培训观测者的方法。这种方法是对观测者进行培训，让他们对服务的质量做出评价，这种方法尤其适用于质量品质评价。保证观测者评价的准确性的措施包括：提供等级标准；在使用前先试验一遍；被选择的评价者应独立于被评价的组织之外；定期检查观测者的评价，以保证评价的质量；培训新的观察者和在出现新的问题时对观测者进行重新培训。

（3）公众满意度调查方法。公众满意度调查通常使用问卷调查的形式，通过调查可以获得资料。问卷调查还能直接获得公众对服务质量的评价。

保证公众意见调查准确性的方法包括：避免抽样错误，合理选择样本；采用随机抽样；样本要求有代表性，应包括所有的公众类型；采用合适的访谈技术，以提高回收率；对访谈者进行充分的培训和监督控制；问卷至少要发放给多个不同教育水平的人；精心设计问卷内容，避免含糊和有偏见的问题。

采用的调查方法包括信件调查、亲自访谈、电话采访和综合运用各种访谈技术。

（4）特别的资料收集方法。有些绩效的衡量需要借助特别的设备来获得资料，如空气、水，噪声污染等的测定。路面平整度的测量也是一个典型的例子，在获得相关的技术数据以后，还应将它们转换成人们普遍能理解的概念。

2. 行政绩效评估的定量测定方法

行政绩效评估主要包括行政经济成本测定、效率测定、效益测定和公平测定四项内容，每项测定都要借助于一系列绩效指标。行政绩效评估的测定方法就是指在行政绩效评估过程中用于测定行政管理的经济成本、效率、效益和公平程度的方法的总和。

1）*经济合理性评估方法*

经济合理性评估方法就是指通过对行政投入的测定来确定行政管理是否经济合理的一种评估方法。经济合理性评估方法的内容包括以下几方面。

（1）成本与投入的比率测定法。这是通过测定作为行政管理成本的资金转化为投入行政管理过程中的人力、物力和设备的比率来衡量行政绩效的一种评估方法。

（2）行政开支和业务开支的比率测定法。这是通过测定行政开支与业务开支在总开支中的比率来衡量行政绩效的一种评估方法。

（3）人均投入测定法。这是通过测定投入行政管理的辖区居民人均费用来衡量行政绩效的一种评估方法。

（4）单位成本测定法。这是通过测定每完成一单位行政工作量所需成本来衡量行政绩效的一种评估方法。

（5）经济改进余地测定法。这是通过测定完成某一行政工作任务是否存在经济改进余地来衡量行政绩效的一种评估方法。

2）*成本–收益评估方法*

成本–收益评估方法是指分析人员通过将行政活动的货币成本和总的货币收益量来进行比较，以测定其效率的行政绩效评估方法。使用这种方法的关键是考虑一个政策或者项目可能带来的所有成本和效益。

成本–收益评估方法的具体操作步骤是将成本和效益进行分类罗列。

（1）内部和外部成本及收益。当分析人员和项目决策者划定目标群体时，就可以粗略界定内部成本及收益和外部成本及收益。其中，内部成本及收益是由项目投资经营主体承担的成本与获得的收益。

（2）可直接计量和间接计量成本及收益。成本或收益可能是有形的，也可能是无形的。有形的是指成本和收益可用直接的市场价格来计算；无形的是指成本和收益需要间接地使用估计的市场价格来计算。

首要和次要成本及收益。首要成本或收益是指与最重要的项目目标相关的成本或收益；次要成本的含义则相反。

净收益值和再分配性收益。净收益值是指真正的净收入增加（总收益–总成本）；而再分配性收益是指以一个群体的牺牲为代价向另一个群体“货币性”地转移收入，但并不增加净收益值。这两种变化所带来的福利分别称为真实的福利和货币性的福利。

第三节　行政道德自律

在行政管理过程中，进行行政监督、行政绩效评估的目的是建立一个廉洁、高效、权威的政府。通过监督、评估，使政府及其工作人员养成良好的职业道德和全面的素质，学会行政道德自律。

一、行政道德的含义和特点

在行政管理过程中，为了保证有序、有效地实施行政管理，就必须对行政管理机构和行政工作人员的行政管理行为加以规范。行政道德规范是行政管理规范的重要内容。

（一）行政道德的含义

道德是一定社会用以调整人与人之间以及个人与社会之间关系的行为准则和规范的总和，它以善与恶、正义与偏私、诚实与虚伪等道德概念，通过社会舆论、人们内心的信念和习惯的力量，评价和影响人们的各种活动。

所谓行政道德是指国家行政机关及其工作人员在行使国家行政权力、管理社会公共事务与行政机关内部事务和提供公共服务的过程中，应当遵循的具有行政职业特征的、调整行政管理主客体之间以及主体之间各种关系的道德准则与道德规范的统称。

（二）行政道德的特点

行政道德除了具有社会道德体系中其他道德共有的特点、本质和属性之外，还具有一定的特殊性。这种特殊性主要体现在以下几个方面。

1. 行政道德的政治性

行政首先是与政府活动有直接关系的活动，它是围绕执行社会公共权利而展开的活动和关系，行政职业直接体现并执行着固定的意志。行政道德在本质上反映着政治的价值追求，体现着行政道德的这种政治属性，明显地体现在具体的行政道德规范之中，忠于国家社会利益的分配。拥护政府无一例外地成为政府工作人员的义务和天职，即使在标榜“政治中立”的西方国家，亦是如此。

2. 行政道德的强制性

一般来讲，道德主要来源于社会的价值、观念与信仰，几乎没有特定的表现形式。在实现方式上，主要是依靠社会舆论习惯、人的信仰来维护和保证其实施，行政道德也同样具有这方面的特点，但在现实中特别是当代社会，行政道德规范主要来源于观念、信仰与习惯，另外，也来源于国家和政府制定的有关行政活动的法律、政策、条例、制度、规定，而这些都具有法律的效力和行政的效力。行政道德在实现方式上，除了主要通过行为评价之外，也逐步通过强制性的手段。这样，与社会道德体系的其他道德相比，行政道德具有强制性与非强制性并举的特点。

3. 行政道德的自律性

行政道德规范是行政行为主体在社会化过程中自发地形成与发展起来的，而且，规范的约束力与规范作用也主要依靠人们的信念、社会舆论来实现和维持。也就是说，它主要是通过行政主体基于内心信念和道德评价来规范与约束自身言行的方式、发挥对行政行为的规范作用。因此，行政道德规范的约束力是自我约束式的，具有自律性特征。

4. 行政道德的示范性

行政职业与其他社会职业相比，最大的特点在于其行使公共权力，对整个社会的公共事务进行管理。行政职业处于“领导”“组织”“控制”“协调”的地位，行政人员的工作是面向社会的，处于整个社会生活的中心地位，调节着社会中的各种关系。行政的目的性使得行政道德在行政人员的行为和内心世界的规范上已超出了对于行政人员个体的职业特性，通过行政人员个体达到对全社会的调整。因此，行政道德在社会道德体系之中，处于示范的地位。

二、行政道德体系的内容构成

在社会的不同历史发展阶段和同一发展阶段的不同国家，行政道德的内容构成都会有所不同，甚至存在本质性的差异。不过，就当今现代社会而言，随着公共行政及其相关理念的产生，各国行政道德尽管仍存在或多或少的差异性，但相同的成分已日益增多。在总体上，就内容结构而言，行政道德体系可以分成行政道德准则和行政道德规范两个部分。

（一）行政道德准则

行政道德准则是指导和调整行政道德关系的基本出发点，它反映着一定历史时期行政道德所追求的理想目标和价值取向，也反映着国家行政管理的本质特征。同时，作为行政道德体系的核心部分，它制约并规定着行政道德的一切规范和范畴，是对国家行政工作人员行为作出评价的首要标准。

1. 行政道德准则的含义

行政道德准则是行政道德体系中最高层次的道德准则或者说根本准则，它是特定行政道德体系的实质与根本所在，体现了特定行政管理系统的基本价值追求。因此，它既是行政道德体系的灵魂，贯穿于整个行政道德体系各个层面与运行过程，也是把特定行政道德体系与其他道德体系区分开来的关键与根本依据。在不同性质的行政系统或同一行政系统的不同发展阶段，其行政道德原则的构成一般不同。

2. 行政道德体系最基本的准则

作为一个社会主义国家，我国行政道德体系最基本的准则就是“为人民服务”，这是由我国国家行政系统的性质所决定的。其主要依据如下。

（1）从行政权力的来源上看，行政是行使公共权力的机关，而其权力来源于人民的授予和认可。

（2）从行政机关的产生上看，在中国，各级人民政府是国家权力机关的执行机关，它由人民代表大会产生并授权行使职权，因而必须向人民代表大会负责并接受其监督。

（3）从政府工作人员的性质上看，国家公务人员是人民的公仆。

（4）从政府行政的性质上看，政府的功能在于使行政工作人员负责尽职，以积极的努力、有效的方法为社会提供最佳的服务，以增进社会生产力的发展，谋取人民最大的福利。

3. 行政道德准则的构成内容

（1）人本主义。人本主义作为行政道德中的一个准则和价值标准，主要是相信人民群众，依靠人民群众，尊重人民群众，真心实意地为人民群众谋利益。

（2）集体主义与公共利益。集体主义与公共利益是社会主义行政道德中最基本的内容，是国家行政人员在行政活动中调整个人利益与集体（公共）利益关系时应遵守的最根本的法则。

（3）社会公正。所谓公正意指公平正直，没有偏私。社会公正，在行政道德中具有特殊含义，是指行政机关的活动以及相关的制度对任何人都不偏不倚，一视同仁。任何公民不仅有平等参政的机会，并且有平等的权利从政府提供的机会中获取利益。

（4）行政责任。行政责任是政府机关工作人员因其公职地位和身份，在行使行政权力、开展管理活动中所承担的责任。

（二）行政道德规范

行政道德规范是行政道德准则的具体化，是调节行政人员行为的道德准则及衡量与评判个人道德水准的普遍尺度。在很大程度上，行政道德规范是无数个体优秀道德品质的集中表现和构成的规范体系。其主要内容包括以下几个方面。

1. 勤政

勤政也就是要忠于职守，勤奋工作，尽职尽责，做到勤政为民。古人说，在其位谋其政，这是行政职业道德的核心规范，也是为人民服务准则的最基本规范要求。原因很简单，从最一般的意义上来说，行政管理就是管理和服务，勤政就是要搞好管理与服务，保证行政系统的正常运行，确保行政效率的提高。具体地讲，勤政要求行政机关及其工作人员做到以下几点。

（1）有坚定的政治立场，忠于国家，拥护政府。

（2）忠于职守，认真负责，努力工作。

（3）要确保行政质量，促成行政效率的持续提高。

2. 廉政

廉政也就是国家行政人员要廉洁奉公，清白行政。在古今中外的行政史中，“廉政”始终是一条基本的从政规范要求。党与政府一直强调廉政建设的重要性，要实现廉洁奉公就要做到以下基本要求。

（1）严守法纪，不贪赃枉法。国家行政人员应该严格遵守国家法纪，不得利用职权，谋取个人私利，贪赃枉法。

（2）秉公执政，不假公济私。国家行政人员要立场坚定，是非分明，主持公道。在履行管理职责过程中，应当秉公尽责，正大光明；在提供公共服务的过程中，要一视同仁，不偏不倚。

（3）要厉行节约，反对铺张浪费。国家行政人员要树立公仆意识与为纳税人服务的意识。在履行公务过程中，要勤俭节约，反对奢侈浪费。

3. 遵纪守法，依法行政

国家行政机关及其工作人员肩负维护与执行国家政策和法律，确保社会组织与民众遵纪守法的重任。为此，要求国家行政机关及其工作人员首先要做到遵纪守法，做到依法行政，以身作则。其具体要求如下。

（1）任何部门及其工作人员都不得“以言代法”“以权凌法”。行政机关及其工作人员必须在法律规定的范围内履行职责，执行公务，做到依法行政。

（2）国家行政机关及其工作人员都必须严格执法，不得玩忽职守。作为国家法律的执行者，行政机关和行政人员必须严格执法，敢于主持公正，维护法律的尊严。

（3）行政机关及其工作人员要严于律己，为人表率。凡是要求人民群众做到的，法律的执行与维护者首先必须自己做到。

4. 实事求是，科学行政

实事求是，一切从事实出发，按照客观规律行使行政权力，从而实现科学行政，是国家行政机关及其工作人员在履行公务时应该遵循的一项基本道德规范，这也是我们党的思想路线和光荣传统，其基本要求如下。

（1）重视调查研究，尊重客观事实。无论是制定、执行法律与政策，还是处理具体日常事务，国家行政机关及其工作人员都应该忠于事实。

（2）要坚持真理，敢于纠正错误。国家行政机关及其工作人员作为实现人民利益的组织和公仆，其一切行政行为都应该合乎人民的公共利益，敢于承认错误，勇于纠正错误。

（3）要正确处理意志力与科学的关系。要求行政机关与行政人员要充分发挥想象力与创造力，积极主动地行使行政权力，履行行政职能。

5. 热情待人，协调行政

行政系统是一个整体协作系统，有效履行行政管理职能，一般需要系统内外相关组织及其工作人员之间的相互配合与共同努力，行政管理效率的高低在很大程度上取决于行政系统内外关系能否实现协调一致。

（1）要密切联系群众，尊重人民的合法权益，形成良好的政群关系。要求行政机关及其工作人员既要热爱人民、尊重人民及其合法权益，又要相信人民，密切联系人民群众。

（2）宽厚待人，形成良好的组织工作关系。在一个组织内部，既要尊重上级的权威，自觉服从上级的正确领导，同时也要尊重下级和同事。

（3）要协调友邻，形成良好的部门间关系。在与其他部门及其工作人员相处时，绝不能以邻为壑、各自为政，而是要从整体出发、从全局出发来处理问题。

三、行政道德的功能和作用

在行政管理系统及其运行过程中，国家行政机关和行政人员在行使行政权力、履行行政管理职能的过程中，其思想和行为必须受到行政道德规范的影响，表现行政道德的功能，发挥行政道德的作用。

（一）行政道德的功能

所谓行政道德规范的功能，就是行政道德规范在行政管理活动以及在整个国家社会生活中的影响与作用。作为一种道德规范，行政道德规范在确保行政管理职能得到合法、有效履行，维持良好的行政内部关系与公共关系，促成良好社会风气等方面，都有着不可替代的功能。

行政道德作为行政管理体系的一个重要组成部分，以其独有的方式发挥着自己的功能。行政道德的功能是多方面的，主要表现在以下几个方面。

1. 导向和约束功能

行政道德是社会规定的国家行政人员的行为法则及规范。行政道德通过对行政道德行为的规范，为行政人员提供社会化的行为模式，即理想行政角色模型。引导行政人员在行为上追求一定的目标和方向，使人的行为有规可循，个人行为不会迷失方向。

2. 自我调节功能

行政道德的调节功能是指能经过一定的评价方式来指导和纠正国家行政人员的行政道德行为和管理活动，协调行政人员之间、个人与集体之间、个人与国家之间的关系。在行政管理活动中，必然会出现各种矛盾和利益冲突，要妥善解决这些矛盾与冲突，除了依靠制度、法规之外，大量的关系还需通过行政职业道德规范来调节，表现为对一定行为的劝阻或示范的作用。

3. 控制教育功能

行政道德规定了行政人员的行为模式，但在现实中，并非所有的行政人员均能按规范和道德的角色期望行事，总会出现行为偏离或越轨倾向。为维护正常的秩序，道德规范就会对偏离行为加以干预，对偏离者和越轨者进行批评教育、惩罚或制裁，这便是行政道德的控制功能。

4. 激励示范功能

激励示范功能是指道德可通过评价、教育机制，通过树立道德榜样，促使人们由低层次向高层次转化，由不尽完善或有缺陷的人格向完善而健康的人格发展，从而塑造理想的道德人格。

（二）行政道德的作用

行政道德作为整个政府行政规范体系的一个重要组成部分，是行政系统正常运转发展的一个基本前提。加强行政道德建设，对于保障社会公共利益，保障行政管理的公共性及协调、高效运转，均起到十分重要的作用。现阶段我国行政道德的作用具体表现在以下几个方面。

1. 有助于党和国家路线、方针政策的贯彻执行

国家行政人员是国家大政方针、具体政策的制定者和实施者。正确政策的制定和执行，不仅取决于行政人员的能力也取决于其良好的职业道德。政府工作人员如果没有明确地为公共利益服务、为人民服务的价值取向，没有公正廉洁、忠于职守、实事求是的道德品质，就不能坚定不移地、正确地贯彻落实党和国家的路线、方针和政策。

2. 有助于社会稳定和社会风气好转，有助于全社会道德水平的提高

行政道德具有很大的示范性，政府工作人员道德水平的高低和道德行为的好坏，直接影响着社会风气。优良的政风必然造就优良的民风和崇高的社会风尚，从而促进社会稳定，推动社会生产力的发展。中外的历史发展证明，朝政腐败，政纪松弛，官员腐化，必然引起社会动荡和整个社会风气的败坏。

3. 有助于提高行政管理的整体效能

行政高效化取决于诸多因素，但道德无疑是一个重要的因素。如果每一个行政工作人员均能忠于职守、积极主动认真负责，对人民极端热诚，对工作精益求精，相互之间通力合作，行政效率无疑能得到提高。

4. 有助于增强行政工作人员的自我约束能力和抵御能力

我国在新旧体制转型过程中，各种法律与规范均不够完备，易滋长腐败现象，现实中的极端利己主义、特权思想和以权谋私、生活堕落、官僚主义与衙门作风均是这种不道德行为的具体表现。加强行政道德建设和政府工作人员的道德修养，使行政道德成为行政工作人员内在的信念、自觉的意识，这样即可使行政工作人员的自我约束能力增强，在工作中不为私利所诱惑，不为私情而动，从而形成良好的道德人格。

案例讨论

某市某公司经向市工商局电请，办理了户外广告登记证，在公司自有门店悬挂了一块总代理的招牌。该市城管监察大队以擅自设置户外广告牌为由，对其罚款 200 元，当场出具了行政执法处罚决定书、罚款收据，并发给该公司一份户外广告登记表。这块广告牌到底归谁管？市城管监察大队认为，他们的执法依据是《省城市市容和环境卫生管理实施办法》中明确规定的“户外广告牌的设置必须征得负责城市市容环境卫生管理的部门同意后，按有关规定办理，审批手续”，对违规者“责令采取补救措施或限期整改，并根据情节轻重，处以 1 000 元以下的罚款”；《省户外广告管理实施办法》也规定，“工商行政管理部门对电请人的经营资质等法定条件进行审核，经审核同意后，在《审批登记表》上加盖印章。由申请人将其与申请材料一并转达请城市市容环境卫生等有关管理部门审查”。市工商局广告科认为，根据国务院《广告管理条例》的规定，“户外广告的设置、张贴，由当地人民政府组织工商行政管理、城建、环保、公安等有关部门制订规划，工商行政管理机关负责监督实施”；《省实施（广告法)办法》规定，户外广告的具体规划经政府批准后，由工商部门监督实施：国家工商行政管理局发布的《户外广告登记管理规定》也明确了工商部门是户外广告的登记管理机关。

（资料来源：百度文库，2011）

问题：

在本案例中，造成多重审批、多重执法问题的原因是什么？

◎ 实训活动

一、实训项目

打击团队之“魔鬼”，培养领导者的监督能力。

二、实训内容

通过实训，培养领导者的监督能力，可以帮助领导者找出不利于团队发展的诸多不利因素。打击团队中有妨碍团队协作的心理和行为表现的“魔鬼”，从而使学员不误入团队的陷阱，及时发现影响团队进步的负面情绪，以此激励参与者。

三、实训指导

选择 2 位成员扮演魔鬼，并戴上魔鬼面具，在面具里藏一封或几封培训师准备好的关于团队的魔鬼信函。魔鬼在成员中出没（来回走动)，抓走尽量多的成员，使全体成员分成多组，小组成员去摘下魔鬼面具，取出魔鬼信函。各小组成员分别将魔鬼信函所示情境分析解剖。小组成员说明魔鬼信函的内容，并共同将团队中非理性想法改成团队中的理性想法。各小组将魔鬼信函的解析与转换与全体学员分享，观察成员是否了解什么是团队中非理性的想法及其影响。

角色分配：由各小组成员分别扮演不同角色。

参与人数：集体参与。

时间：30 分钟。

场地：空地。

附件：魔鬼信函、魔鬼信函解析表。

魔鬼信函 1

我希望我的人际关系很好。我很想得到别人的喜爱，我应该得到每个人的喜爱和赞美，但昨天总经理说我的桌子太乱，我觉得一切都白费了，我根本就不受重视，他一定不喜欢我。

解析与转换：

A. 昨天，总经理说我桌子太乱

B. 我应该得到每个人的喜爱和赞美

C. 我不受重视，我觉得好失望（自卑的）

D. 一切努力都白费了（没有信心）

E. 他一定不喜欢我，我没有价值（否定自己）

转换：我喜欢得到每个人的喜爱和赞美；我有时能得到别人的喜爱和赞美，当（……以事实为基础）；有时我无法得到别人的喜爱和赞美也没关系（防止情绪困扰的产生）。

魔鬼信函 2

我是一个主管。我必须很能干、很完美，并且在各个方面都有很好的成就。可是，上一次开会的时候，我太累了，做结论时，我讲错了一句话，他们在下面嘲笑我。哎!身为主管竟然犯下这样的错误，真是太丢脸、太失身份了。连讲话都讲不好的人，一定不会受到尊重，我真没用。

解析与转换：

A. 上次做结论时我说错了一句话

B. 我必须很能干、很完美、永远不犯错误

C. 太丢脸了，太失身份了，我觉得很懊恼

转换：我希望我能表现得很好，做个称职的主管（合理的公式）；若是时间充裕、准备周详、精神饱满、信心十足，我可能表现得令自己满意；一次行为不能代表我整个人（以事实为基础）；不一定每个人都在嘲笑我（防止情绪困扰）。

四、实训点评

（1）在一个团队中，不可能总是存在正面情绪的影响，总是会有一些灰色、消极的因素影响其中的某些人，进而影响整个团队的效率。如何找出这些“魔鬼”，然后将其消灭？在本实训中，也许可以提供一些可能的方法。

（2）对于一个团队的主管来说，应该随时对自己的下属保持足够的关注，一旦他们有人出现负面情绪，就要有所察觉，以便及时予以处理，并尽可能地激励他们重新回到积极自信、创造力非凡的境地。

（3）这个实训活动培养领导者的监督能力。监督有很多种，包括外部行政监督体系、内部行政监督体系。很多企业都有监督机制，能够监督职员的工作，重点是监督到问题之后，领导者应该采取什么样的措施来引导员工向正确的方向前进。

五、实训报告

请将实训所得结果填写在实训报告纸上。

◎ 复习思考题

1. 简述行政监督的含义及其特点。
2. 简述行政监督的任务和主要原则。
3. 简述行政监督的范围和主要方法。
4. 行政机关外部监督的主要形式有哪些?
5. 如何完善我国各级人大对行政机关的监督机制?
6. 简述社会舆论监督的主要形式和作用。
7. 行政机关内部监督的主要形式有哪些?
8. 何谓行政监察监督?我国行政监察监督的业务范围和权限分别有哪些?
9. 简述行政绩效评估的含义和行政绩效评估主体。
10. 行政绩效评估的目的及意义是什么?
11. 行政绩效评估的主要类型有哪些?
12. 简述行政绩效评估指标体系和行政绩效评估程序。
13. 简述行政道德的含义特点。
14. 简述行政道德的功能与作用。
15. 行政道德原则的主要内容是什么?
16. 简述行政道德规范的主要内容。
17. 请结合实际,谈谈在我国当前应如何动员全社会的力量开展反腐倡廉斗争。

第八章

人事行政

◎ 学习目标

- **知识目标**

识记：人事行政、人事行政关系、人力资源管理等概念。

领会：人事行政系统、人事行政机制和人力资源管理与开发的特点和原则。

应用：理解人事行政、人力资源管理与开发的工作，掌握各种职务分类、考试录用、绩效考核、职务晋升的途径和方法，将其应用于行政管理的实践活动中。

- **能力目标**

应知：了解人事行政的特点，熟悉人事行政的程序。

应会：学会用职务分类、考试录用、绩效考核、职务晋升的方法和技巧。

掌握：掌握行政秘书人事行政的技能，人力资源管理与开发的现代技术。

◎ 情景导入

行政秘书宋敏表现出色，为了进一步锻炼和培养她，组织上决定调宋敏到人事部任人事部主任助理。面对这一晋升机会，宋敏有些矛盾，一方面为自己缺乏经验而着急，另一方面又为能实现梦想而兴奋不已。她首先阅读了大量的人力资源管理与开发方面的专著，也分析了大量的人事行政案例，在她的床头摆放着几本全球畅销的经济管理类书籍——《高效能人士的七个习惯》《致加西亚的信》，尤其是《华尔街职场》这本中国第一部以国际商战为背景，并由商业精英所写的小说深深地吸引了她。她准备从中吸取营养，丰富自己处理人事行政的素质和个性。

在行政管理实务中，了解人事行政的特点，熟悉人事行政的程序，清楚人事行政系统中人事行政关系、人事行政机制和内容。学会用职务分类、考试录用、绩效考核、职务晋升方法和技巧，完成领导交办的人事行政、人力资源管理与开发有关的职能和任务。掌握行政秘书人事行政的技能，人力资源管理与开发的现代技术，编制人事行政计划表，通过行政秘书的工作，使人事行政、人力资管理与开发的工作得到有效的展开。

第一节　人事行政概述

行政管理事务是行政管理的具体内容，政府对这些事务的管理是政府行使行政权力、履行行政职能的具体表现。政府在行使行政权力和履行行政职能的过程中，既要对政府内部行政事务进行有效管理，又要对政府以外的社会公共事务进行有效管理。政府内部行政事务和外部公共事务的有机统一，构成了政府行政管理的具体对象或内容，人事行政是政府内部行政事务之一。

案例分析

人力资源动态管理

某公司是一家有800多名员工的中型企业。该公司的劳动合同文档资料按照员工姓氏笔画顺序排列，检索某一位员工的资料虽然很方便，但是对于劳动合同续签、终止、试用期考查、企业人力资源规划以及开展员工专业技术培训、资格证书检验等人力资源动态管理业务来说，劳动合同文档管理服务很不到位，公司经理指示人力资源部，要提高劳动合同文档管理水平，对劳动合同实施分类管理。

分析：要实现人力资源动态管理，就要根据劳动合同文档的管理知识，设计劳动合同文档分类管理方案。为了正确处理劳动合同的续签、终止试用期考查、企业人力资源规划以及保障企业的商业机密等人力资源管理工作，公司的劳动合同可以按照合同的期限进行分类，分为有固定期限的劳动合同和无固定期限的劳动合同。有固定期限的劳动合同可再进一步划分为距离合同终止日期一年以内和一年以上的合同，实现人力资源动态管理。

一、人事行政与人事行政关系

行政管理活动的主体是人，人是整个行政活动中最活跃的因素。行政组织为了更好地实现组织目标，必须建立起一支能够充分了解组织的使命并努力完成组织任务的人员队伍，并且采取一定的措施和手段对他们加以管理和监督，这就形成了一定的人事制度和人事管理机制。

（一）人事行政的含义

人事行政是以行政机关工作人员与其所做的行政事务及其共事人之间的关系为研究对象，根据一系列法规、制度、措施，凭借组织、协调、控制、监督等科学手段，谋求人与事及其共事人之间相互协调、相互适应，充分发挥人的才能，调动人的积极性，以提高工作效率为目的的管理活动。

人事行政管理有广义和狭义之分。广义的人事行政管理，是指政府人事行政机关依法对国家机关、国有企事业单位的人事工作所进行的综合性管理活动，它包括对各类行政人员、专业技术人员以及机构编制工作进行管理。

狭义的人事行政管理，是指各级政府的人事部门通过一系列的法规、制度和措施对政府公务员所实施的管理活动，它包括对公务员的录用考核、培训、交流、回避、工资、福利、保险等进行管理。

（二）人事行政关系

人事行政管理事务是指人事行政管理工作的总和。人事是行政之本，人事行政就是用人行政。用人是人事行政的核心问题，要解决好用人的问题，必须处理好人事行政关系。

1. 处理好事务的总量与其做事人员之间的关系

这就是说，一定数量的事务应由与之相适应数量的人去完成，达到二者的相互协调，克服人事行政中的人浮于事或工作人员负担过重这两种倾向。

2. 处理好“事”与“人”之间的关系

事要人做，不同种类的事务对工作人员的资格、素质、能力等提出不同的要求，不同性质的工作需要具备不同素质、能力的人去做。因此要进行职务分析，分析某一职务需要什么样素质、能力的人与其相适应，这样才能达到事与人在结构上的相互协调。

3. 处理好人与事之间的关系

人要做事，而人的素质特别是人的能力不同，人与人之间不仅存在能力水平的差异，同时也存在能力类型的差异，因此在人事行政中，要把人安排到适合其特点的岗位和职位上去，这样就能用其所长、避其所短，充分发挥每个人的才能，调动他们的积极性和创造性。

因此，人事行政的基本目标就是不断调整行政管理过程中人与事之间的关系，实现人与事和人与人之间相互适应、相互和谐的最佳状态。

二、人事行政的原则

人事行政的原则是对人事管理特点和规律的概括和总结，是指导人事行政工作的方针，是根据人事行政活动的基本性质和目的所确定的人事管理的行为标准，见表 8-1。

表 8-1　人事行政的原则

原则	基本内容	
激励竞争	激励	通过人事行政对于各级行政人员的正确行为和积极贡献予以及时的肯定和奖励
	竞争	把竞争机制引入人事行政工作中来，形成优胜劣汰、优升劣降的用人环境
任人唯贤，德才兼备	任人唯贤	在选拔和任用行政工作人员时，必须坚持任人唯贤的原则，坚决抵制任人唯亲的作风
	德才兼备	德是良好的政治素质和职业道德，才是业务能力和才华；行政人员的“德”与“才”二者缺一不可，不能偏废
公平 公正 公开	公平	在甄选、录用、使用、升迁、赏罚行政人员时，要遵循客观、依法、平等竞争和考核政绩的原则
	公正	在人事行政过程中，应该坚持相同条件、相同标准，而决不允许因人改变、双重标准
	公开	在人事行政的全过程中，公开考试、择优录用、当众公示，彻底打破暗箱操作，杜绝私下授权和徇私舞弊的行为
扬长避短，优势互补	扬长避短	根据工作岗位的性质和工作人员的特点，把人安排到合适的工作岗位，尽可能发挥其长处和优势，避免其短处和不足
	优势互补	在任用和调配工作人员时，要根据组织的各种职位需要，把不同特点的人选派到不同的工作岗位上去，形成最佳组合
不断更新、合理流动	不断更新	将新生力量不断补充到国家行政组织中来，使国家公务员队伍充满生机活力
	合理流动	不断做好人员调整和工作调配，不断做好行政人员队伍的新老交替工作

三、人事行政的内容

人事行政作为一种特殊的人事管理活动，和其他各种管理活动一样，具有一定的基本职能，这种基本职能体现了国家人事行政活动的基本性质和目的，同时也决定了人事行政管理活动的基本内容和范围。

（一）计划和组织

计划和组织的中心内容及主要任务是对行政系统的人才需求和可供选拔的人才资源之间的关系实行宏观调控。

对行政系统的人才需求和可供选拔的人才资源应进行系统调查和科学预测，并采取有效措施，使两者获得有计划的协调发展。

1. 人事计划功能

人事计划功能是组织对整体人力资源按组织目标进行分析后，给出在数量上和质量上的明确需求，并付诸实施的一系列程序、措施政策等。人事计划的主要内容包括编制行政机关人员计划，行政人员的甄选、录用、考核、培训、奖惩、晋升、任免、调配计划、工资、福利、退休等人事计划的制订是人事行政的重要任务，是各级行政机关进行人事管理活动的重要依据。

2. 人事组织功能

人事组织功能是通过建立一整套国家人事行政组织体系，再具体组织和实施人事行政计划和决策，包括宏观和微观两个层次。宏观上，在中央政府或地方政府内自上而下地建立人事行政职能部门，通过制定政策法规、编制人事计划、制定职位规范、进行人才预测等科学手段和方法，对全国或本地区的人事行政工作进行宏观调控的组织和管理活动。微观上，在具体的行政单位，也建立起人事管理机构，他们根据国家政策法规、人事计划和职位规范，确定本部门的缺额数量和种类，组织考核和录用工作；管理内部人力资源，分配公务员的工作，确定其工作职位，有效地发挥其作用；组织和管理公务员培训工作，负责公务员的考核、选拔、调配、奖惩、升降、工资福利等事宜；办理退休手续；在公务员诉诸法律时应诉等，这些是具体单位的人事行政工作内容。

（二）使用和开发

人事行政管理最经常的职责和最大量的活动是对行政人员进行合理的使用和积极的开发，对人才的合理使用需要社会各方面的配合，形成尊重知识、尊重人才的良好社会环境。

所谓开发功能是指通过一些方法和手段，向工作人员传授新知识，转变观念，提高技能，充分挖掘其内在潜力以达到改善当前和未来工作绩效的目的的活动。社会发展的客观需要使人事开发功能扩展为人力资源开发。随着社会的发展，行政事务也日益繁多和复杂，要求办事效率越来越高，对工作人员科学管理行政事务的水平和要求也越来越高。因此，不断开发工作人员的潜能，提高他们的能力水平，提高行政机关人员的整体素质水平，成为人力资源开发的主要目的。

在人才开发问题上，一方面，要善于发现和大胆使用尚未显露但有真才实学的人才，使被埋没或尚未脱颖而出的人才获得发光发热的机会；另一方面，大力进行智力开发，通过培训教育使在职人员达到更高的水平，智力结构更加完善。现代科学证明，人的潜能是无比丰富的资源，经有效开发将释放出巨大的能量，这比增加人力的效果更好。

（三）激励和监督

人事行政管理具有很大的权威性和强制性，但这种强制又需要辅之以一定形式的诱导和激励。对各级行政人员的正确行为和积极贡献，应予以及时的肯定和褒奖，以激发他们更好地为国家和社会服务。

对各级行政人员与国家和社会要求不相一致的意愿和行为，要进行监督和惩罚，使有违法越轨行为的人幡然改过或得到应有惩罚。

总之，激励和监督应有针对性地灵活运用，以保证行政人员能遵纪守法、克己奉公，从而确保国家行政权力的依法行使。

（四）福利与保障

为了维持国家行政工作人员的工作能力与保障其权益，必须制定一系列国家行政工作人员的福利与保障措施和政策。

国家行政工作人员需要衣、食、住、行等基本生活条件以维持其劳动力的生产和再生产。因此，组织必须为工作人员的劳动提供物质的生活前提和与之相关的权利的保障措施。

人事保障功能主要包括基本生活条件保障（如工资、住房）、工作条件保障、医疗保障、福利保障及退休后的生活保障等，这是国家行政工作人员生存的基础，也是调动行政工作人员工作积极性、创造性的基本前提。

四、人事行政的地位和作用

人事是行政之本，人事行政在行政管理中居于核心的地位，对其他方面也产生重要影响，人事行政的作用具体表现在以下方面。

（一）人事行政在行政管理中居于核心地位

行政管理工作需要人来推行，需要千千万万的人把国家的方针政策、法律法规、政令等转化为现实。因此，选拔什么样的人来行使行政权力、执行国家公务就成为行政管理的核心问题，能否把对国家、对社会、对人民具有高度负责的精神，具备专业知识和较高素质，德才兼备，廉洁奉公的合格人才选入行政管理领域是行政管理的关键，它关系到国家的方针、政策、法律、法规、政令是否畅通，国家对社会的控制和管理是否得力；关系到国家行政管理成败的问题。正是由于人的能动作用，决定了人事行政在行政管理中的核心地位。

（二）人事行政是合理开发和利用人才的保证

人们常说，现代的竞争是科技的竞争，而科技的竞争是人才的竞争。在竞争中要想取胜必须提高人的素质，充分调动人的积极性、创造性，合理地开发和利用人力资源，而所有这些又离不开对人的管理，离不开人事行政。管理的本质是人的问题，人事行政可以根据组织任务、组织目标和当前的实际情况，预测出在一定时期内对人才的需求情况；根据对人才的需求，由人事部门对人才进行选拔、录用、考核、任免、升降、培训等一系列的管理活动，做到“事得其人”“人适其事”“用其所长”“避其所短”；合理地利用人才不仅要合理地利用人才，还要进行人才的开发与培训，这都是人事行政中的基本问题。

（三）改进人事工作是其他改革的保证

搞好人事行政管理，对于开发人的智能、调动人的积极性和创造性、推动各方面的改革和发展都有重要意义。为了加快我国经济和社会的发展，从党的十八大以后，我国在政治、经济、科技、教育等领域都进行了广泛而深刻的改革，但各方面的改革又都和人事制度联系在一起，改进人事工作是进行其他改革的保证。

第二节　人事行政机制

人事行政以提高行政效率为目标，建立起一套有效的管理机制，形成从人员入口、人员晋升到人员出口的人事更新机制和人事激励机制。不断进行人事更新和有效的人事激励是保持人事行政充满生机与活力的必要手段和途径。

一、人事更新机制

（一）人事更新机制的含义

人事更新机制是一种在人事系统中推进新陈代谢、吐故纳新活动的机制，其基本目的是保持人事系统自身的稳定性和生命力，它包括人员更新、人员补充和能力更新。随着行政组织内外环境的变化，人事行政系统要对人事系统自身的功能结构及其人员做适当的调整和改变，以使人事行政系统与内外环境之间保持动态平衡，保证行政工作的高效能。进行人事更新，必须做到以下几方面。

第一，遵循人事工作的科学规律及其特有的内在规律性，而不能随心所欲地进行更新变革。

第二，进行人事更新必须有科学的程序和方法，要有规划和方案，要按照规划和方案有步骤地进行。

第三，人员更新还是一个循序渐进的过程。由于更新和变革目标的多样性、内容的复杂性和任务的艰巨性，不可能一蹴而就，只能随社会的政治、经济、文化的发展而逐步更新变革。

第四，人事更新是一个系统工程。它不仅要随着社会的发展和政治、经济体制的变化而变化，人事系统内部的各个子系统之间的变革也要相互配套、协调发展。

（二）人员更新的原因

人事行政是一个开放的动态系统，它与外界的环境之间存在相互依存的关系。由于组织的内外环境总是处在不断的变化之中，组织内外界环境变化，必然要求进行人事更新和变革。只有这样，才能使自己与组织的内外环境之间保持动态的平衡和适应，从而维系自身的存在和发展。否则，人事系统就会处于僵化状态，失去生机与活力，无法保证行政工作的高效率。表 8-2 中列出了人员更新的原因。

表 8-2　人员更新的原因

类别	主要原因	基 本 内 容
外部环境因素	经济因素	市场经济体制和世贸组织规则，需对原有人员体系进行结构变革。因此，经济因素是推动人员变革的最根本动力
	政治因素	政治体制改革，需要对原有人事制度进行更新和变革，以适应经济、政治、科技发展变化的需要
	科技因素	现代科技要求人事管理与科学技术相结合，做到人事行政科学化和专业化，为经济、政治、科学等的运行提供组织保证

续表

类别	主要原因	基本内容
内部环境因素	人事行政职能	随着经济的发展、社会的进步，政府管理的公共事务在不断变化，因此，人事行政的职能也在不断变更
	人事行政机构设置	随着政府职能的转变，人事行政机构也要科学规范部门职能，合理设置机构，优化人员内部结构，实现机制和编制的法定化
	人事行政管理方式	由于人事行政管理方式单一，阻碍了人力资源的开发与利用，必须在干部录用等管理方式上建立合理的人才流动机制
	人事行政运作机制	单一、僵化的人事管理制度必然会弱化机制。人事制度的改变必然要求更新和变革现行的人事管理机制

（三）人事更新的内容和途径

新陈代谢、吐故纳新是自然界的普遍规律，同时也适用于对社会的管理。运用这一规则来指导社会管理，就是坚持更新变革的机制。社会要发展就需要不断变革和更新。

1. 人事更新的内容

人事更新是一种在人事系统中进行人事管理的运行机制，是由一系列工作环节组成的，是人事管理的内容之一，包括制度更新、人员更新、人员补充和能力更新。

（1）制度更新。任何一种管理制度都是现实需要的产物，一种人事制度的产生也是如此。由于客观现实总是处在不断的变化之中，因此人事制度也应该随之不断变化和更新，一劳永逸的制度是没有的，用静止的观点看人事制度的变革是不正确的。今天对人员制度进行了某些变革和更新，明天随着形势的发展变化还需要不断变革和更新。

（2）人员更新。人员是人事系统中的基本元素，受自然规律或意外事件的影响，经常会有一些人员退出人事系统。为保证人事系统正常运转，需要通过人事更新机制完成人员的更新，它包括职位的调整和更新、人员的调配和流动、职务的升降。

（3）人员补充。随着社会政治、经济、文化的发展，政府管理公共事务的范围不断扩大，不断提出新的人员要求，需要借助人事更新机制补充因政府发展而造成的人员不足，缓解各政府部门工作超载的状况。

（4）能力更新。知识是人类认识和改造世界过程中形成的认识和经验的总和。新的知识层出不穷，新的知识、学科在不断涌现，知识的总量在按照几何级数增长，世界进入了“知识爆炸”的信息社会，这就需要国家行政人员必须随着客观世界的这一变化，不断更新自己的知识，调整知识结构。人事部门要对人力资源进行不断的开发和培训，对职工进行终身教育，实现能力的更新。

2. 人事更新的途径

人事更新机制主要是通过两个渠道而开展工作的，其一是人员更新渠道，其二是素质更新渠道。

（1）在人员更新渠道中，任用制是更新人员的进口，退休制是更新人员的出口，有出有进，形成完整的人员更新过程。

（2）在素质更新渠道中，主要是通过培训不断地改造和提高政府工作人员的知识和技能，使他们具备适应时代发展变化的新素质。

人员更新渠道和素质更新渠道构成完整的人事更新机制。

二、人事激励机制

（一）人事激励机制的含义

激励是心理学中的术语，是指用某种方法激发人的正确动机，调动人的积极性和创造性，激发人的劳动热情的问题。激励的含义有广义和狭义之分，广义的激励就是指激发人的劳动热情，调动人的积极性和创造性的过程。狭义的激励是指利用某种外部诱因，激发人的动机，诱导人的行为，使其充分发挥内在潜力，为实现所追求的目标而努力的过程。激励的本质就是激发人的正确动机，引发并维持人的行动以达到一定目标。

人事激励机制是政府组织运用自己所掌握的各种资源，积极干预和影响国家行政工作人员的过程，使每个人在致力于达成个人期望的同时实现组织的目标。人事激励机制就是政府组织内部承担激励任务的组织结构。

人事激励机制基本的工作内容就是给政府工作人员一定的报偿，分为外附报偿和内滋报偿两个方面。外附报偿是用来满足行政人员的生理需求、安全需求和社会需求，形成人事行政中的薪金制度、津贴制度和保障制度。内滋报偿主要用来满足行政人员在社会尊重和自我实现方面的需求，形成人事行政中的考核制度、奖惩制度和晋升制度。

（二）激励的心理过程和相关理论

1. 激励的心理过程

有效的激励必然更符合人的心理和行为的客观规律。不符合人的心理和行为规律的激励，就达不到调动人的积极性的目的。按心理学揭示的规律，动机支配人的行为，而人的动机又是在其需要的基础上产生的。当人们产生某种需要以后，就会引起个人内心的不平衡，出现紧张不安的心理状态，这被心理学家称为处于被激励状态，这时，人们就会产生消除紧张和不安的内驱力，即动机。动机导向行动，经过实际努力，追求的目标达到了，即某种需要得到了满足，原来的紧张和不安心理被解除，于是人们又会产生新的需要和动机。这样循环往复，以致无穷。

2. 激励的相关理论

长期以来，许多中外心理学家和管理学家都从不同的角度研究人事激励问题，提出了诸多激励理论。根据激励理论的不同特征，可以把它们分为需要型激励理论、过程型激励理论和状态型激励理论。

（1）需要型激励理论。需要型激励理论是从激励的起点，即人的需要出发研究激励问题的，它试图解释是什么因素引发维持并指导人的某种行为去实现目标的过程，需要型激励理论认为既然人的行为动机是由需要引起的，那么就要了解行政人员的需要层次、结构等，满足他们的需要以达到激励作用。需要型激励理论主要有马斯洛的需要层次论、奥尔德弗的ERG 理论、赫茨伯格的双因素理论和麦克利兰的成就激励理论等。

（2）过程型激励理论。过程型激励理论是从激励的中间过程来研究激励问题，即从产生需要到需要的满足过程来研究、探讨、分析人的行为动机是如何产生的。过程型激励理论是采取动态的系统分析方法来研究激励问题的，其目的是找出对人的行为起决定作用的关键因素，弄清它们之间的相互关系，并在此基础上预测和控制人的行为。过程型激励理论主要有弗鲁姆的期望理论、洛克的目标理论和斯金纳的强化理论等。

（3）状态型激励理论。状态型激励理论是从激励的终点，即需要是否得到满足或特定的状态来研究激励问题。例如，需要的满足方式公平或不公平，需要不能得到满足将会给人带来挫折感等。其研究重点就是弄清公平、不公平和挫折状态对人行为的影响，以找到有效的手段和措施清除它们对人的行为造成的消极影响，最大限度地调动人的积极性。状态型激励理论主要有亚当斯的公平理论和挫折理论。

（三）人事激励的原则

人事激励的原则是指进行人事激励所依据的法则标准，它是激励理论在人事行政过程中的应用。在进行人事激励时，应遵循以下基本原则。

1. 了解职工的个性特征和需要的原则

由于人的个性特征和人格的差异，人的需要也各不相同。因此，人事管理者首先要通过科学的方法确定人的个性特征；通过个性特征了解和预测职工的基本需要、优势需要，从而满足其需要，特别是优势需要，达到激发其动机、调动其积极性的作用。

2. 正确分析职工的动机的原则

动机支配行动，动机是引起人的某种行为的直接原因，激励的本质就是激发人的动机。综合心理学家们的研究成果，职工的动机强度取决于工作是否有成就感；工作成就是否能得到认可；估计自己的努力达到或超出目标的可能性；达到或超出目标获得奖赏的可能性；是否有发展的可能性；工作是否具有相当的责任感和挑战性；外在报酬满足心理需要的可能性；工作时满足心理需要的可能性；对这些需要的满足所作的评价。

3. 物质激励与精神激励相结合的原则

工作人员既有物质需要也有精神需要，因此，与之相应的激励方式也应该采取物质和精神相结合的方式。物质是人生活的基础，是最基本的需要，所以，首先应满足职工的物质需要，如工资奖金、住房等，但不能只靠物质激励，迷信物质激励就会走向庸俗的拜金主义的极端。因而要结合精神激励，满足职工的高层次需要，如社交、自尊、成就感和自我实现等需要，但是也不能只讲精神激励，迷信精神激励又会陷入唯意志论和精神万能的唯心主义泥坑。

4. 正、负激励相结合的原则

所谓正激励，是指对职工符合组织目标的期望行为给予奖励，目的是促使其重复该种行为；所谓负激励，是指对职工违背组织目标的非期望行为进行惩罚以避免该种行为的重复发生。奖励和惩罚不仅仅是针对当事人本身，更会影响其他人，鼓励先进典型、鞭策后进、扶正祛邪，形成好的组织氛围，使整个组织更积极、更有活力。但是由于惩罚具有消极作用，容易引起职工的挫折心理，因此应慎重使用。领导者、管理者要不断提高领导和管理艺术，要把正激励和负激励巧妙地结合起来，以正激励为主、负激励为辅，使职工既有外在压力又有内在动力，使职工焕发出巨大的工作热情。

（四）人事激励的手段

人事激励的手段是实现激励的各种资源，是人事行政组织利用政府所掌握的物质、精神、目标、情感和环境等资源，对行政工作人员给予奖惩而形成的激励机制。

1. 物质激励

人们首先解决吃、喝、穿、住，然后才能从事政治、科学、艺术、宗教等活动。因此，获取满足吃、喝、穿、住等物质资料是人们最基本的需求，物质激励是最基本的激励手段。世界各国，不管是政府组织还是企业，都十分重视这种激励手段的运用，物质激励包括工资、奖金、住房等。

2. 精神激励

人不仅是“经济”人，还是“社会人”，作为“社会人”，有希望和别人交往、受到别人尊重、取得成就、达到自我实现等精神上的追求。因此，在对职工进行奖励时就可以采取包括表扬、嘉奖、记功、授予荣誉称号、树立先进典型，让其负责有相当责任感、成就感和具有挑战性的工作，以及以深造、出国考察等方式鼓舞和激励职工。

3. 目标激励

目标是可以满足人的某种需要的外部诱因。具体地讲，目标是行为的指向物，它是与满足人的某种需要相联系的客观对象在主观上的超前反映。目标既包括如定额、任务、奖金等物质的有形的目标；同时也包括如技术职称、荣誉称号等精神的无形目标。目标是引起人某种行为的直接动因，人们达到目标以后，就会获得一种成功后的喜悦，产生一种巨大的成就感。因此，组织为职工设置合理的目标，将对职工有极大的激励作用。此外，组织目标还是组织凝聚力的核心，它体现了组织成员工作的价值和意义，因此，能从理想和信念的层面激励职工。在进行目标激励时要注意把组织目标和个人目标结合起来，广泛宣传组织目标和个人目标的一致性，让组织成员看到实现组织目标过程即是实现个人目标的过程，从而对职工产生叠加激励的效果。

4. 参与激励

参与激励就是通过一定制度的形式，让职工和下级参与组织中的重大问题的决策与管理，这是一种最重要的激励方式，它体现了对职工的信任与尊重。让职工参与决策和管理，第一，可以提高职工的主人翁地位，强化他们当家做主的意识，这在人力资源管理中有着特别重要的意义；第二，还可以提高职工工作的自觉性和承诺程度，激发他们的工作责任感；第三，它还是集思广益、听取群众意见、进行民主管理的最好方法；第四，如果职工的意见、建议被采纳，他们将感到自我价值的实现和成就需要的满足，对他们有极大的激励作用。

5. 领导行为激励

所谓领导行为激励，是指领导者通过高尚的人格和以身作则、公正廉洁的模范行为影响和激励职工。由于领导者所处的特殊地位，其一言一行、一举一动都会成为众人关注的焦点，因此，在一个组织内，没有比领导者的行为更能激励职工的了。

6. 关怀激励

所谓关怀激励，是指上级对下级和职工在精神上鼓励、工作上支持、生活上关心，激发职工的积极性。关怀激励实质上是一种感情上的投入，是一种感情激励。感情会影响人的态度，心理学的研究表明人的态度是由认知成分、情感成分和行为成分构成的，其中情感成分占有核心的地位，如果领导能加强与下级和职工在感情上的沟通，尊重他们，关心他们，与他们建立起平等的关系和亲密的友谊，就会使他们对领导的态度发生变化：从原来的不怎么拥护到拥护；从原来的否定到肯定；从原来的反对到支持甚至为领导排忧解难，这是情感因素的激励作用。

7. 环境激励

所谓环境激励，就是要为职工创造一个非常良好适宜的工作和生活环境，让他们在良好的环境中发挥自己的积极性、主动性和创造性。良好适宜的环境包括：一是良好的人际环境。

要处理好领导和职工的关系，领导对职工要尊重、信任和关心；处理好职工与职工的关系，有矛盾及时解决，使组织和群体内保持一种非常融洽的人际关系。二是良好的物质环境。要为职工提供必要的物质条件，使他们顺利地开展工作；为员工提供一个清洁、优美的工作环境，使他们体验一种美的享受，这样才能使职工以舒畅的心情和饱满的热情进行工作。三是良好的文化环境。开展丰富多彩的业余文化生活，创造出一个良好的文化氛围。此外，良好的环境对职工来说不仅仅是一种享受，还是对他们的一种压力和规范，可以推动员工努力工作。

三、国家公务员制度是我国人事行政机制的创新

人事行政管理的内容必须通过制度的形式确定下来。政府行政人员是国家公务员的重要组成部分。通过制定法律和规章对国家公务员依法进行管理的制度被称为国家公务员制度，国家公务员制度是人事行政管理制度的创新。

（一）国家公务员制度的形成

国家公务员达到规定的退休年龄，为国家服务到一定的工作年限或因病残丧失了工作能力，离开工作岗位，依法办理退休手续，由国家给予生活保障，并给予妥善安置和管理，这是国家公务员管理的一个重要管理环节，也是保障国家公务员队伍充满生机和活力的重要措施。

（二）我国公务员制度的基本内容

实施国家公务员制度的目标是建立办事高效、运转协调、行为规范的行政管理体系，完善国家公务员制度，建立高素质的专业行政管理干部队伍。推行国家公务员制度主要是实行干部职位分类、考试录用和科学晋升机制，在推行国家公务员制度的同时，完善人事制度的改革。国家公务员制度基本可以概括为四个方面：职位分类制度、新陈代谢制度、激励约束制度、职业发展和保障制度。

相关链接

我国公务员制度的基本内容

《中华人民共和国公务员法》(以下简称为《公务员法》)是我国公务员制度的基本法规，从五个方面确定了我国公务员制度的基本内容。《公务员法》突出了对公务员的监督与激励机制并重的原则，把公务员真正当成了权利与义务的结合体。

第一部分，总则。规定国家公务员制度的指导思想、基本原则及公务员范围等内容。

第二部分，公务员的条件、义务与权利。明确公务员应当具备的七项条件，必须履行的九项义务与享有的八项权利。

第三部分，公务员管理的环节与内容。主要包括实行职位分类制度；公务员录用适用范围、原则、程序、主持机关等；考核原则、种类、等次、组织、程序、结果等；职务任免的形式、条件、原则；职务升降的原则、条件、程序等；奖励的原则、条件、种类；纪律规定及对违反纪律规定予以处分的形式、程序等；培训的原则、种类，培训组织、培训结果使用；交流的种类、办理程序等；回避的范围、种类；实行职级工资制，明确确定公务员工资水平

的原则，建立正常的增资机制，规定公务员应享有保险和福利待遇；规定辞职辞退的条件、程序及相关事宜；退休的方式、条件、待遇等；明确公务员申诉、控告的权利、种类、条件、受理机关、程序等，建立公务员权益保障机制。

第四部分，公务员管理与监督。规定公务员的管理机关、管理体制，以及实施监督的权力、范围等。

第五部分，附则。明确《公务员法》的解释权归属及实施的时间、步骤。

1. 职位分类制度

美国学者怀特认为："现今人事管理建立在两大柱石之上，一为选贤举能，一为职位分类，两者缺一不可。"职位分类制度是人事分类制度的类型之一，人事分类是人事管理的基础。一般来说，人事分类制度有两种基本类型：一种是品位分类，即以人为对象进行分类的一种人事分类制度，其分类依据是公务员个人所具备的条件和身份；另一种是职位分类，即以职位为对象进行分类的一种分类制度，其分类的依据是职位的工作性质、难易程度、责任轻重及所需资格条件。

我国公务员的分类制度是一种以职位分类为主、兼具品位分类的分类制度。公务员职位类别按照公务员职位的性质、特点和管理需要，划分为综合管理类、专业技术类和行政执法类等类别。

（1）我国公务员职位分类制度的基本原则。其基本原则主要有五条：一是兼顾原则。实行职位分类，必须兼顾品位因素，二者不能完全脱节。二是适用原则。必须从实际出发，简便易行。三是渐进原则。必须循序渐进，逐步完善。四是动态原则。分类后的结果不能一成不变，要随着职位工作内容的变化而调整，以适应改革的需要。五是法制原则。有关职位分类的规范性文件应逐步形成正式法规，由国家统一颁布，依法对职位分类进行管理。

（2）职位分类的主要内容：一是职位设置，各级国家行政机关依据国家有关规定，在确定职能、机构、编制的基础上进行职位设置。二是制定职位说明书，确定每个职位的职责和任职资格条件，作为国家公务员的录用、考核、培训、晋升等的依据。三是根据职位分类，设置国家公务员的职务。国家公务员的职务分为领导职务和非领导职务。领导职务从副科长到总理共十个等次。非领导职务与领导职务一样都是实职，包括办事员、科员、副主任科员、主任科员、助理调研员、调研员、助理巡视员、巡视员八个等次。四是确定公务员级别。公务员级别是体现品位因素的内容，公务员级别分为十五级，级别与职务有对应关系，如总理为一级；科员为九至十四级等，按照所任职务及所在职位的责任大小、工作难易程度以及国家公务员的德才表现、工作实绩和工作经历确定。五是职位管理。各级人民政府工作部门因工作需要，增设、减少或者变更职位时应当按照规定程序重新确定。

（3）职位分类制度的发展趋势。职位分类制度的确立将公务员管理奠定在以事为中心的人事分类基础上，为因事设职、因事择人、人事相宜提供了制度性条件。职位分类是众多人事分类方式中的一种。目前的世界趋势是各种分类方式相互靠近、相互融合。比如，实行职位分类的美国开始借鉴、引入品位分类的做法，实行粗划分的分类制度，设立"级随人走"的高级行政职务，建立"职业通道"取代原来的 400 多个职系等，而实行品位分类的英国也引入大量职位分类的原则与做法。

2. 新陈代谢制度

国家公务员新陈代谢制度是指有关国家公务员考试录用、调任、辞职、辞退、退休等一系列制度的总和。对国家公务员管理的新陈代谢制度大体分为进、管、出三大环节。

（1）考试录用是指国家行政机关通过采取公开考试、严格考核的办法，按照德才兼备的标准，择优录用担任主任科员以下非领导职务的国家公务员的制度。

（2）调任是指国家行政机关以外的工作人员调入国家行政机关担任领导职务或者助理调研员以上非领导职务，以及国家公务员调出国家行政机关任职的制度。

（3）辞职是指国家公务员依照法律规定和程序，自愿申请辞去现任公务员职务，终止与行政机关任用关系的制度。

（4）辞退是指国家行政机关依照法律规定和程序，解除与公务员任用关系的制度。

（5）退休是指国家公务员达到一定的年龄和工龄或因病残丧失了工作能力，根据国家规定办理退休手续，离开工作岗位，由国家给予一定数额的退休金和其他生活保障，予以妥善安置和管理的制度。

3. 激励约束制度

国家公务员激励约束制度是指有关国家公务员的考核、奖励、处分、职务升降、轮换、回避等一系列制度的总和，激励约束制度同时也构成人事行政管理的具体环节。

（1）考核是指国家行政机关根据有关法律法规，按照管理权限，对国家公务员的德、能、勤、绩、廉进行全面考查与评价，并以此作为对国家公务员奖惩、培训、辞退以及调整职务、级别和工资依据的制度。

（2）奖励是指国家行政机关对在工作中表现突出、有显著成绩和贡献以及有其他突出事迹的国家公务员给予精神或物质鼓励的制度。

（3）处分是指对有违纪行为尚未构成犯罪，或虽然构成犯罪但是依法不追究刑事责任的国家公务员，依照有关规定给予惩戒的制度。

（4）职务升降是指依照法律规定和程序，将国家公务员由原工作职位调任到另一个承担更大或较小责任的职位上，同时其权力相应扩大或缩小、报酬相应提高或降低的制度。

（5）轮换是指国家行政机关对担任领导职务和某些工作性质特殊的非领导职务的国家公务员有计划地调换职位任职的制度。

(6)回避是指为了防止公务员因个人利益和亲属关系等因素对公务活动产生不良的影响，在公务员所任职务、所执行公务和任职地区等方面做出一定的限制，使其避开有关亲属关系从事公务的制度。

4. 职业发展和保障制度

国家公务员职业发展和保障制度是指有关国家公务员的培训、挂职锻炼、工资、保险、福利等一系列制度的总和。

（1）培训是指国家行政机关为了提高公务员的政治和业务素质，根据经济、社会发展的需要，按照职位的要求，通过各种形式对公务员采取的有组织、有计划的教育活动。

（2）挂职锻炼是指国家行政机关有计划地选派在职国家公务员在一定时间内到基层机关或者企业、事业单位担任一定职务，以经受锻炼、丰富经验、增长才干的制度。

（3）工资是国家分配给公务员个人消费品的货币表现。我国公务员的工资制度贯彻按劳分配的原则，实行职级工资制。职级工资主要包括职务工资、级别工资、基础工资和工龄工资四部分。

（4）保险是指国家依法对因疾病、工伤、年老等原因，暂时或永久丧失劳动能力的国家公务员给予物质帮助的社会保障制度。

（5）福利是指国家行政机关为解决国家公务员生活方面的共同需要和特殊需要，在工资和保险待遇之外，对公务员在经济上给予帮助和生活上给予照顾的制度。福利主要包括各种福利设施、福利补贴、假期待遇和生活困难补助等。

第三节　人力资源管理与开发

人力资源管理就是采取科学有效的方法，最合理地管理和使用组织中最宝贵的人力资源，调动他们的积极性、创造性，使其发挥全部潜能，实现组织目标的过程。人力资源开发既指对人力资源的充分发挥和合理利用，又指对人力资源的培养与发展。人力资源的管理与开发的作用在现代社会中日益重要。

一、人力资源管理概述

（一）人力资源管理的形成

20 世纪 60 年代，以舒尔茨、贝克为代表的美国经济和管理学家创立了人力资本理论。在我国实施改革开放政策以后的 1990 年前后，人力资源作为一个研究和开发对象并成为一门管理科学从西方传入我国。人力资源的概念最初只被运用到管理企业之中，后逐步延伸到政府机构和公共行政领域。人力资源管理在我国的形成，大体经历了传播、专业化扩展、全员化、公共化四个阶段。

（二）人力资源管理的含义

人力资源管理就是指运用现代化的科学方法，对与一定物力相结合的人力进行合理的培训、组织和调配，使人力、物力经常保持最佳比例，同时对人的思想、心理和行为进行恰当的诱导控制和协调，充分发挥人的主观能动性，使人尽其才、事得其人、人事相宜，以实现组织目标。现代人力资源管理就是一个人力资源的获取、整合、保持激励、控制调整及开发的过程。

人力资源管理是对人力资源进行有效开发、合理配置、充分利用和科学管理的制度、程序和方法的总和。人力资源管理的主要内容包括：制订人力资源计划、人力资源费用核算、工作分析和设计、人力资源的招聘与配置、雇佣管理与劳资关系、培训与发展、绩效考评、帮助员工的职业生涯发展、员工工资报酬与福利保障、建立员工档案等。

（三）人力资源管理与传统人事管理的区别

为了适应社会的发展和变革，在人事行政管理制度、体制、方法、技术等方面进行改革，就要引入现代人力资源管理的理论和方法，掌握传统人事管理工作与现代人力资源管理的区别。其区别主要体现在以下几方面。

第一，在管理内容上，传统人事管理的主要工作就是管理档案、人员调配、职务职称变动、工资调整等具体的事务性工作；而现代人力资源管理则以人为中心，将人作为一种重要资源加以开发、利用和管理。

第二，在管理形式上，传统人事管理属于静态管理；而现代人力资源管理属于动态管理，强调整体开发。

第三，在管理方式上，传统人事管理主要采取制度控制和物质刺激手段；现代人力资源管理采取人性化管理。

第四，在管理策略上，传统人事管理侧重于近期或当前人事工作，属于战术性管理；现代人力资源管理更注重人力资源的整体开发、预测与规划，属于战术与战略相结合的管理。

第五，在管理技术上，传统人事管理照章办事，机械呆板；而现代人力资源管理追求科学性和艺术性。

第六，在管理体制上，传统人事管理多为被动反应型；现代人力资源管理多为主动开发型。

第七，在管理手段上，传统人事管理手段单一，以人工为主；现代人力资源管理系统均由计算机辅助，能及时准确地提供决策依据。

第八，在管理层次上，传统人事管理部门往往只是上级的执行部门，很少参与决策：现代人力资源管理部门则处于决策层，直接参与单位的计划与决策，是单位最重要的高层决策部门之一。

二、现代人力资源管理的基本内容

现代人力资源管理的基本内容包括：工作分析、人力资源规划、人员招聘与录用、培训与开发、绩效考评，其基本要求包括：人力资源质的管理与量的管理以及员工档案管理；熟悉人力资源管理的定义、人力资源费用的核算工作、工作分析与设计、劳资关系管理、员工培训和发展、员工职业生涯发展的有关原理与操作；掌握人力资源计划的制订、招聘与录用、绩效考评、工资报酬的管理。

（一）工作分析

1. 工作分析的含义

工作分析是全面了解一项具体工作或具体职务的管理活动，是确定完成组织中各项工作所需技能、责任和知识的系统过程。在现代人力资源管理中，工作分析是其所有职能工作的基础和前提。

所谓工作分析就是采用一定的技术和方法，全面收集、分析、整理有关工作信息，并按工作性质的难易程度和工作所需人员资格条件进行分类与评定等一系列的基础性人力资源管理活动。

工作分析的目的是解决工作的完成需要什么样的体力和脑力活动，工作将在什么时候完成，工作将在哪里完成，将如何完成此项工作，为什么要完成此项工作，完成工作需要哪些条件等一系列重要的问题。

2. 工作分析的基本过程

（1）目标选择与组织：确定所获取工作信息的所有目的；确定工作分析时信息收集的类型和范围；选择工作分析人员（工作分析专家、主管人员、任职者）；取得认同和合作；制定规范用语。

（2）工作分析计划的制订和方案的设计：制订工作分析计划；选择分析的目标职务；选择信息来源；选择信息收集的方法，主要有观察法、工作日记分析法、主管人员分析法、访问法、问卷法、参与法、典型事例法等。

（3）情报的收集和分析：工作信息包括工作内容、工作职责、有关工作的知识、灵巧程度、经验和适应的年龄、所需教育程度、技能训练的要求、学习要求、与其他工作的联系、工作环境、所需的心理品质和劳动强度等；情报分析主要包括职务名称分析、职务规范分析、工作环境分析和任职资格分析等。

（4）结果表达：任务是把前一阶段的分析结果用文字的形式表达出来，使它成为可以使用的管理文件，也就是编写职务说明书。职务说明书的内容包括工作概况、详细的工作职责、明确的工作要求和任职者的资格等。

（5）结果运用：根据工作分析的结果，制定人力资源管理的各种应用性文件并培训文件的使用者，使他们能够按照文件的具体规定实施管理，把工作分析的成果运用到工作实际中去。

（6）运行控制：工作分析的运行控制贯穿整个工作分析的过程，目的是控制和纠正可能出现的各种偏差。

3. 工作分析的结果

工作分析的最后结果是要形成一份职务说明书。职务说明书是记录职务分析结果的专门性文件。它把所分析职务的责任、权限、工作内容、工作程序、工作方法、执行标准、任职资格等信息以文字的形式记录下来，以便人力资源管理人员使用。

职务描述是具体说明从事某一职务工作的物质特点和环境特点，主要包括职务名称、工作活动、工作程序、工作环境和聘用条件等。

职务规范是说明从事某项工作的人员必须具备的生理要求和心理要求，主要包括一般要求、生理要求和心理要求。

编写职务说明书的注意事项：内容可依据工作分析的目的进行调整，可简可繁，可以用表格形式表示也可以用语言表述；需要个人填写的部分，应运用规范术语，字迹要清晰；使用浅显易懂的文字，用语要准确；评分等级要依据实际情况设定；运用统一的格式，注意整体的协调，做到美观大方。

（二）人力资源规划

1. 人力资源规划的含义

人力资源规划是一种战略规划，是着眼于为未来的企业生产经营活动预先准备人力，持续和系统地分析企业在不断变化的条件下对人力资源的需求，并开发制定出与企业组织长期效益相适应的人事政策的过程。

人力资源规划是指使企业稳定地拥有一定质量和必要数量的人力，以实现包括个人利益在内的组织目标而拟订的一套措施，从而求得人员需求量和人员拥有量之间在企业未来发展过程中的相互匹配，人力资源规划中的基础工作是核查现有人力资源，对企业现有的人力资源的数量、质量、结构及分布进行准确的掌握。

2. 人力资源规划的内容

人力资源规划是人力资源管理各项具体活动的起点和依据，直接影响着人力资源战略实施的有效程度。人力资源规划包括总体规划与单项业务规划，具体包括以下内容。

（1）人员晋升规划：根据组织的人员分布状况和组织的层级结构，制定人员的提升政策，包括选拔标准、资格条件等。

（2）人员补充规划：根据组织运转的实际情况，合理地把产生的空缺职位加以补充的规划活动。

（3）教育培养规划：为了满足组织中长期的发展所需而事先准备人才，为了更好地使人与工作相适应而进行的活动。

（4）配备使用规划：通过有计划地组织内部人员水平流动来优化人力资源结构、改善绩效，满足未来职位需求的规划活动。

（5）薪资规划：为了确保组织的人工成本与组织的发展状况保持在一定水平的规划活动。

（6）员工生涯规划：一个人工作生涯的人事程序，使员工个人的成长与组织的发展保持一致。

3. 人力资源规划的过程

（1）分析准备阶段。主要任务是广泛收集人力资源规划所需要的各种有关信息，进行分析整理并为后续阶段做实务方法和工具的准备。

（2）预测阶段。它是人力资源规划中技术性的部分。人力资源的预测主要是从供给和需求两个方面进行的，其中，供给预测包括两个方面：一是内部人员拥有量预测；二是外部供给量预测。

（3）制定规划阶段。制定人力资源开发与管理的总规划，根据总规划制定各项具体的业务规划及相应的人事政策，以便各部门贯彻执行。

（4）规划实施、评估与反馈阶段。组织将人力资源总规划与各项业务规划付诸实施，并根据实施的结果进行评估和修正。

（三）人员招聘与录用

1. 人员招聘与录用的意义

在进行了人力资源规划以后，下一步工作就是如何根据规划招聘与录用到合适的人员，以补充组织内的职务空缺。人员招聘与录用是人力资源管理最重要的过程，这是因为组织的生存与发展取决于它们在社会竞争中的优势地位。而构成组织竞争优势的要素中人才的质量是最重要的，人才是组织发展的“第一要素”。组织能否吸引到满足需要的人才，直接关系到组织的生存和发展。

2. 人员招聘与录用的程序

（1）提出人员增补需求。人员招聘与录用工作开始于现有职位由于种种原因发生的空缺，由此提出人员增补需求。人员增补需求又是与组织的人力资源规划直接相联系的。通过组织对人力资源进行规划，能准确地把握各部门对人员需求的信息，确定人员招聘的种类和数量。

（2）由组织的人力资源管理部门具体实施人员招聘工作。进入招聘工作的实质性操作阶段，先在组织内部进行人员调整，最大限度地发挥现有的人力资源潜力，然后才是从外部劳动力市场吸纳人才。

（3）由人力资源部门会同用人部门共同实施人员选聘的考试、面试工作。根据具体职位要求对前来应聘人员进行多种形式的知识、技能、能力的考试和心理测验，合格者进入面试阶段。

（4）岗前培训。考试、面试合格者被招聘为组织的试用员工，在上岗前接受多种形式的岗前培训。

（5）对试用员工上岗试用考查。主要是通过工作实践来考查试用员工对工作的适应性和能力。

（6）正式录用。经考核，试用合格者被录用为组织的正式员工，新员工上岗工作。

（四）培训与开发

1. 培训与开发的含义

培训与开发是由人力资源部门主要规划、组织，并采取一定步骤通过教学、实验等各种方法，向员工传授完成本职工作所必需的知识、技能、品德、态度等内容，以改善成员行为，提高工作绩效，实现组织目标的活动。

2. 人力资源培训的方式

对培训的方式，可以从不同方面来概括：从培训是否脱离本职工作来看，可以把培训分为在岗培训和脱产培训；从培训的组织形式来看，可以把培训分为单位培训、联合培训、代培等方式；从培训的层次来看，可以把培训分为不同层次的培训，如初级、中级、高级人才的培训；从培训的内容来看，可以把培训分为岗前培训、岗位培训、转岗培训。

（1）岗前培训。培训的内容包括：业务知识培训，使员工在经过培训后掌握必要的和相关的业务知识；组织的总体目标、使命、管理哲学和价值观等教育。

（2）岗位培训。培训的重点放在对员工业务能力的培养上。例如，海尔内部设有专门业务知识教育，并针对工作中易出现的问题进行重点讲解，特别是海尔集团的中高层管理人员，必须接受海尔大学的培训安排，否则就要被索赔，不能升迁。

（3）转岗培训。激烈的市场竞争，需要一大批复合型人才。例如，海尔采用了转岗培训的方式培养复合型人才，海尔让科技研究人员参与营销理论的培训与营销工作的实践，大大地提高了科研人员的市场意识及科技创新工作的效率。

3. 人力资源培训的程序

人力资源培训需要一系列基础性的工作和实际操作程序。以入职教育为主的岗前培训为例，实际操作程序的具体内容包括入职教育的准备内容、方法，入职教育培训计划的制订与实施。

入职教育需要准备的材料包括：员工上岗培训计划、员工上岗培训通知；受训员工基本情况与实施受训员工上岗培训安排表；受训员工上岗培训提纲；按培训内容编写的培训资料或提纲；员工手册。

入职教育的会务准备工作主要包括：一是准备入职教育会议议程，具体包括由高层经理人员致欢迎词、介绍公司，由人力资源部门进行一般性的指导，介绍公司的各种政策与规定等；由新员工的直属上级执行特定性的指导；举行新员工座谈会，鼓励新员工尽量提问，进一步使员工了解关于公司和工作的各种信息。二是安排入职教育的内容，主要有规章制度、企业概况、产品知识、行为规范、共同价值观等。三是确定入职培训的专业内容，主要有业务知识、技能以及管理实务等内容。四是安排入职培训的会场。培训员应在培训实施时提前到位检查地点，确保培训各项准备工作的顺利进行。

入职教育的实施步骤：一是培训的准备。主要是确定培训的时间、地点和培训教师，其中培训教师一般由有关业务部门的负责人或业务骨干担任。二是实施培训。培训内容分为一般性培训和专业培训，根据培训内容的不同，可采取集中授课、自学、实地培训、远程培训等方式。三是考试、考核。适用于对知识、技能的考查，考核有两种形式，一种是利用考核表；另一种是让新员工写心得报告，指导者根据心得报告做出评价。四是颁发上岗证或上岗通知书。上岗证和上岗通知书是员工取得上岗资格的证明。上岗证书或上岗通知书的颁发，一般应以考试、考核是否合格为依据。

（五）绩效考评

1. 绩效考评的含义

绩效考评是人力资源管理的重要组成部分。绩效考评有广义和狭义之分，广义的绩效考评是指对工作人员的素质包括心理素质、组织素质、智力素质、政治素质、身体素质等进行全面的评估，作为人员任用、调配、培训的依据。狭义的绩效考评则是指按照一定的标准采用科学的方法，对工作人员履行职责的情况，包括对工作人员在工作过程中表现出来的工作态度、工作能力、工作成绩、工作的数量和质量等进行评价，并以此判定工作人员与其从事的职位是否相称。

2. 绩效考评的作用

（1）绩效考评是人员任用和调配的依据。通过绩效考评，对工作人员的心理素质、知识素质、智力素质、身体素质、政治素质等进行评定和估价，在此基础上对其能力和专长进行推断，更有利于坚持“因事择人”“人适其事”的原则。同时，绩效考评还有利于人力资源管理部门较快地发现工作人员与工作岗位不相适应的情况，从而进行调配。

（2）绩效考评是工作人员晋升的重要依据。人力资源部门可以根据在绩效考评中所反映出来的工作人员的客观情况，公平合理地做出提职、晋升的决定。

（3）绩效考评是确定合理劳动报酬的依据。考核为人力资源部门制定工作人员工作报酬政策提供了科学的依据。

（4）绩效考评是制订培训计划的重要依据。通过绩效考评可以了解工作人员真实的能力素质，掌握他们的优点、长处和薄弱的环节，因此可以针对上述情况有针对性地制订培训计划并组织培训。

（5）绩效考评是激励员工的重要手段。绩效考评本身就是对员工的一种激励，通过考评肯定了成绩和进步，鼓舞了斗志，坚定了信念，发现了问题，找出了差距，明确了方向，对工作人员有极大的鞭策作用。

（6）绩效考评是对工作人员进行奖惩的依据，赏罚分明是人力资源管理的重要特征之一，也是人力资源管理履行其职能的前提，而对工作人员的赏罚则是以对员工的绩效考评为依据的。

3. 绩效考评的内容

对工作人员的绩效考评主要包括德、能、勤、绩四个方面的内容。

（1）德。“德”是指工作人员的政治素质。包括工作人员的思想政治觉悟、思想作风、社会道德和职业道德等，“德”不是抽象的，它在不同的时期包含了不同的内容，目前就是贯彻落实习近平新时代中国特色社会主义思想。

（2）能。“能”是指工作人员的工作能力。这是对工作人员现有能力和潜在能力的考评。不同的岗位对工作人员的能力要求也各不相同，因而考评的侧重点也不相同，对工作人员能力的评定要依据科学的方法，对其在工作中取得的成绩进行综合评定。

（3）勤。“勤”主要指对工作人员工作态度、工作积极性、遵纪守法的自觉性、工作责任心和责任感等方面的综合评价。

（4）绩。“绩”是对工作人员实际工作业绩的评价。这是绩效考评的核心，考评的结果应能客观地反映工作人员对社会贡献的大小。工作绩效的考评主要包括工作人员工作数量的多少、工作质量的好坏（效果）、工作中的创造性等内容。

三、人力资源管理职业资格

（一）人力资源职业资格证书

1999 年 5 月成立国家职业资格评定委员会，颁布国家职业分类大典，共计 1 838 个职业，确定职业资格等级结构，共分为初级、中级、高级、技师和高级技师五个等级，确定了国家职业资格要求的内容，并且规定了技术技能型人员系列与学术、工程师人员系列的对照等级。我国实行国家职业资格制度，继对秘书、推销员、公关员、物业管理员进行职业资格全国统一鉴定后，又推出了人力资源管理人员职业资格认证证书。

人力资源职业资格共设四个等级：人力资源管理员（国家职业资格四级），助理人力资源管理师（国家职业资格三级），人力资源管理师（国家职业资格二级），高级人力资源管理师（国家职业资格一级）。

（二）人力资源管理师的胜任特征模型

人力资源管理专家一般把人力资源管理师的胜任特征划分为五个层次，即技能、知识、社会角色、自我概念特质和动机。其中，技能和知识只是对任职者基础素质的要求，较容易通过培训、教育来发展，但不能把表现优异者与表现平平者区别开来，因此，称为基准性胜任特征；而社会角色、自我概念特质和动机则是优异者在职位上获得成功所必须具备的素质要求，在短期内较难改变和发展这些素质特征，却能把表现优异者与表现平平者区别开来，被统称为鉴别性胜任特征。可以从知识、技能和工作风格三个方面来说明人力资源管理人员的基本工作特征，见表 8-3。

表 8-3 人力资源管理师的胜任特征模型

知识		技能		工作风格	
基础要求	专业要求	基础要求	专业要求	基础要求	专业要求
• 劳动法规 • 人力资源管理 • 劳动经济学 • 计算机 • 统计和调查 • 写作 • 组织行为学 • 研究方法 • 胜任特征模型	• 战略与规划 • 招聘与配置 • 职位分析 • 员工培训 • 职业生涯发展 • 绩效管理 • 薪酬管理 • 劳动关系管理 • 工作安全与健康 • 组织文化与变革	• 学习能力 • 协调 • 沟通 • 辅导 • 阅读理解 • 客户服务 • 洞察力 • 调查统计	• 判断决策 • 计划 • 专业知识应用 • 发展关系	• 自我控制 • 分析性思维 • 独立性 • 成就动机 • 应变 • 关心他人 • 可靠性 • 团队合作 • 主动性	• 影响他人 • 创新 • 正直诚信 • 战略性思维

（三）人力资源管理师的知识体系

为了了解和掌握人力资源管理师的职业资格认证考试的内容和要求，每一个准备参加职业资格鉴定的考生都应当反复阅读职业标准、培训教程以及考试指南，并正确理解其中所包含的各项具体内容和要求。

职业标准是国家制定的专门用于职业技能鉴定的纲领性文件，考生们可以从该职业标准中了解本职业的概况，如职业的定义、职业等级的划分、职业胜任能力特征、培训的要求（培训期限、培训教师和场地设施设备）、鉴定的要求（适用对象、申报条件和鉴定方式）等。

培训教程是以职业标准为纲要，体现了相应职业的性质和特点以及对任职资格、所应掌握的理论知识和操作技能的要求，它是职业标准中各项工作内容的细化、具体化和实际化，是考生获取理论知识与专业技能的基本依据。

考试指南是以职业标准为纲，以培训教程为依据，按照培训教程章节编写了鉴定要素细目表，具体列出了人力资源管理师的基础知识、相关知识和操作技能的鉴定范围、比重和鉴定点，并为考生们编写了应试指导。

人力资源管理师的职业资格认证考试的知识体系框架：基础知识、劳动法、人力资源管理、劳动经济学、统计学知识、计算机知识和写作知识。

人力资源管理师工作要求：人力资源规划、招聘与录用、培训与开发、绩效管理、薪酬福利管理、劳动关系管理。

◎ 案例讨论

1990 年 10 月，飞龙集团只是一个注册资金只有 75 万元，员工只有几十人的小企业，但 1991 年实现利润 400 万元，1992 年实现利润 6 000 万元，1993 年和 1994 年利润都超过 2 亿元。短短几年，飞龙集团可谓“牛气”冲天。但自 1995 年 6 月飞龙集团突然在报纸上登出一则广告——飞龙集团进入休整，然后便不见踪迹了。这是为什么？1997 年 6 月，消失两年的飞龙集团总经理姜伟突然从地下“钻”出来了。并坦率地承认飞龙的失败是人才管理的失误。飞龙集团除 1992 年向社会严格招聘营销人才外，从来没有对人才结构认真地进行战略性设计。随机招收人员、凭人情招收人员，而且持续 3 年之久。作为已经发展成为国内医药保健品企业前几名的公司，外人或许难以想象，公司竟然没有一个完整的人才结构，没有一套完整的选择和培养人才的规章制度，造成人员素质偏低，人才结构不合理等现象。从 1993 年开始，飞龙集团盲目地大量招收中医药方向的专业人才，并且安插在企业所有部门，造成企业高层、中层知识结构单一，企业人才结构不合理，严重地阻碍了一个大型企业的发展。1993 年 3 月，一位高层领导的失误造成营销中心主任离开公司，营销中心一度陷入混乱，这样一来，使公司陷入困境。

（资料来源：百度文库，2012）

问题：

请问什么原因造成了飞龙集团的失误？（用人力资源管理的规划与招聘理论来分析）

◎ 实训活动

一、实训项目

虚拟人力资源开发与运用。

二、实训内容

根据环境特点，分析员工不同的能力，将员工安排到不同的工作岗位。

三、实训设施及工具

行政管理实训室、假设的河流、一座很破旧的桥和一个手电筒。

四、实训指导

（一）场景

在野外，深夜。

四个敌方的间谍（A、B、C、D）在力图摆脱身后的追兵。

这时，他们面前出现了一条湍急的河流，上面有一座很破旧的桥。

（二）角色能力、当前条件介绍

A 过桥单程最快 1 分钟；B 过桥单程最快 2 分钟；C 过桥单程最快 5 分钟；D 过桥单程最快 10 分钟；他们只有一个手电筒；过桥时每次只能通过两人；过桥时必须打开手电筒；追兵将至，必须在最短时间内过桥逃生。

（三）最佳方案提示

A、B 先过：2 分钟；A 独自返回：1 分钟。C、D 过：10 分钟；B 返回：2 分钟；A、B 过：2 分钟，共 17 分钟。

五、实训点评

当他们的情势处于紧急状态时，他们的紧张情绪会对制订的方案产生一定影响。因此，此时制订的方案不一定是最佳的，这样将来方案的实施以及获得的效果都将与他们的初衷有很大出入。因此，首先的失误在于他们自身的素质，它不仅影响他们自己的情绪而且会影响整个团队的决策，可见这种情况应首先避免。

在这个游戏中还有一个突出的问题，在人们日常的生活中也是常见的。那就是团队里的成员在问题面前各持己见，不易达成一致，造成这一现象的原因可能有很多种，比如，团队成员的人际关系紧张，造成沟通阻碍，因此就更谈不上达成一致了；还有可能是团队的骨干力量不够权威，因此在很大程度上无法凝聚力量与智慧；此外，还有可能是团队本身的人员配置不够科学，不易发挥个人才能和智慧，造成人力资源的浪费等情况。在这些问题面前我们应当发现，优化的人力资源配置将是我们达成最佳方案的关键因素。

当然，当我们把自身和团队的一切调整到最佳状态时，我们也会遇到一些困扰。例如，当我们把方案提出时，难以取舍。如果没有大家公认的好方案，那么，很有可能会因为选择而耽误时间，这样，我们的团队就会失去把握时机的最佳机会。不仅会贻误战机，也会给自己造成损失。

因此，在平时的工作当中，团队里的每个成员都应注意彼此之间的相互沟通，增进对对方工作特长的了解和帮助，指出缺点以便在方案决策的关键时刻，更快地选择出最优的，指出不足，默契地达成一致。这样才有助于团队决策的优质性与高效性。

六、实训报告

请将实训所得结果填写在实训报告纸上。

◎ 复习思考题

1. 什么是人事行政和人事行政关系？
2. 简述人事行政的主要功能。

3. 人事行政的基本原则是什么？
4. 人事行政在行政管理中的地位和作用是什么？
5. 为什么要进行人事更新？人事更新机制的内容是什么？
6. 什么是人事激励？人事激励机制的原则和手段有哪些？
7. 人力资源管理的主要内容是什么？
8. 人力资源开发的主要内容是什么？
9. 人力资源绩效考评的主要内容是什么？

第九章

财务行政

◎ 学习目标

- **知识目标**

识记：财务行政、预算、会计、决算、审计等概念。

领会：税收、预算、会计、决算和审计制度的特点和原则。

应用：理解财务行政实务，掌握财务行政的各项工作技能，将其应用于行政管理的实践活动中。

- **能力目标**

应知：了解财务行政的特点，熟悉财务行政的程序，清楚财务行政系统中的财务行政过程。

应会：学会财务行政、复式预算、预算会计、单位预算会计的方法和技巧。

掌握：掌握财务行政的现代技术，编制财务行政报表，通过行政秘书的工作，使政府财务行政工作得到有效的开展。

◎ 情景导入

为了进一步锻炼宋敏，领导又将宋敏从人事部调到财务部。宋敏从人事部调入财务部以后，很快进入预算会计角色。她一方面回忆在学校学过的财务行政理论，通过进修掌握当代最新的财务理念，特别是与国际接轨的财经知识；另一方面注重理财的实践，积累财务方面的经验，熟练掌握会计核算的技术。她已经学会借贷记账法、设置会计科目和政府复式预算的编制。

在行政管理实务中，要了解财务行政的特点，熟悉财务行政的程序，清楚财务行政系统中财务行政过程、财务行政制度、财务行政实务之间的关系；学会财务行政、复式预算、预算会计、单位预算会计的方法和技巧，完成行政领导分配的与财务行政有关的职能和任务。掌握行政秘书财务行政的技能、财务行政的现代技术，编制财务行政报表，通过行政秘书的工作，使政府财务行政工作得到有效的开展。

第一节　财务行政概述

财务行政是政府、管理者等行政主体对政府行政管理或单位微观管理中的资金收支的管理活动，是行政主体行使与法定的事权相配套的财权，规范和监督资金的收入、保存和支出，支持和保障财务管理各项职能的运行，从而实现行政管理目标的过程。

案例分析

职业薪酬水平的财务分析

某电器销售公司销售人员的工资水平普遍低于劳动力市场上同类人员的薪酬水平，最近几个月来，不断有一些销售人员离开企业，而且人事部门已经有三个月招收不到符合公司要求的销售人员。对此，您有什么好的建议？如果准备重新调整该公司薪酬制度，您认为需要做好哪些前期工作？

分析：建议公司开展职业薪酬水平的调查和财务分析。在进行薪酬制度的调整之前，应当做好以下准备工作：进行薪酬的市场调查；重新划分薪酬等级；按市场水平或略高于市场水平来确定薪酬标准；根据员工的能力、绩效定级，重新进行测算，核定薪酬总额，与公司现有的财力进行对比，发现问题，提出对策。

一、财务行政的基本概念与主要职能

财务行政理论产生于18世纪的欧洲，其创始人是斯坦因。他认为，财政问题不仅仅是经济问题还是行政问题，财政状况的优劣在于行政机构的管理和使用以及是否依法理财。1927年，美国学者威洛比在其著作《公共行政学原理》中，着重研究了预算和物资管理等财务问题，从此，财务行政被学术界公认为是行政学的重要组成部分之一，并得到了长足的发展。

（一）财务行政的概念

在我国，早在奴隶社会和封建社会，就出现了相当于“财务行政”的若干术语，如“国用”“国计”“邦计”“理财”“计政”“度支”等。例如，北魏时由度支尚书管理全国财务行政，其中“度支”一词尤为接近财务行政的含义。

财务行政的概念有广义和狭义之分。广义的财务行政是指政府对国家财政收支分配活动的组织、实施和监督管理活动的总称，它包括与财政活动有关的管理体制、管理制度以及各项具体的管理方法和程序。狭义的财务行政是指各国政府为了有效地履行其管理社会公共事务的功能，有计划地对转换为价值形态的社会产品进行某种强制性集中与再分配的管理活动，是一种预算计划指导下的资金运动过程的管理。

（二）财务行政的含义

政府实行财务行政的目的是有效地履行管理社会公共事务的功能。任何一个社会组织，在其开展业务的过程中都需要借助于一定的财力作为支持，“财政是庶政之母”，只有当财政经费问题落实以后，其他的行政活动才有可能正常展开。

政府财务行政的内容是对转化为价值形态的社会产品所进行的集中与再分配活动。政府对社会产品进行集中的活动就是政府财政经费的筹措活动，政府对财政资金的运用，实际上是对集中起来的社会财富所进行的再分配。

政府的财务行政是一种有效的计划活动。根据政府在特定时间内所需要开展的工作以及政府在特定时间里所能集中起来的财力而综合制订的财政计划。

政府的财务行政活动具有强制性的效力，政府财务行政的强制性效力来源于公共权力的强制性效力。首先，表现在集中社会财富这一项环节上，此时政府将事先规定出一定的集中标准，强制性集中。其次，表现在社会财富再分配这一环节上，不按财政计划和财政手续办事的行为也将受到制裁或追究责任。

（三）财务行政的职能

财务行政具有分配、调控和监督的职能。财务行政的分配职能要求政府实行正常职能所需费用成本，在与社会再生产规模相适应的前提下，要尽量降低成本，成为低成本高效率的“廉价政府”，以便把尽可能多的财政开支用于建设性开支。这一职能要求是通过改善和加强行政管理费用的调控、监督实现的。

二、财务行政的管理原则和作用

（一）财务行政的管理原则

传统国家的政府多以保卫性职能和统治性职能为主，以管理性职能和服务性职能为辅，政府活动的主要目的是维持、控制和固定社会生活的基本秩序，在阶级社会里最重要的是维持统治秩序。

现代国家政府的职能与传统国家政府正好相反，表现为以管理性职能和服务性职能为主，以保卫性职能和统治性职能为辅，政府活动的主要目的在于推进和发展社会的政治、经济和文化生活。伴随着政府职能的转变，政府财务行政的原则也发生重大改变，见表 9-1。

表 9-1　财务行政的管理原则

类型	主要原则	基本内容
传统国家政府职能财务行政管理原则	薄敛节约	政府向人民摊派赋税要尽可能少，政府活动的开支也应尽可能少
	维持消费	只向人民摊派赋税，聚敛财富，集中起来的赋税只能用于充实军备、维持政府机关的日常工作、奉养政府官吏等活动项目
	收支平衡	十分强调收支平衡、量入为出、反对公债、避免赤字的做法，他们认为最好的状态是收支平衡
	年度计划	传统国家政府一般不做长远的政府活动规划，因而财政计划的期限也不长，多以一年为限，称为年度计划
现代国家政府职能财务行政管理原则	合理征用	不片面地强调减少赋税、厉行节约，而是注重评价政府各项活动和政策是否得当，要求合理地征用和使用社会中的资金
	发展经济	不强调维持现有的社会生活秩序，而是注重把财政活动作为发展经济的杠杆，利用调整税率等手段积极地干预经济生活
	允许赤字	不再坚持收支平衡的财务行政原则，而是有意地实行赤字财政，试图以此刺激社会需求，诱导经济发展
	长期计划	制订长期的财政计划，以满足比较复杂的经济、文化、科技等项目，以及整个社会全面、持续和均衡发展的需要

（二）我国社会主义初级阶段财务行政的作用

第一，为发展社会主义市场经济提供宏观调控手段，为国民经济协调稳定地发展服务。

第二，为人民民主专政的巩固及其职能的充分发挥提供物质条件，促进社会主义上层建筑的发展。

第三，促进行政机关精兵简政，合理地定编定员，促进行政机关工作人员遵守财经纪律、廉洁奉公，促进行政机关合理使用资金，提高行政效率。

三、政府财务行政的管理过程与财务行政体制

在一定财务行政体制下进行的财务行政，是为完成政府行政管理职能，把社会财富从社会集中起来，再按照社会发展的需要合法使用的过程。政府财务行政活动在管理过程上可以大致分为社会财富的集中和社会财富的再分配两个阶段。

（一）社会财富的集中阶段

所谓社会财富的集中也就是政府财政经费的筹措。一般来说，各国财政经费的筹措不能随意进行，需要以财政预算为根据。各国筹措财政经费的方式主要有以下两种。

1. 税收制

税收制是一种适用于商品经济社会的财政筹措方式。税收制的基本前提是政府承认各商品生产经营者具有独立且平等的法律地位，工商企业不隶属于政府，政府也不能直接指挥工商企业的经营活动。

政府与各商品生产经营者之间的财务关系表现为税务关系，即政府负责制定税务标准和负责收税，各商品生产经营者应当按照税务标准而缴纳税款。税务关系是一种法律关系，即一种受到国家法律认可和保护的社会关系。税务管理的强制性就来源于这种法律的认可和保护。

2. 利润制

利润制是一种适用于计划经济社会的财政筹措方式。利润制的基本前提是政府直接管理企业，政企之间具有一定的行政隶属关系，因而企业不具有独立而平等的法律地位，缺乏必要的生产经营自主权。

政府与企业之间的财务关系表现为利润上的统收统支关系，即企业生产的利润全部上交国家财政，企业亏损全部由国家承担，企业用于维持简单再生产和扩大再生产所需要的资金全部由国家财政无偿调拨。统收统支是政府在利润制度下筹措财政经费的主要方式。

（二）社会财富的再分配阶段

社会财富的再分配就是指政府对于集中起来的社会财富或筹措起来的财政资金所进行的运用。这是政府财务行政的第二个阶段，也是最重要的阶段，因为筹措财政经费的目的在于应用，同时只有在应用财政经费的过程中才能体现出财务行政的功能。这一阶段的活动又可以进一步分解为决策、执行与反馈控制三个基本环节，并由此划分出几种主要的财政管理活动，形成以下几种主要的财政制度。

1. 预算

预算主要决定如何使用那些集中起来的社会财富或财政经费，这是财政再分配阶段中的决策环节。除此以外，各国预算还要规定出筹措多少财政资金和以什么方式筹措财政资金。预算历来是各国财政活动的重点。

2. 会计

会计是对预算计划的执行，它又可以分为宏观执行活动和微观执行活动两种情况。前者是指中央或地方中的一级政府机关对于其管理社会公共事务的开支情况所进行的管理；后者是指一个行政机关内部对于行政经费开支情况所进行的管理。

3. 决算与审计

决算是对预算执行情况所进行的总结，审计是对各种财政经费收支情况所进行的检查，二者共同构成了财务行政第二阶段中的反馈控制环节。

第二节 财务行政制度

一、税收制度

（一）税收的含义

所谓税收，主要是指各国政府为了满足其管理社会公共事务之需要而强制人民交付的一种捐纳。它包括以下四层含义。

其一，政府收税的目的是满足其管理社会公共事务的需要，而政府财政经费的来源主要靠税收。

其二，税收的内容是向人民收取一定的捐纳。严格地讲，这种收取捐纳的现象只是税收的形式特征，而税收的实质则是以一种特殊的方式对新创造出来的社会财富进行集中。

其三，政府的税务管理活动只有一种强制的性质，它要求所有的课税对象都严格地照章纳税，否则要受到一定的制裁。

其四，照章纳税是公民的一种义务，由于这种义务是由国家的有关法律所规定的，因而它是一种法律上的义务。

（二）税制要素

所谓税制也称税务制度，主要是指各国政府为开展税务管理活动而颁布的各种法令以及各种征税办法的总和。税制一般由以下几种要素所组成。

1. 税务关系主体

税务关系是一种受税务法律或法令调整的权利和义务关系。税务关系主体可以分为权利主体和义务主体，其中权利主体也称为“税权主体”或“收税主体”，是指政府中的税务管理机关；义务主体也称为“税务主体”或“课税主体”，是指负有纳税义务的公民、法人或其他社会团体。

2. 税务关系客体

税务关系客体也称“课税对象”，主要是指税务关系中权利和义务所共同指向的标的物。比如，我国过去实行的工商税的课税对象是企业的销售收入额或非商品营业额；实行利改税以后的所得税，则以纳税人的所得金额为课税对象。

3. 税目

所谓税目是对于课税对象所进行的具体化分解，即在总的课税对象基础上分解出若干次一级的对象，然后以这些次一级的对象作为具体的课税依据。如当人们对财产进行征税时，可以分出房产税、车辆船只使用税等不同税目。

4. 税率

所谓税率，主要是指课税额与课税对象之间的比例。税率的计算方法（如固定税率或累进税率）以及税率的高低程度是影响税收总额的重要因素，同时也是体现政府公共政策以及政府干预社会生活程度的晴雨表。

5. 起征点

起征点是对课税对象开始征税的基础数额。换句话说，只有当课税对象达到一定程度时，才宜于开始征税。对此，各有关的税务管理办法中均有规定。

6. 纳税期

课税主体的纳税额是按一定时期计算的，课税主体应当在规定的期限内缴纳税款，不得拖欠不交，否则税务部门将课以“滞纳金”处罚。

7. 减免

为照顾某些行业或企事业的实际困难，为了促进某些行业或企事业的发展，政府可以采取减税和免税的方式对它们予以支持或扶助。减免税收是政府积极干预社会生活的一种重要手段，并且也是一种有效的手段。减免税收的做法一般需要通过议会立法或行政立法的形式加以确立以示郑重和慎重。

8. 违章处罚条款

现实生活中难免出现一些甚至大量的拖欠税款、偷税、漏税等违反税务章法的现象，这些违章行为将严重破坏政府的税务管理活动，并会严重影响政府财政经费的来源。各国在其税制当中都设有各种严格的违章处罚条款，以此保证政府税务管理的权威性和有效性。

9. 附加

附加主要是指在按基本税率征收正税以外，又另外增加征收的占正税一定比例的税额以满足一些特殊的需要。一般来说，政府进行的附加征税应具备充足的理由，否则胡乱摊派税款反而会损害政府威信，甚至会引起人民对税务管理的抵制。

10. 加成

加成是为了对某些纳税人的收入加以限制而做出的特殊规定，目的在于调节其收入。

（三）我国的税收制度

我国的税收制度是我国政府凭借政府权力对课税对象征收捐税，并以此参与国民收入分配和再分配的一套措施和办法，它是我国财政管理中的重要组成部分。我国税收管理的任务主要包括以下几方面。

1. 参与国民收入分配，组织财政收入

目前，税收已成为我国政府参与国民收入分配和筹措财政资金的主要方式。政府将通过税务机关的工作而把劳动者为社会创造的纯收入和分散在企业、居民手中的资金，及时、均衡、合理地集中到国家手中，用以发展生产，维持非物质生产部门和国家其他社会生活的需要。

2. 充当调节社会经济生活的杠杆

为促进我国国民经济有计划、按比例的发展，政府需要借助税收分配的手段去调节社会经济生活。根据社会发展需要制定税收政策和制度；对不同的征税对象制定不同的税种和税率以配合计划、价格等经济杠杆，对不同产品、企业、行业的盈利水平进行调节；通过日常的税收管理活动来具体确定哪些征收和哪些不征，哪些减征和免征，确定征多、征少等情况。

3. 开展税收监督

由于有的地方部门、单位和个人不顾大局，仅从局部和个人利益出发违反国家税收规定，偷税漏税，严重破坏了国家的财政收入政策，因此需要开展严格的税收监督，进行经常的税收检查。我国税务机关设在财政系统内部，实行垂直领导。

二、预算制度

（一）预算的含义、内容和作用

预算是各级政府的财政收支计划，是各级代议机构通过的有法律效力或权威性的文件，是政府调节经济的主要工具。预算管理是指政府及其财政管理部门对财政收入计划的编制、审查、执行和核算等行使职能的过程。因此，预算管理实质上是一种政治性的行政活动。

1. 预算的含义

预算是政府为实现其职能，通过法律形式确定的筹集和利用资金的计划。它是立法控制财政的手段和政府会计的基础，也是处理其他财政问题的依据，因而是财务行政的关键和中心内容。

预算有广义和狭义之分。广义的预算是指经过一定程序而制定的国家机关、事业及企业单位对未来一段时期内收入和支出的精细预计方案；狭义的预算仅指政府机关经过一定程序而制定的关于未来一段时期内收入和支出的预计方案。

2. 预算的内容

（1）预算编制。预算编制是按照量入为出、确保重点、统筹兼顾、留有后备、积极可靠、稳定增长、综合平衡、正确处理积累和消费的原则编制预算方案，并经国家权力机关审议通过的过程。

（2）预算执行。预算执行是整个预算工作的中心环节，具体包括财政收入解缴、支出拨付以及预算调整等执行环节。

（3）决算管理。决算管理是整个预算程序的总结和终结，是指按照法定程序编制的，用以反映预算执行结果的会计报告。决算反映预算收支的最终结果，是政府的经济活动在财政上的集中体现。

（4）预算外资金管理。预算外资金是指按照国家财政、财务制度的规定，不纳入国家预算，由各地方、各部门和各单位自行提取、自行使用的财政资金。预算外资金具体包括地方财政部门管理的各项附加收入和集中的各项资金、事业和行政单位管理的各项资金、国有企业及其主管部门管理的各种专用资金、地方和中央主管部门所属的不纳入预算的企业收入等。考虑到预算外资金支配权的分散性和资金使用的灵活性的特点，可采取与预算内资金不同的管理方法。

3. 预算的作用

从财务行政来说，预算的重要性主要体现为它在财务行政过程中的地位，即预算作为财务行政中的决策性环节，必然要对其他的环节起指导性作用，包括税收、会计、审计等环节在内的其他各种财务行政活动都要以预算为依据进行。

预算管理的重要性还体现在预算内容的重要性，由于各国预算都建立在未来一段时间内政府所计划开展的活动项目上，因而预算又是政府未来活动的直接反映。

（二）预算的种类

预算管理活动在政府的财务行政及其他行政中占有举足轻重的地位，按照不同的标准可以划分不同的预算类型，见表 9-2。

表 9-2　预算的种类

标准	主要类型	基本内容
按预算编制过程划分	概算	各机关初步编制的、供编制预算所用的收支计划
	拟订预算	供立法机关审议的预算草案
	法定预算	由立法机关正式通过的预算
	分配预算	根据法定预算规定分配给各机关的实施计划，也称为行政预算
按预算的时间先后划分	经常预算	即总预算或普通预算
	临时预算	在正式预算没有通过以前暂时实施的假定预算
	追加预算	为适应新的情况变化需要，而申请和审批通过的补充预算
	非常预算	为应付某种特别的重大事件而专门做出的预算
按预算适用范围划分	总预算	即全国各项收支活动的总安排
	单位预算	即根据机关单位工作计划而编制的、反映计划期内经费收支安排的预算
	附属预算	根据机关单位预算进一步分解的附属单位预算
	基层预算	根据机关单位预算进一步分解的基层单位预算
按国家预算的行政组织形式划分	各级政府的年度预算	● 各级政府的年度预算是一种具有法律效力的政府预算法案，它规定各级政府的职能职权范围和收支规模，由同级国家权力机关审定 ● 各级政府领导负责预算的执行，并承担预算执行的法律责任，向同级权力机关负责，这种预算包括中央预算和地方预算
	各级总预算	● 由各级政府财政部门汇总、反映全国财政收支总量及平衡关系的总预算，它为宏观经济控制提供依据，也是政府制定政策的主要依据，但不具有实际执行的意义 ● 总预算包括地方总预算和国家总预算
按国家预算的技术组织形式划分	绩效预算	● 绩效预算是按政府各部门职能及施政计划，根据成本效益分析原理，通过分析以往政府财政成本效益，决定政府现在和未来活动 ● 其特点是重视对预算支出效益的考察，使预算可以反映支出所产生的预计效益
	计划规划预算	● 规划国家的社会经济发展目标，确定部门目标，把部门计划分解成项目计划，为每个项目规定目标和指标 ● 把项目计划分成几个工作计划，对每项工作计划规定具体的工作量 ● 根据所拟订的计划和具体的工作量编制预算
	零基预算	● 确定预算所要达到的目的，然后按不同的预算目标制定不同的预算方案并进行成本效益分析，说明其成本效益和风险程度 ● 按照对组织效益递减的顺序把这些方案排列起来，由此确定对有限资源和资金的最佳分配，最后编制详细的行政预算
	单一预算	● 单一预算是多数国家历史上使用过的预算组织形式，编制简单 ● 易于为立法机关在总收支方面进行控制并为社会公众所了解

（三）复式预算编制方式

我国预算管理的一项重要改革，就是改革传统的单一预算编制方式，实行符合我国国情、全国统一的复式预算制度。

1. 复式预算的含义和特点

复式预算是国家预算技术组织形式或编制方式的一种，它是把国家同一个预算年度内的全部预算收入和支出按性质进行划分，分别汇编成两个或两个以上的收支对照表，以特定的预算来源保证特定的预算支出，使收支之间具有相对稳定对应关系的预算编制方式。复式预算的特点如下。

（1）根据财政收支的不同性质分别编制预算，其经常性预算不允许出现赤字；其建设性预算的赤字由国债收入弥补。

（2）能较明确地反映财政收支结构和活动效益。对财政收支结构及其活动效益的反映较明确，便于分析和保持管理，有利于提高财政支出的效益。

（3）编制复杂，需要较高的技术。由于是按不同性质分别独立编制经常性预算和建设性预算，采用商业会计的资产负债表与损益计划书的核算方法，所以编制复杂，需要有较高的技术管理水平。

2. 实行复式预算的意义

（1）有利于政府更好地实施其生产性的经济职能和非生产性的政治、文化教育及社会服务职能。实行复式预算可以用经常性收入保证政府实施政治、文化教育和社会服务等生产性职能的开支；同时用周转性收入保证政府实施经济职能的开支需要。这样，政府在实施两类职能时就有了相应明确的财力保证，而不至于因财力划分不明确而相互挤占，影响政府实施其职能。

（2）有利于提高预算支出效益。复式预算使收入的性质和支出的职能相对应，使预算收支职能化。政府不同的职能要求有不同的预算收支平衡，就可以按政府不同职能分别控制预算收支平衡，以便于对各项支出的实际效益进行有效监督，提高各项预算支出的实际效益。

（3）有利于强化对预算外资金的管理。随着我国改革的深入和社会主义市场经济体制的建立，国民经济管理部门和事业单位通过各种形式组织的收入，除了一部分上缴国家财政之外，还有相当一部分留作部门和单位自行支配和使用。这部分资金长期游离于预算之外，脱离财政监督，有日益增胀的趋势，影响了资金使用效益。实行复式预算，把这些资金按不同性质纳入不同预算，采用不同方式管理，有助于国家宏观管理经济职能的实施。

（4）有利于强化预算约束和民主政治建设。复式预算使收入的性质和支出的职能相对应，这就清楚地反映政府活动的范围和方向，便于人民对政府预算的实施进行审查监督，有利于政府决策的民主化、科学化及民主政治的建设。

3. 复式预算的编制

编制复式预算，可在吸收国外实行复式预算成功经验的基础上，根据我国的实际情况，按政府实施不同职能的需要，把现行国家预算划分为经常性预算和建设性预算两部分，具体见表 9-3。

表 9-3　经常性预算和建设性预算

类型	项目	基本内容
经常性预算	基本含义	为政府的政治、文化、教育和社会服务等职能提供经费，属于全体社会成员的共同消费，是任何社会的存在和发展都不能没有的，要用经常性预算收入来保证
	经常性预算收入	● 经常性预算收入是国家以社会管理者身份取得的各项税收收入和其他收入 ● 包括除城市维护建设税和固定资产投资方向调节税以外的各项工商税收、关税、企业所得税等
	经常性预算支出	● 经常性预算支出是指政府用于政权建设、行政管理、科学文化教育、卫生及保障人民生活等方面的支出 ● 包括各项事业费、行政管理费、国防费、公检法和武警部队支出、对外援助支出、抚恤和社会救济支出、非生产性基本建设支出、价格补贴支出、总预备费等 ● 由于经常性预算支出是非生产性的，没有收益，因此，必须保持平衡，而且应有结余
建设性预算	基本含义	建设性预算为政府实施其经济职能提供经费，它是综合反映建设资金的来源与运用的预算
	建设性预算收入	● 包括经常性预算转入的结余、固定资产投资方向调节税、城市维护建设税、耕地占用税、国家能源交通重点建设基金收入等
	建设性预算支出	● 主要用于营利性的经济建设支出，包括生产性基本建设支出、企业挖潜改造和新产品试制费支出、增拨企业流动资金、地质勘探费、支援农业生产支出、城市维护建设支出、支援经济不发达地区发展资金、国内外债务还本付息支出等
		● 建设性预算收入不足以抵补其支出，其差额即为赤字，通过举措内债和外债来弥补，但要保持合理的债务规模和结构

第三节　财务行政实务

一、会计

会计管理是政府有关职能部门依法对各单位的会计组织、会计制度和会计工作进行的管理活动。目的是规范各单位的会计事务，使财务功能和行政管理的其他功能相协调，促进经济和社会发展。

相关链接

实行统一管理的会计工作

按照《中华人民共和国会计法》的规定，我国会计工作由政府财政部门实行统一管理。各级政府的财政部门对本级各类机构、所属单位的会计工作进行管理的基本内容主要包括：健全监督会计管理的法律法规的执行；指导和监督各单位的会计机构和会计人员履行职责；指导和审核各单位的会计报表和财务报告；对各单位进行财务检查；组织会计专业技术资格考试，指导会计的职称评定工作；领导在职会计人员的培训工作；参与会计干部的组织、人事管理工作；依据相关法律规章对会计从业人员进行奖惩；加强会计电算化的建设和管理；支持和监督会计师事务所的工作。

（一）预算会计的含义

政府会计制度是对政府财政收支的数目、性质、用途、关系和过程进行全面而准确的记录与整理的程序和方法，它是预算执行情况的客观而直观的反映。在我国，会计按其核算、反映和监督的对象不同，可分为两大类：一类是企业会计，主要核算、反映和监督社会再生产过程中生产和流通领域的经营资金运动；另一类是预算会计，是核算和监督社会再生产过程中分配领域的预算资金运动。

预算会计就是国家财政部门和行政单位以货币为主要计量单位，对国家预算收支执行过程中的资金活动情况及其结果，进行及时、系统、连续的核算，反映和监督，以促进国家预算收支任务实现的会计。

（二）预算会计的作用

预算会计是政府财政管理工作的一个重要的组成部分。它在预算管理中的主要作用如下。

1. 为预算编制提供数据，为预算执行提供保证

预算会计通过预算，反映预算执行情况，随时发现问题采取措施，以保证实现预算收支，并通过编制年度决算、总结预算执行情况，为领导部门制定下一年度的预算提供数据。

2. 实行会计监督，协助政府提高预算管理水平

预算会计通过审查凭证账表、清查财产物资、监督预算收支、遵守财经纪律，及时反映预算的编制和执行中出现的问题，分析总结经验，加以解决，从而协助政府提高预算管理水平。

（三）预算会计的分级与核算方法

1. 预算会计的分级

预算会计为执行预算服务，每一级政府预算都设置相应的预算会计。预算会计可分为财政总预算会计和行政单位预算会计两类。

（1）财政总预算会计。财政总预算会计是中央和地方各级财政机关核算、监督各级总预算执行的会计。财政总预算会计的组成包括中央、省（自治区、直辖市）、市（自治州）、县、乡（镇）等若干级，其任务是处理财政总会计的日常会计事项和账务；定期反映预算收支执行情况，妥善调度预算资金；协助国库做好工作；制定预算会计制度实施办法；组织和指导本地区的预算会计工作等。

（2）行政单位预算会计。行政单位预算会计是中央和地方各级行政单位核算、监督单位预算执行过程的会计，又称单位预算会计。行政单位完成行政任务和社会事业所需经费主要由国家预算拨给。因此，有关经费的领拨，收支，货币资金的收付，材料的采购和领用，固定资产的购入、调入、调出和报废，往来款项的发生和结算等业务，都需要单位预算会计运用会计核算方法，进行科学的整理、记录和分析，以加强预算管理。根据国家机关编制和经费报领关系，单位预算会计又可分三级，即主管会计单位（直接向同级财政部门领报经费的单位）、二级会计单位（向主管会计单位领报经费，下面有所属会计单位的单位）和基层会计单位（向主管会计单位或二级会计单位领报经费，自己下面再无所属单位的单位）。所有各级会计单位相对独立，都需要编制独立的预算和实行独立的会计核算，在预算管理和资金使用上实行分级管理、层层负责。

2. 预算会计的核算方法

预算会计的核算方法参见表 9-4。

表 9-4 预算会计的核算方法

项目	基本内容
会计科目	会计科目是对预算会计核算的内容进行分类的一种方法，也是设置账户的依据
记账方法	● 按科目设立账户后，需要按一定的记账方法在账户中记账 ● 一般采用资金收付复式记账法，即以整个预算资金活动为记账主体，以收付作为记账符号来记录经济业务
会计凭证	在执行预算过程中，记载业务内容，明确工作责任的书面证明
会计账簿	以会计凭证为依据，运用账户全面、系统、连续记录预算资金活动的簿籍
财产清查	财产清查是通过对实物、现金的实地盘点，对银行存款、往来款项的查对，来确定各项财产物资、货币资金、往来款项的实际数额，并查明实际数字与账面数是否相符的一种方法
会计报表	会计报表是根据日常核算资料，按统一规定的格式、内容和编制方法，反映一定时期国家预算收支执行情况及其结果的书面报告

预算会计核算方法是上述几种方法的综合运用。各种核算方法按一定的联系方式，组成财政部门会计和行政单位会计工作中的账务办理程序。

二、决算

（一）决算的含义

决算是在一个财政年度终了时对本年度内财政收支的实际情况所进行的决算。国家决算是国家预算执行的总结，它反映年度国家预算收支的最终结果，也是国家经济活动在财政上的集中反映。它包括中央级决算和地方总决算两部分。

（1）中央级决算由中央各主管部门的行政事业单位决算、企业财务决算、基本建设财务决算和金库年报、税收年报等汇总组成。

（2）地方总决算由各省（自治区、直辖市）总决算汇总组成；省（自治区、直辖市）总决算由省（自治区、直辖市）级决算及其所属市（自治州）、县总决算汇总组成；市（自治州）总决算由市（自治州）级决算及所属县总决算组成；县总决算由本级决算和乡（镇）总决算组成；乡（镇）级决算、县级决算、市（自治州）级决算、省（自治区、直辖市）级决算，则由同级主管部门汇总的行政事业单位决算、企业财务决算、基本建设财务决算等组成。

（二）决算的编制

国家决算的编制政策性强、涉及面广、工作量大、时间紧，所以首先需要做好一系列准备工作，然后进入编制。编制的一般程序是从执行预算的基层单位开始，自下而上编制、审检和汇总。其内容主要包括编制单位决算报表数字和编写说明书两大方面。

单位决算编制成后，经过机关首长审阅签字，正式报送上级单位。有关上级单位将所属单位决算连同本单位决算汇总逐级报主管部门，汇总编成一个部门的汇总单位决算，然后由主管部门报送同级财政部门，作为财政部门汇总决算的依据。各级财政部门收到同级主管部门报送的汇总单位决算后，即进行审核登记，待各单位决算报齐后编制总决算。各市（自治州）、县财政部门编成总决算后逐级上报，汇编成各省（自治区、直辖市）总决算，最后由财政部将各省（自治区、直辖市）总决算汇总编成地方总决算，再连同中央级决算一并汇总编成国家决算。在这一过程中，为了提高决算质量，必须层层负责，逐级审核，决算审核与决算汇编交叉进行。

（三）决算的审批

国家决算由财政部编成后，报送国务院审查，经国务院全体会议通过后，提请全国人大审查和批准。然后，国务院即批复各省、自治区、直辖市的总决算，中央各主管部门的单位决算由地方财政部门报送同级人民政府讨论通过后，提请同级人民代表大会审查批准。

三、审计

（一）审计的概念

审计是审计机关依法独立检查被审计单位的会计凭证、会计账簿、会计报表以及其他与财务收支有关的资料和资产，监督财政收支真实性、合法性和有效性的行为。

审计制度是对政府行政机关财务收支情况所进行的考核检查，它主要是以会计凭证和决算为对象，要对决算的质量做专业性把关，此外还对其他的财政活动进行检查。

政府审计是指国家审计机关对政府机关的财政预决算活动和会计资料所进行的审计。我国政府审计包括中央、地方以及行政单位预决算审计。

审计管理在公共行政和维护社会秩序中起着非常重要的作用，具体表现在三个方面：一是服务于宏观调控，监督国家财政预算资金合理、有效地使用；二是对财政决算情况做出客观的鉴定与公证，维护国家经济秩序；三是为财政管理提供改进措施，并揭露违法行为，促进廉政建设。

（二）审计的内容与对象

政府审计的主要内容包括审查预算的编制，核定预算收支监督预算执行，查证决算报告。审计对象包括：纳入预算管理的国有金融机构、企事业单位以及国家规定应当接受审计监督的其他有关单位。

1. 预算审计

预算审计是指审计机关在每一年度终了后，对预算的执行情况、财政部门和政府其他部门管理与使用预算外资金的情况，以及财政部门管理财政有偿使用资金的情况开展的审计监督，必要时可以对本预算年度或以往预算年度财政收支中的有关事项进行审计和检查。

2. 预算外审计

预算外审计是指审计机关对国家机关、企事业单位和社会团体为履行或代为履行政府职能，按照国家有关规定收取、提取和安排使用的未纳入预算管理的财政资金的审计和监督。

3. 金融审计

金融审计是指审计机关对中央银行及其分支机构、国有金融机构的各项财务收支状况进行的审计监督。

4. 国有资产审计

国有资产审计是指审计机关对国有资产占控股地位或主导地位的企业财务收支状况进行的审计监督。

5. 国家建设项目审计

国家建设项目审计是指审计机关对以国有资产投资或融资为主的基本建设项目和技术改造项目的审计监督。

6. 社会保障审计

社会保障审计是指审计机关对公共的社会保险基金、社会救济金和社会福利基金、社会捐赠资金等使用情况进行的审计监督。

7. 外国援助或贷款审计

外国援助或贷款审计是指审计机关对国际组织和外国政府援助贷款项目的资金的使用状况进行的审计监督。

（三）审计的方法

审计方法包括审计分析、审计检查、审计调整和审计报告等几类。

1. 审计分析

审计分析是指审计机构或人员运用系统方法对审计对象的具体资料和内容进行分类分辨。它可以分为探测分析和判断分析两种。

（1）探测分析是在审计前和审计过程中探查错误项目的方法，主要用于审查被审单位经济活动、财政收支活动和核算资料等的错误以发现线索。

（2）判断分析是在审计结束时对查证事实做出判断的方法，主要用于验证审计数据的正确性，对审计结果做出评价和结论。

审计分析具体运用的方法有比较分析法、比率分析法、结构分析法、指数分析法、趋势分析法、平衡分析法和因素分析法等。

2. 审计检查

审计检查是审计机构和人员对被审单位进行凭证审查、数据核对及账目审核的一种方法。审计检查是审计过程中的主要环节，它具体包括顺查法、倒查法、抽查法和详查法四种。

3. 审计调整

审计调整是审计机构和人员根据审计结果进行纠正错误的方法，其目的是通过调整纠正错误，以正确反映被审单位的财政状况。审计调整必须在审计结束时根据审计结果进行调整。

4. 审计报告

审计报告是审计人员向审计部门或被审单位主管领导部门和被审单位，以书面文件形式报告审计结果并提出意见和建议。审计报告应注意其内容必须与审计目标一致，数字正确，真实可靠；结论必须慎重，符合实际；内容必须完整。

◎ 实训活动

一、实训项目

虚拟财务行政中的税务咨询活动。

二、实训内容

在税务局的工作大厅中，税务工作人员要根据自己所面对的纳税人的种类不同（个人纳税者、企业法人代表、逃税的商贩）而提出不同的问题，充分合理地运用税制要素的有关内容进行解释。

三、实训设施及工具

行政管理实训室、模拟税务局办公区、税务人员服装。

工具：纸签（供抽签使用）、桌子、椅子、网络下载的相关税法文件等。

四、实训指导

（一）场景

环境模拟为税务局的工作大厅，工作人员若干，税务工作人员在工作台后面接待来访的人员，进行一对一的交谈。

（二）情节

个人纳税者提出要求查询自己所缴纳的个人所得税，税务工作人员要根据其收入及纳税的比率进行计算后做出答复（收入的多少由同学自定）。

企业法人代表要求查询自己企业应缴纳何种税目，税务工作人员要分析企业性质后回答（企业性质由同学自定，可变化）。

对于逃税的商贩，要根据其拖欠税款的时间长短以及数目的大小进行相应的处罚（根据纳税期、滞纳金违章处罚条款）。

（三）角色分配

参加实训游戏的四名同学，轮流担任税务工作人员（以抽签决定顺序），另外三名同学分别扮演个人纳税者、企业法人代表、逃税商贩。

五、实训点评

本实训游戏通过扮演税务工作人员完成工作，同学们可以进一步理解所学的知识，对税制要素以及本章内容的认识更加深刻，对于税务关系的主体、客体税目、税率等理解性知识的记忆更加深刻，能够在实际中做到活学活用。进行实地环境的模拟训练，对同学们在待人接物方面也是一次真实的锻炼。

六、实训报告

请将实训所得结果填写在实训报告纸上。

◎ 复习思考题

1. 简述财务行政的含义。
2. 简述传统国家政府与现代国家政府职能及财政管理原则的区别。
3. 简述政府财务行政的管理过程与基本制度。
4. 简述税收制度的含义及其税制要素。
5. 简述实行以分税制为核心的财政体制的重要性和基本内容。
6. 简述预算制度的种类和复式预算的编制。
7. 简述会计制度的含义和预算会计的分级与核算方法。
8. 简述决算制度与审计制度的含义和方法。
9. 结合实际分析财务行政在行政管理中的地位和作用。

第十章

依 法 行 政

◎ 学习目标

- **知识目标**

识记：行政法律规范、行政法律行为、行政法律程序等概念。

领会：行政法律规范、行政法律行为、行政法律程序的特点和原则。

应用：理解行政立法、行政执法、行政司法、行政处罚、行政复议的方法，将其应用于行政管理的实践活动中。

- **能力目标**

应知：了解依法行政的特点，熟悉行政法律程序。

应会：学会行政立法、行政执法、行政司法、行政处罚、行政复议的方法和技巧。

掌握：依法行政的现代技术，通过行政秘书的工作使政府依法行政工作得到有效展开。

第一节 行政法律规范

依法行政是近代民主国家与公共行政意识产生之后逐步形成的一种公共行政原则与社会管理模式，也是我国近些年来行政管理发展的基本价值模式或方向。如何理解依法行政并促成其尽快实现，也就成为当代中国行政学面临的主要课题之一。

案例分析

违反了国家相关规定的行政行为

某县打算在县中心城区建设一个城市广场，决定做出后，县政府成立了由副县长为组长、15 人组成的城市广场建设领导指挥办公室，购置各种办公设备花费 20 万元。然后开始进行拆迁工作，动用 3 000 万元安置被迁居民、商户，又请专家进行规划设计花费了 400 万元。为了建设一个高水平、高质量的城市广场，县有关领导还专程到外地参观考察，花费上万元。正在建设过程中，国家有关部门来检查，裁定该广场属于违规建设，浪费了土地资源，命令立即停工。于是建了一半的城市广场成了半截工程。

分析：该项目违反了国家的相关规定被勒令停工，造成了巨大的浪费，建设广场花费的各种前期费用巨大，还浪费了人力、物力，占用了宝贵的土地资源，所以是不合法的。该县广场工程的货币成本投入很大，但几乎没有任何收益，使工程成了一个烂摊子。所以，从这个角度上来说，这个违规项目也是不合理的。

一、行政法律规范概述

（一）行政法律规范的含义

行政法律规范是国家行政机关在国家行政管理活动中，根据宪法和法律的规定以及国家权力机关的授权，进行行政立法所制定和颁布的行政法律规范的总称，是由国家制定或认可，由国家强制力保证实施的调整行政关系的行为规则。在我国，行政法规是指由最高行政机关国务院制定和颁布的行政法律文件。行政法律规范这一概念，包括以下几层含义。

其一，行政法律规范大部分是由国家行政机关制定和发布的，只有少量是由国家权力机关制定的。行政机关只有根据宪法和法律并在其职权范围内才能制定和发布行政管理的法规。

其二，行政法律规范主要是为了实施宪法和法律、履行行政管理职能、实现行政目标而制定和发布的，它是国家行政机关在组织和管理活动中把法律的原则、规定具体运用到行政管理中，解决实践中出现的带有普遍性问题的一种行政法律活动。

其三，行政法律规范是依法制定和发布的规范性文件，具有普遍的约束力和强制性，并以国家强制力保证其实施。

（二）行政法律规范的特点

第一，在行政法律规范所调整的行政法律关系中，当事人一方必须是国家行政机关或经其委托和授权的机关、组织或个人，即必须有一方是代表国家履行行政管理职能的行政权人。

第二，行政法律规范所调整的行政法律关系双方当事人的地位是不平等的。国家行政机关的要求和行为的成立不以另一方是否同意为前提条件。

第三，行政法律规范调整的行政法律关系具有国家先定力。即当事人双方的权利与义务都是由法律、行政法规和规章事先规定的，当事人不能自由选择。

第四，在行政法律关系争议的解决方式上，行政主体有处理争议的行政司法权，只有在被管理的当事人不服行政裁决或另有法律规定的情况下，才能依照司法程序解决。

（三）行政法律规范的分类

表 10-1 中列出了行政法律规范的类型、效力级别、基本内容及举例。

表 10-1　行政法律规范的类型、效力级别、基本内容及举例

类型	效力级别	基本内容及举例
法律性行政法规	最高	法律性行政法规是根据法律和以执行法律为目的，按法定程序制定并由国家权力机关批准颁布的，如《中华人民共和国学位条例》
执行性行政法规	次级	执行性行政法规是直接为了执行法律而制定的，它对法律的具体实施作出了规定，如《中华人民共和国外商投资企业和外国企业所得税法实施细则》等
补充性行政法规	补充级	补充性行政法规是为了补充法律或其他行政法规而制定的，如《行政处罚法》第八条的规定
自主性行政法规	独立级	自主性行政法规是最高行政机构在权限范围内依法独立行使行政权而制定的行政法规，如《中华人民共和国库券条例》《关于开展全民义务植树运动的决议》等

二、行政法律规范的体系

行政法律规范是由其调整对象决定的。行政法律规范的调整对象是行政管理、行政协作、行政监督中的行政关系，具体包括行政机关与权力机关、司法机关、企事业单位、社会组织、社会团体公民及其行政机关的内部关系。行政法律规范的目的是保证行政机关公正、有效、合理地行使行政管理职能。行政法律规范的体系是由行政法律规范的内容、形式和结构组成的一个系统，见表 10-2。

表 10-2　行政法律规范的体系

类别	名称	基 本 内 容
行政法律规范的内容	行政组织法	关于行政机关的地位组织、编制、设置程序、职权、任务的法律规定
	公务员法	关于国家行政机关工作人员的任免考核、奖惩、培训、退职、退休、保障以及权利、义务的法律规定
	行政程序法	关于行政行为的成立要件与效力，行政行为的方式、步骤与过程，行政行为的撤销、变更与补正，行政行为相对人的权利与义务的规定
	行政救济法	主要包括行政监察、行政复议、行政诉讼等方面的内容
行政法律规范的形式	法律	由国家最高权力机关及其常设机关即全国人民代表大会及其常务委员会制定的有关国家行政管理的规范性法律文件
	行政法规	由作为国家最高行政机关的国务院制定和发布的有关国家行政管理的规范性法律文件
	地方性法规、条例	由省、自治区、直辖市以及省、自治区人民政府所在地的市和经国务院批准的较大的市的权力机关及其常设机关制定和发布的有关本地区行政管理活动的规范性法律文件
	规章	由国务院各部委（局），省、自治区、直辖市以及省、自治区人民政府所在地的市和经国务院批准的较大的市的人民政府制定和发布的有关行政管理活动的规范性法律文件
	法律解释	由行政法律规范的制定、发布机关或其授权的机关所作的对该法律、法规规章的解释
行政法律规范的结构	法规名称	一般由法规内容和法规采取的形式两部分组成
	制定机关	注明制定机关名称是为了表明法规的合法性和法律效力
	法规正文	一般可分为章、节、条、款、项。篇幅较短的法规直接列条，不分章节。条是法规的基本单位，每一条包括一项完整的规则
	附则	● 对法规解释机关的规定 ● 废除与该法规抵触或陈旧法规，确定法规生效时间 ● 其他需要说明的事项

三、行政法律规范的作用

行政法律规范与法律、行政法、行政管理有着密切联系。行政法律规范的作用体现在行政法律规范与法律、行政法、行政管理的关系上。

（一）行政法律规范是为了保证法律贯彻与执行

法律是由国家立法机关制定或认可的、由国家强制力保证实施的、调整社会关系的行为规范。而行政法律规范大部分是由国家行政机关制定或认可的。

1. 行政法律规范对法律具有从属性

因为行政法律规范是为了执行法律而制定的文件，行政法律规范的内容和效力都必须和法律原则相一致，如果同法律相抵触，则行政法规应属无效。

2. 行政法律规范对法律具有运用性

行政法律规范和法律都是规范性的文件。法律是一般性的规范性文件，行政法律规范则是把法律的原则运用到行政管理的具体场合，用于解决具体问题的个别性的规范性文件。

3. 行政法律规范同法律的制定、变更和废止权不同

法律只有立法机关有权制定、变更、废止和停止执行；行政法律规范的发布机关就有权制定、变更、废止和停止执行它，它的上级机关、权力机关也有权依照法定的程序变更、撤销或停止执行它。

（二）行政法律规范是行政法的具体表现形式

行政法是调整国家行政部门关系的法律规范的总称，它与行政法律规范的关系主要表现在两个方面：一是行政法是行政法律规范的总称，是一个法律部门，行政法律规范是行政法的具体表现形式。二是行政法律规范是国家组织和管理社会事务的手段，具有浓厚的实践色彩，而行政法规具有更大的综合性、抽象性和法学意义。

广义的行政法律规范是指主要由国家行政机关在其职权范围内制定、发布的规范性文件，狭义的行政法律规范是指国家最高行政机关即国务院制定、颁布的行政法律文件。行政法律规范只是行政法的一种表现形式。

（三）行政法律规范是调整行政管理法律关系，提高行政管理效率的保障

行政管理是行政法律规范的前提，行政管理本身又是实施行政法律规范的过程；行政法律规范调整行政管理法律关系，为行政管理提供依据和保障，没有行政法律规范的行政管理将是盲目、混乱和低效的。行政法律规范在行政管理中的作用主要体现在以下几个方面。

1. 行政法律规范保障行政管理的民主化

行政法律规范为实现人民群众通过各种形式管理国家和社会事务提供法律保证。行政法律规范还规定了行政领导的地位职责，规定了行政决策的原则、程序和方法，规定了行政监督的体系、内容和程序等，为行政决策和行政管理的民主化提供了法律保障。

2. 行政法律规范促进行政管理的科学化

必须将现代化的管理制度等上升为法律规范文件，赋予其法律效力，只有这样才有助于建立起统一精干的管理机构，并以严谨周密的工作方式、严格高效的工作程序使行政管理向现代化方向迈进，促进行政管理科学化。

3. 行政法律规范推动行政管理的法制化

行政管理必须借助完备的行政法律规范维持和巩固各项制度、管理权威和管理效能，行政管理法制化是达到行政管理现代化的必由之路，它既是实现行政管理现代化的重要手段，又是实现行政管理现代化的重要标志。

4. 行政法律规范有助于提高行政效率

行政法律规范通过对行政机构的设置、编制、结构等方面的规定，加强了国家行政机关自身的组织建设；通过对行政人员的任用、考核、辞退、奖惩的规定，充分调动行政人员的积极性；通过规定行政管理的步骤和程序，使行政管理活动具有高度的统一性；通过规定监督体系和监督制度，保证了行政机关和行政人员正确、合法地行使职权。

第二节　行政法律行为

行政法律行为是行政机关及其工作人员管理国家公共事务的行政权力，必须依据法律而获取与行使，不得恣意妄为的一种公共行政的普遍原则和社会控制方式，是建立在行政法律规范的体系基础上的一种实践活动。

一、行政法律行为概述

（一）行政法律行为的含义

行政法律行为就是政府依法行政行为，也就是国家行政主体依法实施行政管理，直接或间接地产生行政法律效果的行为。行政法律行为的含义包括以下几点。

1. 行政法律行为是行政主体所为的行为

行政主体既包括国家行政机关，也包括国家行政机关工作人员，还包括经法律和行政机关授权的其他主体。

2. 行政法律行为是行政管理行为

它是基于行政管理权限，为实现国家的行政管理职能而为的行为，不同于民事法律行为或其他法律行为。

3. 行政法律行为是能直接或间接地产生行政法律效果的行为

不发生法律效果的事实行为或其他行为不属于行政法律行为。

相关链接

行政法律行为概念的典型含义

行政法治概念的典型解释："行政法治是法治的重要环节，也是法治的重点和难点。"至于依法行政，有一种观点认为依法行政的一般性解释是：在三权分立的国家政治体制格局中，公共行政权力主体即狭义的政府，应当依法设定和实施行政行为。至于对法的解释则在不同的时期、不同的国家有不同的理论与实践，但法的规范性或约束性作用始终是依法行政的精髓所在。"依法行政是一种政治思想、政治理念，也是一种法律观点、法律制度，还是一种政治道德和社会价值标准。"

（资料来源：胡象明. 行政管理学. 北京：高等教育出版社，2005.）

（二）行政法律行为的构成要素

行政法律行为的构成要素就是行政法律行为成立的必要条件。它包括主体要素、客体要素、形式要素和依据要素，见表 10-3。

表 10-3　行政法律行为的构成要素

要素	基 本 含 义
主体要素	行政法律行为必须有做出该行为的行政主体，只能由行政主体所为
客体要素	客体要素是指行政法律行为的指向对象，是各种行政法律关系的总称
形式要素	行政法律行为的内容必须通过行政命令、决议、指示等形式才能表现出来
依据要素	合法的行政主体，在其权限范围内，按照法定程序，遵守法定形式的行为

（三）行政法律行为的分类

行政法律行为主要是制定行政法规行为、执行行政法规行为和行政司法行为，还可根据不同的标准进行不同的分类，见表 10-4。

表 10-4　行政法律行为的分类

标准	类型	基 本 含 义
根据行政法律行为的方式作用	抽象行政行为	抽象行政行为是指国家行政机关制定和发布普遍性行为规则的行为，也称制定行政规范行为
	具体行政行为	具体行政行为是国家行政机关在进行管理活动中，对具体事件进行处理的行为
根据受规范性文件约束的程度	羁束行为	羁束行为是指行政法律规范已经规定得非常具体，行政机关在进行行政管理活动时，只能因循规定，而毫无裁量余地的行为
	自由裁量行为	自由裁量行为是指国家行政机关在行政法律规范没有明确规定或规定有幅度的情况下，按照法定原则或职权范围，进行权衡裁量的行为
根据参与意思表示的当事人	单方行为	单方行为是指以行政机关单方面意思表示而成立，无须取得相对人同意的行政法律行为
根据是否以特定形式为生效要件	要式行为	要式行为是指依照行政法律规范要求，必须具备特定形式或必须遵守特定程序，才能产生法律效果的行政法律行为
	非要式行为	非要式行为是指不需具备特定形式或特定程序，只需经过行为人口头意思表示就可以生效的行政法律行为
根据有无附带限制性条件	无附加条件行为	无附加条件行为是指不附带任何限制，经国家行政机关做出即发生法律效力的行政法律行为
	有附加条件行为	有附加条件行为是指附带某些限制，并且只有依据限制性条件才能发生法律效力的行政法律行为

二、行政法律行为的内容

行政法律行为是法治在行政管理系统及其运行过程中的体现，是国家行政机关和行政人员在行使行政权力履行行政管理职能的过程中，其职责权限、工作程序以及方法都必须以法律规范作为依据、工具和保证的一种民主宪政原则与行政管理模式，它包括行政立法行为、行政执法行为和行政司法行为等。

（一）行政立法行为

1. 行政立法的含义

所谓行政立法，是指国家行政机关依照其职权或根据法律授权，制定和颁布有关行政管理方面具有法律效力的规范性文件的活动。行政立法是一种从属性的立法，是一种抽象的行政行为，它包括以下三个方面的含义。

（1）行政立法的主体是依法享有行政立法权的国家行政机关。

（2）各个立法主体必须在法定权限内严格按照行政立法程序进行立法。

（3）行政立法就其所调整的对象而言，是国家行政管理活动中所发生的各种社会关系。

2. 行政立法的分类

行政立法的分类是指通过逻辑的方法按不同的标准将行政立法分为不同的类别。在我国，行政立法的分类参见表 10-5。

表 10-5　行政立法的分类

标准	类型	基本含义
立法权的来源	一般授权立法	行政机关直接按照宪法和有关组织法的授权所进行的立法
	特别授权立法	行政机关依照特定法律、法规的授权，或者依照国家最高权力机关或上级行政机关专门决定、决议所进行的立法
立法目的和内容	执行性立法	行政机关为了执行法律、地方性法规或上级行政机关发布的规范性文件所进行的行政立法活动
	补充性立法	行政机关根据权力机关的授权，为了补充已经颁布的法律、法规尚未规定的问题而进行的立法活动
立法主体	中央行政立法	国务院制定行政法规和国务院各部、委员会制定行政规章的活动
	地方行政立法	地方行政立法是指地方人民政府制定行政规章的活动

3. 行政立法的程序

行政立法的程序，是指国家行政机关依照法律的规定，制定修改和废止行政法规或规章的活动方式和步骤。行政立法一般包括以下步骤。

（1）规划。规划是指行政立法主体在立法预测的基础上对一定时期内的行政立法的内容做出立法计划。编制行政立法规划一般应遵循的程序包括：确定规划目标；审查立法项目和最后审定。

（2）起草。起草即根据特定的操作程序拟订法规草案。其程序一般包括：确定起草机构和成员；调查、了解、收集相关材料；确定名称，在我国行政法规的名称只能用条例、规定和办法草拟文件。

（3）通告。通告是指行政立法主体将有关行政立法的事项通过法定形式告知社会公众，其目的在于扩大公众参政权行使的途径。通告最恰当的时间是在草案拟订之后。

（4）听证。听证是指行政立法主体在公布行政规范性法律文件之前，应当告知利害关系人有表达意见、提供证据的机会，以及由行政立法主体听取意见、接受证据程序所构成的一项法律制度。

（5）咨询和协商。咨询是指行政立法主体就行政立法中的专门问题向专家组成的咨询委员会提出询问。协商是指在行政立法的过程中征求行政机关或其他国家机关中有关部门的意见，并进行交流、沟通的过程。

（6）审议和决定。审议是指行政立法主体或行政首长对行政规范性法律文件进行审查和讨论的过程。决定是指行政首长对所审议的草案做出是否公布或者修改后再行公布的命令。

（7）公布。公布是指行政首长将已审议通过的行政规范性法律文件以法定形式向社会公众发布的行为。

（8）失效。失效就是指原来根据行政立法过程制定的行政规范性法律文件，由于各种原因已不适应行政体系发展的需要而部分或全部地失去其行政法律效力。

（二）行政执法行为

1. 行政执法的含义

行政执法是指行政主体依照行政执法程序及有关法律、法规的规定，对具体事件进行处理并直接影响相对人权利与义务的具体行政法律行为，是国家行政机关在执行宪法、法律、行政法规或履行国际条约时所采取的具体办法和步骤，是为了保证行政法规的有效执行而对特定的人和特定的事件所做的具体的行政行为。行政执法包括以下几方面含义。

（1）行政执法是执法的一种。行政执法的主体是国家行政机关，它是行政主体执行、适用法律处理国家内政外交事务，对社会经济文化等各种事项及个人组织实施行政管理，遵循的是具有迅速、简便、以效率为优先特征的行政程序。

（2）行政执法是行政行为的一种。行政执法无论是直接执行法律还是直接执行法规规章，都是将法的规范直接用于解决社会问题，调整现实社会关系，并最终实现法对社会的调节。

（3）行政执法属于具体行政行为范畴。具体行政行为的对象是特定的，其行为效力仅限于特定人、特定事。

总之，行政执法与其他行政行为相比，具有特定性、单方面性、强制性、多样性和灵活性特征。

2. 行政执法的类别

世界各国行政执法的类别各有不同。从我国实际情况看，根据行政执法本身的内容、性质，可以把行政执法行为分为以下几种。

（1）行政处理行为。即行政主体依照职权或依照行政相对方的申请实施某种行为，处理涉及相对方权利、义务的某种事项，以使相应的法律、法规、规章确定的行政管理目标得以实现。行政处理是一种内容最为广泛、形式最为多样化的行政执法行为。其具体种类主要包括行政命令、禁令、行政许可、免除、行政征收、征用、行政批准、登记、行政授予、撤销等。

（2）行政监督行为。即行政主体为了保障相应的法律、法规在其所管辖的地区、部门领域的执行，实现其行政管理的目标和任务，依法对行政相对方守法和履行法定义务的情况进行监督的行政执法行为。其主要形式包括行政检查、审查、调查、行政统计、发布信息和情报以及财政与财务审计等。

（3）行政强制行为。即行政主体为了保障相应法律、法规、规章在其所管辖地区、部门、领域的执行，实现其行政管理的目标和任务，在当事组织或当事人不履行行政法律文件对其规定的义务时，依法采取法定强制措施，迫使当事组织或当事人履行自己的法定义务的行政法律行为。行政强制可分为预防、制止性强制措施与执行性强制措施两大类。

（4）行政制裁行为。即行政主体对实施了某种违法行为的行政相对方依法采取行政处罚或其他制裁措施。行政制裁的基本形式是行政处罚，此外还包括对行政相对方采取某种对其权益不利的行政措施，如不发放某种许可证、不赋予某种资格等。

3. 行政处罚行为

行政处罚是国家行政机关对于违反行政管理法规而应受惩罚的当事人给予的行政制裁。

行政处罚的含义包括：行政处罚是缘于当事人违反行政管理法规所规定的义务；行政处罚一般由国家行政主管机关裁决；违反行政管理规定应受处罚的当事人包括公民法人及其他组织。

1996 年 3 月，八届人大四次会议通过的《中华人民共和国行政处罚法》将行政处罚的形式分为警告、罚款、没收违法所得和非法财物、责令停产停业、暂扣或者吊销许可证或营业执照、行政拘留。

（1）警告。警告是对实施了较轻微的违法行为的行政相对人所给予的申诫性处罚，是行政主体使用的最经常、最普遍的行政处罚形式之一。

（2）罚款。罚款是对实施了违法行为的相对方所给予的经济性制裁，也是行政主体适用最经常、最普遍的行政处罚形式之一。

（3）没收违法所得和非法财物。没收主要是对生产、保管、加工、运输、销售违禁物品或实施其他营利性违法行为的当事人所给予的经济性制裁。

（4）责令停产停业。这是指行政主体命令作为行政相对方的企业组织停止生产或营业。这种行政处罚通常是对严重违法的行政相对人实施的。

（5）暂扣或者吊销许可证或营业执照。这种处罚多适用于违反经济管理秩序、违反工商行政管理法律规范的企业、个体经营户或其他经济组织。

（6）行政拘留。它是对实施了违法行为的行政相对方个人所给予的限制其人身自由的处罚形式。

以上各种行政处罚一般由行政主管机关裁决，并做出裁决书交给违反义务的当事人。对罚金、罚款要规定时限并开具收据，逾期不执行的则可依法强制执行。受到行政处罚的当事人如不服裁决，可在规定时间内向裁决机关的上级行政机关提出申诉或向人民法院起诉。上级行政机关或人民法院受理复查并做出最后的裁决，可变更原裁决的一部分或全部，并通知原裁决机关和申诉人。

（三）行政司法行为

1. 行政司法的含义

行政司法是由行政机关充当争议的裁决人，依照行政司法程序解决行政争议和其他特定纠纷的一种行政行为，是国家行政机关按照准司法程序审理特定的具体案件裁决特定行政争议的活动。行政司法包括以下三方面含义。

（1）行政司法的主体是行政机关。行政司法是相对于行政立法、行政执法而言的一种行政行为，它的主体必须是行政机关。

（2）行政司法程序是一种特殊的法律程序。行政司法程序是把行政程序和司法程序融为一体，形成一种具有行政性质的司法程序，可以称之为准司法程序。

（3）行政司法的范围在解决行政争议之外不断扩展。行政司法既可以解决以行政机关为一方当事人的因行政法律关系而引起的争议，也可以解决公民之间、组织之间或者公民与组织之间发生的一些民事、经济纠纷。

2. 行政司法的形式

行政司法行为只适用于法律、法规规定的特定案件和争议。行政司法行为的主要形式包括以下几种。

（1）行政调解。行政调解是指由国家行政组织主持的，以法律、政策为依据，以自愿为原则，通过说服教育等方法促使争议双方当事人友好协商，达成协议，从而解决行政争议的具体行政法律行为。行政调解具有法律效力，双方当事人必须履行，否则可申请法院强制执行。

（2）行政仲裁。行政仲裁是指国家行政机关通过仲裁机构，依法定程序，对行政纠纷进行裁决的具体行政法律行为。行政仲裁程序，一般是先行调解，调解未达成协议或者调解书送达前一方或双方反悔的，仲裁机构再进行裁决。

（3）行政复议。行政复议是指不服行政主体所做出的行政处理决定的当事人依法向一定的复议机构申请重新处理，复议机构据此对原处理决定重新审议，依不同情况做出维持变更或撤销裁决的具体行政法律行为。

3. 行政司法的作用

行政司法是国家行政机关在管理和服务于社会的活动中，为适应现代社会纷繁复杂的情况对政府管理和控制能力提出的要求而衍生的一种带有司法特征的行政职能，也是现代国家行政职能向传统的司法领域拓展的结果。

（1）行政司法是行政法制的重要组成部分，通过行政司法，可以检查、发现行政立法和行政执法中存在的问题，不断完善和改进立法和执法活动，防止行政机关及其工作人员滥用权力行为的发生，促进国家行政管理的民主化和法制化。

（2）行政司法是保护公民、法人和其他组织合法权益的有效手段。行政司法为个人、组织提供一系列保障其权益的程序，为当事人提供了一条得到行政救济的渠道，使其合法权益不致遭到任意侵犯。

（3）行政司法程序可以减轻人民法院的压力，避免一些争议和纠纷被久拖不决，有利于社会的稳定。

三、行政法律行为的作用

行政法律行为是为实现国家行政管理职能而为的行为，行政管理职能只有通过行政法律行为才能得以实现。因此，行政法律行为在行政管理中具有重要作用，具体表现在以下几个方面。

（一）有效的行政法律行为可以保证行政管理职能顺利实现

行政法律行为通过设定权利、义务，确认法律事实，变更相对人的法律地位等，可以把国家意志鼓励什么、限制什么、何为合法、何为非法等及时表达出来，对相对人的合法行为予以保护和维持，并通过对违反行政法律规范的相对人予以制裁和处罚，可以保证行政法律规范的正确实施，促进国家行政管理职能的顺利完成。

行政法律行为通过行政立法、行政执法、行政合同、行政司法等方式，建立起了一个完整的行政管理系统，使行政管理的各项职能都有对应的行政行为方式，保证了国家行政管理职能的实现。

（二）有效的行政法律行为可以提高行政管理的工作质量和工作效率

有效的行政法律行为必须遵守法定程序，适用法定形式，执行法定内容，这样才可以保障行政管理不出差错或少出差错，从而提高行政管理的工作质量。

有效的行政法律行为还可以保障各行政部门间的工作得以正确衔接，确保行政管理活动得以顺利延续，减少了不必要的环节，从而提高行政管理的工作效率。

长期实施有效的行政法律行为，可以使相对人了解行政法律规范的要求和对自己行为的要求，提高公民的守法意识，减少行政执法和行政司法的难度，从而提高行政管理工作效率。

（三）行政法律行为可以促进行政管理的改革，使行政管理向法制化轨道迈进

行政法律行为是一种实践行为，通过实践，将行之有效的行政管理制度和方法予以肯定，并使之进一步完善和发展，摒弃那些不合法的、不合理的或落后的管理技术和方法，实现行政管理的改革。

目前迫切需要研究行政法律行为的理论与实践，进而加强行政立法，提高行政立法的质量，完善行政执法和行政司法的各项制度。保障各项行政法律规范的正确执行，建立、健全各种行政法制监督制度，提高国家机关及公职人员的执法自觉性，最终使行政管理工作做到有法可依、有法必依、执法必严、违法必究，实现行政管理的法制化。

第三节　行政程序法

行政程序贯穿于行政活动的全过程，行政管理的每一个环节都离不开特定的程序。行政程序常常指行政机关行使行政职权的程序，它具有相对独立性和自身的规律性，在行政学研究中占有重要的地位。

一、行政程序概述

（一）行政程序的含义

行政程序是指国家行政机关在行使行政权力、实施行政活动过程中所遵循的步骤、方式、时限和顺序的总和。

现代法治国家特别强调对于重要的行政行为程序加以规范化，即对直接影响行政相对方重大权益的行政行为实行严密的程序控制，以法定的形式设置若干程序规则和制度来控制、监督行政权力的运行，规范行政行为的实施过程，力图反映现代行政的民主、法治精神，体现公正、公开和公平的原则。正因为如此，行政程序成为现代行政活动中不可或缺的组成部分与重要内容。

相关链接

行政程序法的产生

行政程序的发展是社会生产力和民主政治发展的必然结果。资本主义国家产生以后，建立了立法、行政、司法分立的政治体制，其中行政是指国家机构直接进行社会管理的活动。行政活动同样是由程序来完成的，但是在19世纪以前，行政程序没有引起人们的关注，主要原因是生产的社会化程度不高，社会生活不复杂，国家对社会的管理主要通过司法活动来进行。司法活动是在纠纷或不法行为发生之后才展开的，因而当时的政府是司法型的政府，奉行“不乱不理”“不告不理”的原则。

19世纪后半叶开始，垄断资本逐渐形成，生产趋向高度社会化，社会生活也随之变得复杂起来，司法型的国家管理方式无法适应社会的要求，于是国家管理方式发生了重大变化：

一是国家对社会的事后监控逐渐转向越来越多地进行事前和事中监控；二是为了实行事前和事中监控，行政权力加强，行政机关的数量增加，对社会生活的干预大大加深了。

但是，行政权力的加强一方面能够建立和维护新的社会秩序，另一方面也容易出现行政机关滥用权力、侵害公民权利、影响社会效率的问题。这样，就出现了要求控制行政权力，保证被管理人正当利益，保障行政民主、公正的需要。要实现这个目标，各国主要采用了两项基本措施：一是制定行政实体法。规范公民在行政领域的实体权利与义务；二是制定行政程序法，实行民主、公正的行政程序。因此，从 19 世纪末开始，奥地利、德国、美国、日本等比较发达的国家都相继制定行政程序法。可见，行政程序法的发展是社会生产力的发展引起国家行政管理方式发展之后，人们要求行政民主公正的结果。

（二）行政程序法的特点

所谓行政程序法是指规定行政机关行使行政职权的方式、步骤、顺序和时限的法律规范的总和，是行政程序制度化、法制化的结果。行政程序法的调整对象是行政机关的行政行为。行政程序法的具体内容很多，一般包括行政主体、权限及其管辖、行政行为的种类和方式、对行政行为救济的规定。行政程序法具有以下主要特点。

1. 行政程序法所规范的对象是行政行为

根据权力分立或分工的理论，行政行为是相对于立法行为和司法行为而言的。规定立法行为的规范有议会议事规则等；规定司法行为的规范有刑事诉讼法、民事诉讼法、行政诉讼法等；而行政程序法所规范的主要对象是行政机关的行政行为。

2. 行政程序法只是重要行政程序的法制化

在行政行为中，只有同当事人权益和行政效率有关的重大的行政程序才由法律规定，其目的是强行要求行政机关及其工作人员遵循行政程序，以保证行政工作的科学性和民主性，因此，从行政程序是否被上升为法律来区分，可以把它分为法定行政程序和非法定行政程序。

3. 行政程序法是规范行政行为的方式步骤、顺序及时限的法律，而并非包括规范行政行为所有方面的法律

行政程序法的制定对提高行政机构的工作效率，避免无效行政；对防止行政专断，促进行政民主以及防止行政机关滥用职权，保障公民合法权益等，都具有极其重要的作用。

（三）行政程序的类型

根据不同的标准，可以将行政程序划分为不同的类型，见表 10-6。

表 10-6 行政程序的分类

标准	类型	基本含义
运用范围	内部行政程序	内部行政程序是指行政机关在内部管理中所采用的程序，凡是基于上下级行政机关的领导监督关系或对等行政机关的协调关系而实施有关行为所遵循的程序都属于内部行政程序
	外部行政程序	外部行政程序是行政机关在对外管理中所适用的程序，即行政机关与行政相对方基于行政管理关系而实施有关行为遵循的程序
是否由法律加以明确的规定	法定程序	法定程序是指由法律加以明确规定，行政机关必须严格遵守的程序。行政机关实施行政行为时，违反法定程序将导致行为被撤销
	自由裁量程序	自由裁量程序是指行政机关在进行管理实施行政行为时自由选择使用的程序

续表

标准	类型	基本含义
行政程序适用时间	事前程序	事前程序是指行政行为实施前或实施过程中应遵循的程序，如行政处理决定过程中的调查程序、行政立法过程中的征求意见程序等
	事后程序	事后程序是指行政行为实施后，为确定其行为的合法性与正当性以及纠正违法不当行为而适用的程序
适用不同行政职能	立法程序	立法程序专指行政机关制定行政法律规范所适用的程序
	执法程序	执法程序是指行政机关及工作人员依法行使行政职能，实施具体行政行为适用的程序，包括行政决定、行政强制和行政处罚程序
	司法程序	司法程序是指行政机关以公断人的身份裁决行政主体与行政相对方的行政争议以及平等主体间民事争议所适用的程序

二、依法行政的基本内容

依法行政作为一种行政管理模式，是法治原则在行政管理领域的具体表现。一般地，它主要包括行政管理意识的法治化、行政职权的法定化、行政编制的法定化、行政程序的法定化、行政责任的法定化等几方面基本内容。

（一）行政管理意识的法治化

行政管理意识的法治化其实是要求建立与依法行政模式相适应的行政文化环境与行政组织风气。行政管理活动是要通过具体的行政行为来加以实施的。

行为主体是否具有法治意识，尤其是法律至上与法律面前人人平等的思想与行为意识，是依法行政得以实现的文化与思想前提。

而行政主体的思想与行为意识是在行政文化的社会化过程中形成的并受其所在部门组织风气的制约与影响。因此，依法行政的首要内容就是要促成与培养相适应的行政文化环境和行政组织风气。

（二）行政职权的法定化

行政职权的法定化就是指行政机关及其工作人员的职能范围，权限大小与关系都要有法律规范的明确授予与规定。

一方面，行政主体的职能要有明确的规范。这包括该主体管什么、管辖范围以及与其他行政主体之间的分工关系和界限等内容。另一方面，还要遵循事权一致原则，通过法律规范形式赋予行政机关和行政人员以相称的管理权力。其中权限大小与管辖范围以及各种权力关系都应该有明确的规定。

（三）行政编制的法定化

行政编制的法定化是指行政机关的设立、机构规模、人员定额等编制内容都应该有明确的法律规定。

一方面，行政机关的设立必须有法定依据，一般是由宪法与政府组织法等效力等级很高的重要的法律规范加以规定；另一方面，行政机关的规模大小级别、人员定额、岗位结构等也要有相应的法律依据。当今各国主要是以行政编制法、国家公务员法等国家基本法的形式对行政编制加以规范。

（四）行政程序的法定化

行政程序是行政机关与行政人员在行使行政权力、履行行政管理职能过程中所遵循的一系列具有时间上的衔接性的行为步骤、方式与过程的集合。

为确保行政行为的公开性与透明度，避免行政权力的滥用，同时促成行政行为的科学化、合理化，对行政程序予以规范化、制度化，构成依法行政的又一项基本内容和要求。

（五）行政责任的法定化

权责一致是现代管理学的基本原则和要求。现代行政管理也不允许只行使权力并享受相关权利而不承担相应的行政与法律责任的现象发生。

依法行政模式要求在法律规范上明确体现这一原则，即通过各种行政法律规范的形式对行政机关及其工作人员由于没有履行法定职责和义务所应该承担的行政与法律责任做出明确、具体的规定，这就是所谓的行政责任法定化。

行政责任法定化的实质是要建立起责任行政机制，实行问责制，即对没有履行法定责任的行政机关或工作人员追究法定责任，包括要求他们辞职，给予纪律处分直至追究刑事责任。这既是依法行政模式的基本要求，也是这种模式得以实现的根本保障机制。

相关链接

在党的十八大报告中，“依法”一词出现了 21 次，“法治”一词出现了 12 次，从依法执政、依法治国、依法行政、依法施政、依法治军、依法履职到依法管理社会、经济各项事务，无论是“法”的字眼还是“法”的精神，在报告中无处不在、贯彻始终。报告提出：“全党要坚定这样的道路自信、理论自信、制度自信”，这种自信在党领导人民依法治国方面尤显突出。

依法行政是依法治国的重中之重，是依法治国的核心。党的十八大报告再一次明确要求推进依法行政，并明确提出了 2020 年法治政府基本建成的目标。同时，报告中提出的经济建设、政治建设、文化建设、社会建设、生态文明建设五位一体的总体布局都与依法行政密切相关，需要依法行政来落实和保障。特别是党的十八大报告中一些新提法、新要求，在新形势下为推进依法行政工作指明了发展方向。

（1）报告中提出“科学立法，严格执法，公正司法，全民守法”的新要求。提出完善中国特色社会主义法律体系，加强重点领域立法，拓展人民有序参与立法途径，推进依法行政，做到严格规范公正文明执法。特别是提出要提高领导干部运用法治思维和法治方式深化改革、推动发展、化解矛盾、维护稳定的能力。

（2）报告再次将建设服务型政府设定为行政管理体制改革的目标和价值取向。同时提出了深化行政审批制度改革，大部门制改革、优化行政层级和行政区划设置、创新行政管理方式等具体要求。

（3）报告明确要求建立健全权力运行制约和监督体系。提出了坚持用制度管权、管事、管人，保障人民知情权、参与权、表达权、监督权，确保国家机关按照法定权限和程序行使权力，坚持科学决策、民主决策、依法决策，让权力在阳光下运行等具体要求。

三、依法行政的作用与意义

依法行政作为一种宪政原则与行政管理模式，也是进入 21 世纪以来我国政府发展的基本方向。这一模式的建立与完善，对于现代国家民主和市场经济的发展，对于行政管理改革的巩固与完善都具有重要的作用与意义。

（一）依法行政是现代国家民主，尤其是行政管理民主发展的前提与保证

国家民主或是行政管理民主其实质都在于要使公共权力的运行能真正体现人民的共同利益与意志。在现代国家，人民利益与意志的直接与集中体现形式就是各种法律规范。

依法行政的核心就是要保持行政法律规范的规范性与约束力，确保行政管理活动在法律规范限定的范围内合法、合理地进行。这就从根本上确保了行政管理活动民主化的实现。

现代行政法律规范还规定了公民和社会组织直接参与行政管理过程的途径方式与权利保障手段，这也构成行政管理民主化的一种重要形式与推动力量。

（二）依法行政是市场经济发展的客观要求与保证

市场经济是一种法制经济，也是一种强调权利与义务对等的经济形态。它要求政府作为公正的裁判制定与维护社会普遍遵从的、以法律规范形式体现出来的各种“游戏规则”，如公平竞争、等价交换、第三者权威仲裁等。

市场经济要求在所有游戏规则的运行过程中实现“在法律面前人人平等”这一更为基本的法制规则。正因为如此，市场经济的发展就离不开“从社会中产生但又自居于社会之上并且日益同社会脱离”的国家政府，要求政府作为市场法律秩序的建立者与维护者，确保市场经济的有序发展。

为确保“法律面前人人平等”这一市场经济发展的基本要求与原则能实现，又要求政府行为具有公正性。对于作为政府的一部分，并且地位日渐突出的行政系统而言，实现依法行政、公平行政也就成为市场经济顺利发展的客观要求和保障。

（三）依法行政是控制行政权力膨胀趋势的必然选择

权力作为一种社会存在，本身具有强烈的扩张性、侵犯性、排他性、诱惑性、腐朽性、渗透性等不良特性，如果没有法律规范的限制就很有可能出现滥用权力、腐败乃至独裁的现象。

公共行政系统与社会、与公民发生着最直接、最经常、最广泛、最具体的关系。事实上，在现代社会，公民从生到死的全部生活都与公共行政系统履行的管理、服务职能密切相关。从这个角度来说，社会与公民受到行政系统侵权的可能性也就最大。更为重要的是，由于法律规范的规定总是相对抽象的、原则性的，法律的适用也经常是模糊的、有争议的。因此，作为执法机关的行政系统也就拥有了自由裁量的巨大空间，也就拥有了权力不断扩充的极大可能性。

第二次世界大战以来，如何控制迅速扩张的公共行政权力，就成为各国政府与社会面临的一个基本宪政问题。迄今为止，实行行政权力法制化，促成依法行政，仍然是解决这一问题的最佳选择，至少是必不可少的途径选择。

（四）依法行政是推进与深化行政管理改革的有效途径

由于社会环境的不断变迁，尤其是 20 世纪 70 年代中后期以来，行政管理改革一直是各国政府面临的共同问题。依法行政正是推动与深化行政管理改革进程的重要力量与有效途径。

一方面，已有的各项相关行政法律规范要求行政系统及其工作人员能够不断调整自身的职责权限，以及管理与服务的程序、方式和方法，以使其能够满足社会与公民日益增长的利益要求，这也正是各国行政管理最基本的改革动机。各种确保行政管理合法合理化的法律规

范，以及要求行政系统在法律规范范围内履行管理与服务职责的法治体制和原则，是形成这种动机的制度与法律保障。另一方面，行政改革要想取得合法权威与地位，也需要实现改革方案的法制化和改革过程的合法化。在行政管理改革过程中形成的成果最终要依靠不断建立与健全行政法律规范体系来巩固与稳定。

当代各国改革实践表明，一项成功的改革都是从制定与实施新的行政管理法律规范开始的。而几十年来的改革经历则表明，改革缺乏足够的法制化支持，缺乏应有的法律权威，这是我国长期以来政府改革方案难以得到有效贯彻落实，政府改革总体效果难以达到理想目标的重要原因。这也正是进入 21 世纪以来我国政府把实现依法治国、依法行政作为我国政治与政府战略发展目标的根本原因。

◎ 案例讨论

从一起案例谈行政机关联合办案程序效力的认定

行政机关的“联合办案”现象在行政执法中并非鲜见。行政机关间的联合办案无可厚非但彼此间不能越俎代庖。法院在行政诉讼中对行政机关的联合办案方式虽不能肯定但也不宜直接否定。联合行动中的执法操作是否合法，应以法律规定为准。对于被告在行政处罚中用其他行政机关的调查材料，在庭审认定中也不宜一律排斥。2013 年，山东省垦利县人民法院行政审判庭审理了一件公民诉烟草行政机关行政处罚案。该案现虽已审结，但在行政机关联合办案中的程序操作及法院在诉讼中如何认定其行为是否合法的问题上，给审判人员留下了深刻的印象。

某烟草专卖局接电话举报：烟贩张某将于某时某地进行私烟买卖……该局当即与公安机关联系并准时赶赴现场，将张某的 100 箱香烟、一部汽车等物先行控制。继而由公安人员对张某、司机及有关人员进行询问并制作了询问笔录。查明事实后，烟草专卖局对张某以无证销售为由作出了如下处罚：一、扣押 100 箱香烟；二、罚款 20 000 元。之后，张某不服处罚决定提起行政诉讼。

庭审中，双方争论激烈。张某主张，如烟草专卖局所举证据（询问笔录）系公安人员询问、创作、署名，而非烟草专卖局依法取证，该证据应为无效证据并以本案事实不清（烟草专卖局设烟草专有其他证据材料）为由，请求法院确认烟草专卖局的具体行政行为违法并赔偿损失。烟草专卖局则依据自己所提供的国家烟草专卖局、国家工商行政管理局、国家质量技术监督局、公安部四家联合下发的《关于严厉打击制售假冒商标卷烟活动的通告》，山东省《烟草专卖管理稽查队工作规则》，东营市公安局和烟草专卖局联合下发的《关于成立烟草专卖管理稽查支队的通知》三份文件，力证联合办案合法有据，询问笔录合法有效，请求维持其具体行政行为，驳回张某的起诉。本案在两次庭审后，烟草专卖局主动改变行政行为，张某申请撤回起诉，法院依法裁定准予撤回诉讼结案。

（资料来源：中国法院网）

讨论题：

结合案例，你认为如何正确理解“联合办案”？并结合案例分析审理认定联合办案程序效力应注意哪些问题。

◎ 实训活动

一、实训项目

行政法学案例分析。

二、实训内容

有一个直接观察模拟行政执法的过程：通过表演的形式，使同学们对整个过程有一个直观的了解。

三、实训设施

行政管理实训室、模拟行政执法办公区。

四、实训指导

（一）小品：模拟行政执法的过程

情节：甲与乙两兄弟，甲18岁，乙16岁。两人某日到舞厅跳舞，甲与丙发生口角并打了起来，乙帮其兄甲打丙。派出所丁对甲、乙每人处以罚款500元的处罚。丙不服，向公安局申诉，公安局改处各拘留5日，甲、乙兄弟俩不服。

角色：甲、乙、丙、丁。

（二）根据以上小品所示情景，讨论以下几个问题

（1）甲、乙兄弟俩可否不经上级公安机关复议直接对公安局的决定提起行政诉讼？其依据是什么？

（2）如甲、乙兄弟俩依法提起行政诉讼，他们兄弟俩与派出所、公安局在诉讼中各处于什么地位？

（3）本案如可提起行政诉讼，应否公开审理？

（三）结合大家讨论情况，公布正确答案

（1）甲、乙兄弟俩可对公安局的处罚决定不经申诉而直接起诉。

根据《中华人民共和国治安管理处罚法》的有关规定，被处罚人对治安管理处罚决定不服的，可以依法申请行政复议或者提起行政诉讼。所以，被处罚人甲、乙兄弟俩对公安局的拘留处罚裁决可以向该人民法院直接提起行政诉讼。

（2）甲、乙为共同原告，公安局为被告，丙为第三人，派出所不是诉讼参加人。

甲、乙因共同侵权行为被公安局处罚，公安局虽然分别给予他们5日拘留的处罚，看似是两个同样的具体行政行为，但由于公安局是根据甲、乙兄弟共同侵权行为而处罚，是基于同一事实，实则只有一个具体行政行为，如起诉，应列为共同原告。

（3）本案如提起行政诉讼，应公开审理。

《中华人民共和国行政诉讼法》第45条规定："人民法院公开审理行政案件，但涉及国家秘密、个人隐私和法律另有规定的除外。"所以，行政案件与刑事案件不一样，关于未成年的案件除涉及国家秘密和个人隐私的以外，也公开审理。

五、实训点评

模拟行政执法的过程，通过表演的形式，使同学们对整个行政执法的过程有一个直接的观察和了解的过程。小品后的提问，从行政法学的角度了解行政执法。这三个问题分别涉及了司法程序、行政司法中各主体居于何种法律地位、公开审理案件的条件等基本问题。

六、实训报告

请将实训所得结果填写在实训报告纸上。

◎ 复习思考题

1. 简述行政法律规范的含义。
2. 行政法律规范具有哪些特点?
3. 行政法律规范的主要类型有哪些?
4. 行政法律规范的内容有哪些?
5. 行政法律规范有哪些形式?
6. 简述行政法律规范的主要结构。
7. 简述行政法律规范与法律的关系。
8. 简述行政法律规范与行政法的关系。
9. 简述行政法律规范与行政管理的关系。
10. 简述行政立法行为的含义、类型和程序。
11. 简述行政执法行为的含义、类型和程序。
12. 简述行政司法行为的含义、类型和程序。
13. 简述行政程序的特点和类型。
14. 结合实际，分析依法行政在行政管理中的地位与作用。

第十一章

机关行政

◎ 学习目标

- **知识目标**

识记：行政机关、机关行政、机关行政方法等概念。

领会：机关行政的内容、机关行政方法的特点和原则。

应用：掌握各种机关行政方法，将其应用于行政管理的实践活动中。

- **能力目标**

应知：了解机关行政的特点，熟悉机关行政的程序。

应会：学会机关行政中系统方法、目标管理方法、电子政务的方法和技巧。

掌握：运用机关行政的现代技术，通过行政秘书的工作，使政府机关行政工作得到有效的开展。

◎ 情景导入

行政秘书宋敏已经十分熟悉行政机关的环境、氛围和人际关系，特别是她良好的行政素质，使她在办公室工作中游刃有余、处事果断，尤其是在办公室日常接待、会议安排和相互沟通上，得到领导同事的一致好评。她仿佛对机关行政有一种天生的适应能力，再棘手、烦琐和难解的问题都能迎刃而解，化险为夷。近年来，她在计算机操作、网上办公和办公室自动化方面显示出超人的才能和水平，在运用现代行政手段、现代行政技术等方面表现出良好的素养。她运用自己良好的亲和力带领办公室同人发挥团队精神，创造了惊人的行政业绩。

在行政管理实务中，了解机关行政的特点，熟悉机关行政的程序，清楚机关行政系统中的机关行政与行政管理、行政手段、行政技术之间的关系。学会机关行政中系统方法、目标管理方法、电子政务的方法和技巧，完成机关行政事务、机关综合事务管理、机关办公事务管理、机关后勤事务管理、机关文书档案管理、机关会议管理等有关的职能和任务，掌握行政秘书机关行政的技能、机关行政的现代技术，通过行政秘书的工作，使政府机关行政工作得到有效的开展。

第一节 机关行政概述

按照公共管理理论的观点，人们通常把行政管理事务理解为政府所管理的一切事务，既包括政府内部行政事务，也包括政府所管理的公共事务以及政府为社会提供的一切公共服务。机关行政往往被理解为政府的内部管理事务，包括政府内部的人事管理事务、财政管理事务、机关管理事务、物资设备及其他后勤管理事务等，即通常所说的政府内部的人、财、物与机关等管理事务。

案例分析

行政问责制度的“里程碑”

2004年4月，经国务院常务会议研究批准，中石油天然气集团公司总经理马富才引咎辞职。据报道，在川东钻探公司井喷特大事故发生后，马富才多次表示对事故发生负有领导责任并提出引咎辞职。有专家说，这是中国第一个引咎辞职的正部级干部，是“行政问责制度改革的‘里程碑’”，也就在次日，北京市密云县县长张文也因灯会安全事件引咎辞职。随后，重庆市正式颁布实施了《政府部门行政首长问责暂行办法》，这是我国第一部法定化的“官员问责”制度。

分析：行政问责制就是对行政管理中出现的失误，不仅要追究行政管理当事人的责任，而且要追究相关行政领导人的责任的一种制度。责任行政使政府与社会的关系更加规范。责任行政要求政府树立公共责任意识，切实承担管理社会公共事务的责任，并且对自己的不良行政行为后果承担相应的法律责任。

一、机关行政的含义和特点

机关行政在政府行政机关内部具有很强的协调性和综合性，它能对实现政府行政职能和工作目标起到核心和枢纽的作用。

（一）行政机关的含义

机关，其意是指整个机械中的关键部分，起发动和控制全机的作用。这一概念运用到行政学中泛指所有行政组织为实现其职能而建立的固定机构，它既是行政人员处理日常工作时的活动场所，也是与外界人士或其他机关接洽公务的地方，并为该机构收发、汇集和收藏文书资料的所在，它在任何一个行政组织中都起着核心与枢纽的作用。机关一般分为权力机关、行政机关、党群机关、司法检察机关、企事业单位机关等。

行政机关是依法使用国家权力、执行国家行政职能的机关。从广义上说，行政机关是指一级政府机关的总称，即国家政权组织中执行国家意志、从事国家政务、处理机关内部事务和社会公共事务管理的政府机关及其工作部门。从狭义上说，行政机关仅指政府机关内部的综合办事机构即办公厅（室），它是在行政首长的直接领导下为处理综合性事务、辅助进行全面管理工作而设立的机构。

（二）机关行政的含义

政府内部行政管理事务就是指作为行政机关的政府为了有效地管理社会公共事务而维持自身组织活动所从事的所有管理事务，政府要管理好这些社会公共事务，其自身必须进行有组织的活动。而任何一个组织的存在及其有效活动本身都会存在一系列相关事务，如人员及其管理事务、相关的财政管理事务、办公场所及其设备的管理事务、内勤与对外公共关系的管理事务等。

机关行政是指综合办事机构对日常事务、规章制度、工作秩序所进行的管理，即对政府机关内部综合性事务的管理。机关行政的主要工作内容概括起来包括调查研究、熟悉信息、协助决策、承上启下、协调沟通、处理事务、后勤保障。根据我国的实际情况可进一步概括为参与政务、处理事务、搞好服务。机关事务的具体工作通常由各级政府及其所属各行政机关的综合办事机构、办公厅（室）和机关事务管理机构来承担。机关行政功能的发挥及其质量状况对整个行政工作都会产生直接影响。

（三）机关行政的特点

政府内部行政管理事务是特指政府自身的管理事务或者说是政府内部的管理事务。政府是一个庞大的组织，其组成和运转本身就是一项复杂的系统工程，需要人、财、物的有机组合，同时还有内部各组成部分的协调和其对外公共关系等具体事务，仅就人、财、物的管理事务就非常复杂。这里的政府内部行政管理事务就是专指政府内部的这些复杂事务，这也是行政管理的重要内容。机关行政具有服务性、综合性和时效性的特点。

1. 服务性

服务性是行政机关管理活动的最显著的特点，它要为本单位的领导者服务，为本单位的专业部门和职能部门服务，为本单位全体工作人员服务。这种服务具有广泛的群众性，它要与机关所有的人员发生关系，它是保证机关正常、高效运转的基础性服务工作。服务好坏是衡量行政机关管理活动的一个最主要、最基本的标志。

2. 综合性

行政机关管理活动涉及面广，头绪繁多；情况多变，政策性强。涉及知识面宽，因此比较复杂，它既要处理政务方面的事，又要处理行政事务方面的事、集体的或个人的事；它负责管理财务，提供工作人员的工作、学习条件，也要安排工作人员的生活福利等。

3. 时效性

办公厅（室）的工作要有雷厉风行的作风，办事要准确及时。紧急公文稍有拖延就会贻误大事；对于会议管理、工作制度和生活制度都有明确的时间规定，并要严格要求、认真执行，使整个机关有条不紊地运转，以稳定的工作和生活秩序来保证机关工作效率的不断提高。

二、机关行政的任务、职能和原则

机关行政是为机关行政职能的有效发挥提供保障的活动，主要是对机关内部行政事务的构成要素及流程进行规划、组织、监督、控制、协调等一系列活动。

（一）机关行政的任务

政府部门内的综合办事机构，在机关中处于枢纽地位。它既要推动各职能部门的正常运转，又要起沟通协调的桥梁作用。其任务可以概述为“参与政务、处理事务、搞好服务”三个方面。

1. 参与政务

综合办事机构特别是办公厅（室）作为领导机关的办事机构，要当好领导者的参谋助手。行政领导者负有进行科学决策的责任并要把政策予以贯彻执行，办公厅（室）可以起到参与决策、推行决策执行的辅助作用。

办公厅（室）协助领导者制定政策、执行政策。它为领导者提供各种信息和资料，或参与分析研究，提供方案供领导者选择。在执行过程中收集反馈信息，监督政策执行，进行沟通和协调，及时提出调整或补充性意见等。在决策贯彻执行后又要负责工作总结。参与决策只是为领导者当参谋助手，绝不能越俎代庖、越权行事，取代领导者进行决策。

2. 处理事务

综合办事机构需要处理大量的、例行的日常事务以及种种临时性、突击性的任务。诸如文电起草印发、上下级公文处理、公务接待、会议组织、来信来访、督促检查、财会物资管理、外事活动和机关内部工作人员工作及服务等。

要根据领导人的授权推动本单位全面工作的正常开展，协调各方的关系。处理解决工作中的矛盾，要及时地把领导人的指示、意见传达下去，将下面的情况向领导反映。因此，必须创造良好的工作环境，完善严格的工作制度，建立畅通的信息系统。

3. 搞好服务

综合办事机构主要为机关行政领导工作服务，为本单位各项工作提供条件与服务，为机关全体工作人员的生活福利服务，为上级机关和基层服务，因此必须树立为人民服务的思想，勤勤恳恳，任劳任怨，公平自律，廉洁自守。

（二）机关行政的职能

1. 信息管理

各级领导者在制定决策和执行决策的过程中，需要掌握完整、准确、适用的信息，办公厅（室）是行政机关的“窗口”，最先接触各种信息和人员，其管理工作是行政信息的收集、加工、处理、传播和反馈的工作过程，它对信息集散的处理状况直接决定着机关行政效率的高低。

办公厅（室）对信息的集散应该是加工型而不是收发型的，它首先要对接受的信息进行初步加工，分出不同的类型和轻重缓急，根据不同情况分送各主管与分管领导，在信息处理的过程中和处理后，办公厅（室）必须及时进行登记并立卷、归档。

2. 组织协调管理

由办公厅（室）对行政机构内各个方面、各个部位、各个环节、各类人员进行科学、有效的组织，使之相互联系紧密、配合得当、和谐一致。机关内部主要的协调工作有以下几个方面。

（1）关系协调，即在政府领导者与各处、室以及部门之间起到中介联系的作用。

（2）工作节奏协调，即对职责轻重、预算多寡及工作进度快慢的协调等。

（3）事务协调，即对会议安排、联合发文以及领导活动等方面的协调。

良好的协调工作能使决策实施过程中产生的各种问题和矛盾得到正确的处理和疏导保证。组织和人员协同合作、步调一致、减少内耗，从而高效地实现组织目标。

3. 日常事务管理

行政机关本来就是行政领导的办事机关，需要处理大量的、例行的日常事务以及临时性的、突发性的各种事务。

（1）根据领导者的授权，将上级指示、命令等传达下去，将反馈意见收集上来，协助各业务处室履行其职能，沟通其与领导人员的联系。

（2）协助领导者或代表本机关加强对其他部门和机关的控制，搞好机关内部的环境管理，搞好接待管理和车辆管理工作等。

4. 机要保密管理

在实际工作过程中，行政机关常常会涉及很多需要保密的工作。例如，对上级发来的机密文件、资料、传真、电报以及本单位产生的机密文件的保密；领导核心会议有关内容的保密；在收集到的信息中，有关外事工作、科研课题、治安情况的保密等。为此，机关行政工作要加强保密思想教育，制定严格而完善的保留制度，切实做到慎之又慎，万无一失。

5. 信访工作管理

群众来信来访是人民群众利用自己的民主权利参与社会管理的一种行之有效的重要形式，是人民群众主人翁精神的体现。机关行政部门应根据实际工作需要设立专门信访机构，配备专职信访人员，单位规模较小的办公室也应有专职或兼职人员具体承办这一工作，务求做到件件有交代，事事有着落。

（三）机关行政的原则

表 11-1 中列出了机关行政的原则、主要表现及其基本内容等。

表 11-1　机关行政的原则、主要表现及其基本内容

原则	主要表现	基本内容
服务原则	平等服务	本着对上负责与对下负责一致的精神，提供平等的优质服务
	适时服务	当工作需要或当行政人员产生某种正当需要时，应及时向其提供服务
	照章服务	部门的资金、物资的使用等服务都应有明确的规章制度
廉洁原则	勤俭办事	要建立各种运用经济手段进行管理的制度，对办公用品的发放和使用等进行监督检查
	反对以权谋私	从事机关行政的人员身处政府机关，上能接近领导，下能管理一定的人、财、物，应该坚决反对营私舞弊，搞不正之风
	克服官僚作风	应通过制度上、监督上的努力来遏制官僚主义作风，避免脱离实际，脱离群众
效率原则	目标管理	先由各办公室按岗按人分解出若干具体目标，再用量化的目标来检查、监督、考核每个办公室与每个工作人员的工作情况
	行为激励	通过行为激励法则，努力提高办公室人员的素质，激发工作人员的工作热情
密切联系群众原则	纽带和桥梁	直接面向广大群众，代表领导同群众打交道，成为领导与群众联系的纽带和桥梁
	民主方式	通过各种民主讨论的方法，调动广大工作人员的积极性和创造性，群策群力，团结协作，共同把机关工作做好

三、机关行政的地位和作用

（一）提供必要的工作条件，保证职能活动的顺利进行

综合办事机构为各级领导人员和各职能部门提供各方面的必要的工作条件，如秘书工作、

财务工作、物资工作、信息工作、协调沟通工作等。没有这些必要的工作条件，行政领导者和职能部门都无法开展工作。

（二）有利于提高行政效率

综合办事机构各项服务工作做得好，可以大幅度地提高行政效率。如文件处理迅速准确，会议精简，对情况了如指掌，协调沟通迅速快捷等，可以使各项行政管理工作高效地进行。

（三）有利于克服官僚主义和形式主义

综合办事机构要及时地把各方面的情况和信息向领导者汇报，可以减少领导者在处理工作时的主观性和片面性，有利于克服官僚主义。同时，精简会议、减少文件、少摆花架子、多办实事，避免形式主义。

（四）体现党和国家对职工群众的关怀

体现领导者对工作人员的工作、生活的关心和支持，充分发挥工作人员的积极性和创造性。在这方面，行政机关管理起到很大作用。它为工作人员提供各种生活福利，免除工作人员的后顾之忧，使工作人员精神愉快，形成团体凝聚力，激发起他们的工作热情。

第二节　机关行政的内容

机关行政是指综合办事机构对日常事务、规章制度、工作秩序所进行的管理，即对政府机关内部综合性事务的管理。机关行政的工作内容主要包括三部分，即办事、办文、办会，机关行政管理事务属于日常性、技术性的管理事务，其主要内容包括会议管理、机关文件工作、档案工作、政务信息工作管理、保密工作管理、信访工作管理等。

一、办公室综合事务的管理

（一）办公室综合事务的含义

办公室综合事务，广义指一切办公场所，狭义指某一类职业人员或某一级职务人员的办公场所，特指党和政府机关、企事业单位内的综合办事机构，专指某种专门的独立的工作机构，如国务院台湾事务办公室。

（二）办公室综合事务的内容

办公室综合事务可以分为办公事务、行政事务和后勤事务。

1. 办公事务

办公室办公事务的职责包括：处理收发信件，包括电子邮件和传真；处理内部或外部的电话；存储和检索信息，包括书面和电子信息；确保遵循信息安全和保密；接待来访者；安排工作人员正式和非正式的会谈。

1）办公信息管理

信息在办公室中以多种方式接收，可能是口头的，也可能是用信件、传真或电子邮件传送的书面信息。

（1）在所有的办公室中，工作人员应保存一个文件夹，把常用的信息归类其中。

（2）办公室是通信交流中心。投递给任何单位的所有邮件，将投递到收发室或由工作人员保存并分发给相应的部门。

（3）电话总机接线员把来电转给相应人员。如果工作人员不在，他们将为其留言。

（4）接打电话时应做到：尽可能快地回答；电话旁边附上带有铅笔或钢笔的留言本；用令人愉快的态度直接对着话筒讲话；回答正确的内部电话号码和姓名；如果需要打电话的人等待，接话人不应忘记以确保应对电话；正确地留下信息并重复细节，特别是号码和数字；养成良好的礼貌习惯，机智和谨慎地处理电话。

（5）接打电话时禁忌：不友好的语气、使用不规范语言如用“喂”回答；没有盖住话筒就向房间中的其他人喊叫、发脾气；语气听起来着急或不耐烦、生硬或粗鲁；在回答要找的人不在之前问对方姓名。

2）办公接待管理

在办公接待区，接待工作人员欢迎来访者，并保证带领他们从办公室到访问的部门。在来访者进入接待区时，重要的是给他们一个良好的印象。

（1）接待区的主要工作包括：当来访者进入接待区时迎候他们；确定来访者访问的理由；联系工作人员接待来访者，一些是预约的，一些是未预约的，在来访者等待期间，应与来访者礼貌地交谈；协助来访者留言；指引来访者找到特定的部门；联系安全人员陪伴来访者到相应的部门去；来访者来的时候发放来宾卡，离开的时候收回该卡；为来访者和工作人员预订出租车；保证遵守单位的安全程序；留心未引起注意的袋子和包裹；确保要求零售商特别是从单位搬运设备的人员提供相关证明才可离开；保留来访者的准确记录（通常在访客登记上）；处理本地、国内和国际通话；保持接待区整洁，整理报纸杂志，拾起包装纸，处理空的咖啡杯；给植物浇水；保证接待区的信息源不断更新，如电话目录、工作人员名单、接待区设备的使用手册；归档访客留下的名片等。

（2）接待工作的要素。行政机关的接待事务是行政机关工作人员对来自上级、平级和其他相关组织的来宾以及外国友人的参观访问进行接洽与招待，是一种有着公共关系职能的具体活动。

一项接待工作包括五个要素：来访者、来访意图、接待者、接待任务和接待方式等。在这五个要素中，办公室接待人员扮演着十分重要的角色，他们既是本单位或领导的代表，又是各种接待事项的具体办理者。办公室人员对来宾接待工作的好坏，直接反映出一个单位的工作作风和外在形象，也直接体现了办公室人员本身的素质、能力、水平和形象。因此行政机关工作人员必须十分重视和切实做好接待事务管理工作。

（3）接待事务管理的一般程序，根据接待对象的不同可以分为两种类型：一是接待来访个体，基本程序包括打招呼、接受名片、向领导引见、送别等。二是接待来访团体，基本程序包括拟订接待方案，搜集背景材料，掌握迎候时间，安排领导约见，负责组织参观游览、安排宴会、住宿和送别等。

3）办公约会安排

作为接待人员，都要保持约会的记录。个人秘书为其上级保持约会的记录并且当来访者到达接待区时，接待员应用电话告知相应的秘书，来访者已经到达，做好约会日志，在约会日志上做记录之前，要小心不要记错。仔细看约会日志的格式和需要输入的信息；按时间顺序输入信息；检查记录时间的方法；清晰地输入全部细节；在纸页上用标题分别列出约会表：时间、来客姓名、公司地址、准备会见者姓名等。

相关链接

如何有效安排约会

有效安排约会时应注意：当有来访电话时，要记下来电的时间、来电人姓名、单位、电话以及要拜访何人，确认约会并通知双方。

将以上情况填入约会记录表（见表11-2）。

表 11-2　约会记录表

约会地点	约会时间	接待人	来访者	约会内容

2. 行政事务

办公室行政事务管理包括行政日常工作程序的管理、文件的打印和装订、办公环境的创建与管理。

1）行政日常工作程序的管理

行政机关日常工作千头万绪，十分复杂。没有规矩不成方圆，要使管理工作井然有序，处理每一类事务都必然有个程序问题。科学合理的工作程序可以化繁为简、化乱为治，以取得事半功倍之利。合理的工作程序包括计划安排、组织实施、协调控制、检查总结和奖惩教育。

（1）计划安排工作。任何行政目标，只有通过制订和执行相应计划才能得到具体的落实。计划是组织实施的纲领，是控制标准。计划必须明确、具体、切实可行，并且要有弹性。

（2）组织实施工作。这是实现计划的首要步骤。组织实施要落实到人，做到事事有人管，人人有事干。同时要明确职、责、权、利，严格规章制度。

（3）协调控制工作。在计划组织实施过程中，要做到及时反馈信息，掌握全面情况，迅速进行协调沟通。对在执行过程中出现的偏差，要予以控制、不要蔓延，同时可采取补救措施或修改计划。

（4）检查总结工作。计划完成之后，要认真进行检查总结，目的是肯定成绩，检讨缺点错误，以获取经验教训、改进工作，切忌走过场，报喜不报忧，文过饰非。

（5）奖惩教育工作。通过总结检查，要奖励先进、惩罚和批评玩忽职守者和渎职者，是非功过要分明。

2）办公文件的打印、复印和装订

打印室承担打印和复印功能，按照每个部门的要求完成有关打印、复印事务；如需将文件复制到白纸、彩色纸或不同尺寸的卡片上，文档和图片需要放大和缩小；散页按数字或字母顺序整理后装订到一起或打孔后准备储存在文件夹中。散页可以用装订机、塑料面装订机装订，打印室也可以制作传单和小册子发送给客户，提供信息、产品广告或商情，它们可能是彩色的或黑白的。如果单位要求高质量的打印，打印室的人员可以与外部专业人员联络，有的单位自己也有这种设备。

3）办公环境的创建与管理

办公环境的创建与管理包括办公室布置、标语的张贴、使用国旗与国徽、公牌的制挂、园林绿化、环境卫生和安全保卫等方面，总的要求是整洁、优雅和美观，以体现出行政机关应有的精神面貌。

机关环境一般情况下可以划分为硬环境和软环境两种。硬环境包括办公室所在地、建筑设计、室内空气、光线、颜色、办公设备及办公室的布置等外在客观条件。软环境包括机关办公室的工作气氛、工作人员的个人素养、团体凝聚力等社会环境。制约办公室环境的因素很多，主要有自然因素、经济因素、人的素质修养因素等。

加强办公室的环境管理，除了加强硬环境和软环境的管理外，还应加强机关办公室安全环境的建设。安全环境是整个办公室安全措施的总和，其内容大致包含三个方面：人身安全、财产安全、防火安全。

3. 后勤事务

办公室后勤事务管理包括办公物品的采购、储存和发放；行政经费管理；机关总务后勤管理。

1）办公物品的采购、储存和发放

行政管理人员应具有正确选择供应商的责任和能力，当需要货物的时候，能估计出需要的货物量，并能够在众多的供应商中选择最佳的服务，选择供应商的责任通常落在办公室工作人员身上，他们的责任就是保证供应商在恰当的时间提供数量和品种都正确的货物。在选择货物和服务的供应商时，要考虑以下几点。

（1）全面计算货物和服务的费用，包括：现金付款或批量订购是否有折扣；货物的费用是否包括运费；批量订购是否有存放地方，库存空间又要支付多少费用，到底是少买合算还是多买更合算；是否按照单位有关政策开具发票；如果不提供折扣，是否有其他优惠，如付款方式。

（2）供货的便捷程度和供应商的位置，包括：根据单位购货的频率和用量看路的远近；紧缺某货物时，若路程远多快能交货；综合比较供应商位置远近、交货方便程度和货物价格的关系，供应商位置较远要考虑退货和设备维修的方便程度。

（3）交货期、送货服务质量，包括：比较不同供应商的正常交货期，看哪一家交货最快；急需某货物时，供应商能否配合、是否愿意使用快递；紧缺某货物时，能否送货上门，满足要求。

（4）供应商的可靠性、信誉，包括：供应商是否可靠，是一家什么样的公司；设法了解供应商的信誉和长期服务情况，如交货期、维修服务质量等；若供应商交货与购买单据有出入时，供应商如何处理；第一次先订购少量货物，亲自衡量后再确定下一步。

（5）有关货物和购买的安全性，包括：如果供应商提供人员服务，提供的人员是否可靠；运输货物的车辆是否安全；交付货物和票据的工作人员是否可靠；送货时是否有规范的和正确填写的单据。

相关链接

选择供应商

秘书高叶在处理办公室内部工作上显示出很强的能力，但是在与外界联系方面，特别是与供应商打交道的能力如何，她自己也没有把握。抱着试试看的心理，她承担了采购部分办公设备的任务。一开始，她采取了询价采购的方式，使用最原始也最可靠的方法货比三家，每一种设备都联系三家以上的供应商，并做了详细的记录和仔细的比对，她与精选出的供应商在价格、方便性、服务质量、安全性和可靠性等方面进行认真的谈判。几轮谈判下来，她已然成为与供应商打交道的高手，向高级秘书层次迈出了一大步。

（资料来源：劳动和社会保障部中国就业培训指导中心．秘书国家职业资格培训教程．北京：海潮出版社，2003.）

在收到货物以后，能够熟练、准确地办理办公设备和耗材的进货手续，保证办公设备和耗材准确无误地登记、检验、核对、入库，衔接好办公设备和耗材采购、进货、发货和使用的中间环节，建立一道办公用品和耗材的管理程序。

办公易耗品要按以下方法进行存储：储藏间或物品柜要上锁；各类物品要贴标签；新物品置于旧物品的下面；体积大分量重的放置在最下面，小的物品、常用的物品应放在前面，易于找到和领取；储藏间要有良好的通风和照明条件，房间保持干燥；制定物品发放制度，确定物品发放人。

发放物品应有下列手续：指定人员发放；单位的有关制度规定发放时间；紧急需要物品时必须按相应的程序处理；必须填写物品申请表，并由授权人签字批准。物品申请表包括的细节：申请表编号、申领部门、物品名称（项目）数量、特殊要求、发放人签字、领取人签字、授权批准人签字、日期。清点核实发放办公用品，提醒使用单位节约使用。

相关链接

如何发放办公用品

作为初级秘书，经常做的一件办公室事务性工作就是发放办公用品。看似简单的工作却包含很多原则和技巧。新来的秘书初萌通过观察发现，有人不严格执行发放物品的手续，工作中随意性很强，造成办公用品的流失和浪费。有人发放物品的业务不熟练，不会填写发放物品申请表，对表格中的有关项目审核不严格。她向办公室主任提出建议，进行一次发放办公用品的业务培训，得到领导的支持，并很快规范了办公室发放办公用品的工作。

（资料来源：劳动和社会保障部中国就业培训指导中心．秘书国家职业资格培训教程．北京：海潮出版社，2003.）

2）行政经费管理

机关财务管理工作的重点是搞好行政经费的使用。它是财务行政的重要组成部分。国家行政机关的财政预算、拨款、行政经费的拨领、使用、管理和监督等活动，都属于财务行政活动。

行政经费管理是指对具体单位行政经费的领拨，开支的计划、分配、控制和监督等活动。行政单位所需的经费由国家预算供给，国家预算拨款和按国家规定的其他途径所取得的款项，构成行政单位的资金收入。行政经费管理通常包括预算管理，即单位预算编制、执行和调整；财务管理，即支出管理、收入管理、定员定额管理、费用开支标准等财务活动分析和财务监督等方面的内容。

财务工作的主要特点：首先，它有很强的预算性。行政经费要事先编制预算，经上级主管部门审批才能拨给，有些款项还必须专款专用。其次，行政经费使用的政策性很强，必须按国家有关规定和政策严格管理。再次，一般来说，行政经费结构变化不大，支出比较稳定。要把有限的资金利用到充分发挥其效能的地方，以提高行政管理效能。最后，财务工作的分配和监督职能密不可分，要充分发挥监督部门和群众监督的作用。

对行政经费管理必须严格遵守厉行节约、勤俭办事的原则，把钱用在刀刃上，严禁铺张浪费、大手大脚、公款请客送礼和私分国家财物。

3）机关总务后勤管理

总务后勤管理是指对本单位的物资和日常生活事务的管理，其任务是为机关正常管理活动提供物资保障和生活条件，机关设专门的总务后勤管理机构。

总务后勤管理内容十分广泛，尤其在我国其作用不可低估，涉及面非常广。从公用设施、生活设施到职工福利；从职工的衣、食、住、行到生、老、病、死等无不涉及，其工种涉及基建、交通、采暖、医药、托幼、木瓦、水电、车辆、饮食等。在一定意义上来讲，几乎涉及社会上各个行业。

总务后勤管理工作的难度大，综合性和服务性很强。如果没有较高素质的工作人员，很难搞好总务后勤管理工作。总务后勤管理工作要本着服务群众、方便群众、勤俭节约、保证供给的原则提供服务。

（三）办公室综合事务管理的现代化

1. 机构设置的现代化

现代行政机关组织机构的设置是随着办公室工作任务的变化、工作职能的演变、办公手段的发展而不断调整和完善的。

要实现机构设置的现代化，仅仅关注机构设置本身的问题还不够，还必须努力实现机关管理的制度化和规范化。也就是说，在行政机关各部门中建立相应的规章制度，如工作制度、责任制度、考核制度和奖惩制度等，做到有章可循、有法可依。

2. 人员配备的现代化

行政机关的工作效果常常是与工作人员的办事能力、办事效率联系在一起的，要实现机关事务管理的现代化，必须加强人员配备的现代化，也就是要加强行政人员的素质教育，实现行政人员群体结构的优化，提高行政人员的办事能力。

在行政人员个体素质结构方面，主要强调：① 知识结构，包括基础知识、专业知识和相关知识；② 能力要求，包括基础能力、一般技巧和特殊技能等；③ 道德素质基本要求，包括服从领导、埋头苦干、公道正派和严守机密等；④ 心理条件，包括人的品格、情绪、意志、个性、思维和兴趣等。

在实现行政人员群体结构优化方面，要注意到每个人年龄因素、知识因素、个性因素和文化因素的不同，认真贯彻群体互补的原则，努力实现机关内部群体结构中梯形的年龄结构、合理的知识专业结构、多类型的智能结构和协调的气质性格结构。

3. 办公手段的现代化

实现办公手段的现代化就是努力实现办公自动化，行政机关办公自动化的主要内容就是普遍采用计算机进行管理，目前通过手机软件、App 进行管理也广泛应用于行政机关管理中。此外，无线电传真机、高速复印机、高保真录音录像设备和移动通信装备等已经成为现代化办公机构的必要工具，成为开展日常办公业务所不可缺少的重要手段。

目前，办公手段现代化的进程朝着建立人工智能和大数据的方向加速前进，有了人工智能，行政工作可以通过智能系统自行处理；取得大量的数据和有用的信息，精通人工智能操作的行政人员也能利用智能系统和大数据迅速加工和研究信息；大量的行政会议可以改为远程通信形式的会议；大量的行政文件可以通过网络进行传输和处理。由此可见，在人工智能和大数据技术高速发展的新时代，行政机关的管理工作将进入一个崭新的发展阶段，并为完成行政机关的组织目标，更好地为公众服务创造出全新的局面。

二、机关文书、档案的管理

（一）机关文书管理的含义与作用

机关文书管理是指按照一定的工作程序，制发、收办公务文书，并组织运行的一套工作，具体来说由文书撰制、文书处理和文书管理三个方面组成，它是沟通行政信息、实现行政管理职能的重要手段。

机关文书管理在整个行政机关管理工作中具有十分重要的作用：领导和指导作用，联系和沟通作用，规范和约束作用，宣传和教育作用，依据和凭证作用等。

（二）公文的种类和行文关系

1. 公文的种类

公文的种类简称文种，是指各级各类机关与组织普遍使用的文件名称，它概括地表明文件的性质、制发文件的目的和要求，以便收文机关阅读文件和进行文书处理。各种公文的确定和它们的使用方法都是统一规定的，任何机关单位不得随意更改混用。

2012 年 4 月，中共中央办公厅、国务院办公厅印发《党政机关公文处理工作条例》，它把所有党政公文分为 15 种，分别是决议、决定、命令、公报、公告、通告、意见、通知、通报、报告、请示、批复、议案、函、纪要。在实际工作中使用的通用公文要比以上更多一些。

2. 公文的行文关系

公文的行文关系是文书处理工作的原则之一，遵循一定的行文关系可以使公文运转自如，达到指挥灵敏、管理协调的目的。目前机关之间的行文主要分为三个方向。

（1）下行文，即上级领导机关对所属的下级机关的行文，这类公文主要有命令、令、指令、指示、决定、决议、规定、条例、布告、公告、通告、批复传票等。根据发文的不同目的和要求，可以采取逐级行文、多级行文和直达基层与人民群众等方式。

（2）上行文，即下级机关、一般工作人员或公民发给所属的上级机关、领导或主管机关的公文，这类公文包括报告、请示、报表、建议书、意见书、申请书、请愿书等。各级国家行政机关一般不得越级行文请示问题，如因特殊情况必须越级行文时，应当抄报所越过的机关。

（3）平行文，即互相没有隶属关系，同级或不同一级部门之间的行文，这类公文主要有函、通报和笺函等。

（三）机关文书管理制度

1. 机关文书的组成部分

任何机关文书，不外乎三个组成部分：一是外发文件，即由本单位拟制、发出的文件；二是收进文件，即由外单位拟制、发来的文件；三是机关内部拟制、流转的文件。

2. 机关文书的管理程序

机关文书的管理程序包括两个方面：一是收文，二是发文。

（1）收文程序包括签收、拆封、登记、分发、传阅、拟办、批办、承办、催办、注办、清退、归卷等内容。

（2）发文程序包括拟稿、审核、签发、缮印、校对、用印、登记、封发、注发、归卷等。

3. 机关文书的管理内容

机关文书的管理要遵循准确、迅速、时效和保密的原则要求，严格按制度办事。主要涉及三个方面：收文环节、发文环节、立卷和归档环节的步骤、制度，见表 11-3。

表 11-3　机关文书的管理

方面	步骤	基 本 内 容
收文环节的步骤、制度	收文	按送件人的投递回执清单或送文簿检查验收，然后登记，最后送交指定的秘书人员根据权限拆封或上交
	拟办	机关秘书部门在收阅文件后提出初步处理意见
	批办	机关有关领导人对拟办意见提出最后的处理意见
	承办	机关的有关部门根据批办意见，具体办理公文
	传阅	组织有关人员阅读非承办性文件，了解上级精神或有关情况
	催办	对文件承办的检查和督促，使其及时办理
	办复	在公文办理完毕后，及时报告有关负责人，并将文件立卷归档
	● 文件的收取和检查制度 ● 文件的登记制度 ● 文件的清退制度 ● 文件的存放保管制度及文件的保密制度等	
发文环节的步骤	交拟	机关领导人根据领导的意图将撰拟文稿的任务交给有关的拟稿人
	拟议	拟稿人查找资料，总体构思，搜集整理材料，拟制写作提纲
	撰拟	即在构思成熟的基础上拟制文稿
立卷和归档环节的步骤	审核	机关秘书部门负责人对撰拟的文稿进行审查和核定
	签发	机关主要领导人对已经审核的文件做最后审定，签署印发
	盖印、封发	文件签发，印制完毕后，需要加盖印章，根据签发文稿的发送单位、密级等要求再次进行检查，然后登记、封装、发出

续表

方面	步骤	基 本 内 容
立卷和归档环节的步骤、制度	立卷、归档	立卷是指对文件编卷、订册；归档是按档案部门的规定要求，把立卷文件移交档案部门管理
	● 拟稿时如实汇报，制止虚报瞒报的错误发生 ● 通过严格的领导审批程序，杜绝不负责任地乱发文现象 ● 文稿的缮印和校对工作力求清晰准确、精益求精 ● 文稿的封发工作要求耐心细致，避免遗漏	
	立卷	把零散文件组合成案卷的工作
	归档	需要立卷归档的只是其中的精华部分
	● 文书立卷的根本目的 ● 为了今后更好地进行文件的查考和利用 ● 有利于文件的安全与完整 ● 为档案管理工作奠定基础	

（四）档案管理的含义与作用

1. 档案的含义

档案是指具有查考使用价值，经过立卷归档保存起来的各种形式的材料，包括电文、会议记录、人事材料、技术文件、出版物原稿、财会簿册、印模图表、音像资料等。

机关档案是机关活动的历史记录，是由机关文书有条件地转化而来的，是按照一定规律保存起来的文书资料。也就是说，文书资料是档案的前身和来源，档案是文书归宿的精华，只有处理完毕后经过筛选，具有一定查考和利用价值的那部分文书及资料才能成为档案。

2. 档案在机关管理中的重要作用

（1）决策参考作用。一方面，档案是历史发展的原始凭证，现实是历史的继承和发展，档案对于解决现实问题具有广泛的研究和参考价值；另一方面，行政机关档案材料完整，政策性强，具有很强的咨询作用，可作为行政决策的直接材料为行政领导提供决策参考。

（2）历史鉴证作用。档案是历史的真实记录，在查证研究历史事件、纠正处理历史遗留问题时，其凭证、依据作用是无可替代的；同时由于行政机关档案具有很强的时间连续性，国家、社会、机关内部的重大事件多反映于此，因此，可以作为编纂历史、地方志、机关志的历史资料。

3. 档案管理的主要内容及工作环节

机关档案管理的主要内容：指导、监督各文书部门或业务部门的归档工作；按照档案工作管理的原则和方法，收藏、保管并提供档案的查考和利用工作；按规定将具有长远保存价值的档案向档案馆移交等。

机关档案工作的具体内容一般包括档案的收集、整理、鉴定、保管、提供利用和统计等。

相关链接

企业信息和文档保留的期限

不同企业会根据自身的业务状况制定不同的存档制度，以确定企业的各类信息和文档保留的期限。在我国，企业信息和文档保留的期限分为以下三种。

永久保存，也就是无限期保存。如公司的营业执照、征收土地证明、公司章程等法律文件和历史文件；公司重要的决定、决议等文件；有历史参考价值，需要保存的统计表、报纸；个人遗嘱等。

长期保存，一般为16～50年存档期限。如单位中形成的或上级下发的在相当长时期内要查考的文件资料；记录的事故报告等以备日后判定查考。

短期保存，指15年以内的存档期限。这部分包含的内容很多，如日常信件、考勤表保存2～3年；工资单、税单、财务凭单保存6～7年；股息、病历等保存年限更长一些。

（资料来源：劳动和社会保障部中国就业培训指导中心. 秘书国家职业资格培训教程. 北京：海潮出版社，2003.）

三、机关会议的管理

（一）会议的含义与类型

1. 会议的含义

会议是指把人们组织起来研究商讨问题的一种社会活动方式，是一种重要的实施管理方式，是各级行政机关实施行政管理的重要手段之一。会议具有以多向即时传递信息的方式，有效聚合分散的意志和智慧，深化或统一认识，沟通感情，处理事务的功能。

2. 会议的类型

（1）根据会议的规模来分，有大会、中会、小会三种类型。大会一般指500人以上到上万人参加的会议；中会指100～500人参加的会议；小会，如班组会、小组会等，一般指几个人到几十个人参加的会议，但最少不能少于3人，两个人不能叫开会，只能叫交换意见或谈话。

（2）根据会议的内容来分，可分为综合性会议、专业性会议、专题性会议、一事一议的会议、咨询性的会议等。

（3）在机关行政管理工作中，经常召开的会议主要有例行会议、联席会议、布置总结会议、经验交流会、电话会议、紧急会议等。

（二）会议筹备人员的职责与技能

行政管理人员在会议之前、会议期间及会议之后，掌握应履行的职责和应掌握的技能是开好会议的基本保证。

相关链接

秘书的会务工作要求

以秘书工作标准中会议管理为例，其会务工作的内容、能力要求和相关知识见表11-4。

表11-4　秘书的会务工作要求

职业功能	工作内容	能力要求	相关知识
会议	（一）会议前的准备	● 能够按要求传达会议通知 ● 能够整理发放会议资料 ● 能够准备和发放会议证件及会议用品 ● 能够按要求预定会议室并做好会场布置（包括设备）	● 会议的构成要素 ● 会议的种类与作用 ● 会场选择与布置的基本要求

续表

职业功能	工作内容	能力要求	相关知识
会议	（二）会议中的服务	● 能够完成接站工作 ● 能够完成签到及座位引导工作 ● 能够操作小型会场的基本设备 ● 能够完成小型会议的茶点准备工作 ● 能够做好会议期间的服务工作	● 会议接站工作的基本要求 ● 会议签到工作的基本要求 ● 座位引导的基本要求 ● 会场检查的基本要求 ● 会议常用设备常识
	（三）会议的善后工作	● 能够完成会议文件资料的收集整理工作 ● 能够完成会议室的整理	● 会议文件资料清退处理工作的基本要求 ● 内部会议室整理工作的基本要求

1. 会议筹备人员的职责

（1）行政管理人员在会议之前的职责：准备和发布会议通知及议程表并打印主持人的议程表；发上一次会议记录的复印件；提醒相关人员准备会议所需要的报告或数据；选择和预定会议地点；安排茶点，准备水、水杯等；为参会人员准备参会证；复查会议的时间和地点，确保已安排在自己和上司的日程中；准备签到登记簿和参会人员登记表；确保在门外放置“正在开会”的提示；准备会议文件，包括文件袋、会议日程表等；确保已准备足够的议程表，以供参会者备用；为参会者提供笔、笔记本；准备会议记录所用的笔记本。

（2）行政管理人员在会议期间的职责：做好报到、签名登记工作；记录所有出席人、缺席人姓名；选择好座位后，做好会议纪要，尤其是会议决定和发言人名单。

（3）行政管理人员在会议之后的职责：整理会场；摘掉门外的提示牌，收集文件、出勤登记簿和姓名卡片；尽快整理会议记录草稿，交主持人审阅确认，若需要可按单位规定将文字记录交参会人员传阅或进行存档；将会后文件进行归档；必要的话，确定下次会议时间、地点，并输入到上司的日程表中。

2. 会议记录的要求

会议记录是准确地记录会议进行过程及所做决定的简短报告。

行政管理人员做会议记录前，应做如下准备工作：通过详细阅读以往的会议记录或向老员工咨询，熟悉会议记录内容和所用的格式，如有可能，先参加一个会议熟悉情况；阅读会议议程（包括主持人议程）和相关文件，熟悉会议中可能出现的术语，进行一些难点内容的速记演练，对将要讨论的问题有一些理解；提前到达会场，准备记录本、笔等；确保姓名牌放在正确的参会者面前并画出一个座次表，便于记录发言人姓名。

会议记录的内容一般包括：会议的名称；会议类型如年度大会等；召开会议的日期、时间和地点；出席情况，包括主要人员姓名、其他人员及缺席者姓名；按议程顺序记录会议状况；其他事宜，包括没有出现在议程上的事项或记录中出现的问题；下次会议的日期、时间和地点等。

3. 安排会议地点

会议可能在外部或外地举行。当一个会议筹备人员安排外部会议时，有许多方面需要考虑应记住，一些参会人员需要长距离旅行，应为他们预订住宿。

有的会议在企业内部举行，而有的则在企业外部举行。当行政管理人员安排外部会议时，会议地点的安排就显得非常重要。

通常在安排会议地点时应考虑的因素：会议地点应设在各种交通方式都方便到达的地方；

应有宽裕的停车位置；会议室、住宿的房间、设备租用和进餐等的价格；房间设施情况，如大小、设施等；会议室的状况，包括形状、容量、采光、温度等；办公设施配备情况，如传真机、复印机、网络设施、计算机等；会议所需设备的配备情况，如投影仪、活动挂图、录像和有线电视等；休闲设施，如游泳池等；饮食服务种类，如鸡尾酒会、庆祝活动晚宴、素食、适合于不同信仰的人的食物等；安全状况；残疾人设施，如能使用轮椅的电梯和坡道、适合残疾人使用卫生间的卧室；工作人员的态度等。

（三）会议的组织

1. 会前的准备阶段

为使会议达到预想的效果，会前要做好充分的准备，仓促开会必然会影响会议的效果。会前的准备工作包括：确定会议主题，明确这次会议究竟要解决什么问题；制定好会议预案，主要内容有会名、会期、会场、出席范围、会议票证、会场布置、会议议程等，特别是议程安排，一定要紧凑有序，这是保证会议有条不紊进行的前提；起草文件材料，组织发言文稿，将会上要分发讨论的材料准备好，每人一册，并在会前印好发到与会人员手中；准备会议通知，印上会名、会期、开会时间和地点、出席对象、入场凭证、筹办单位等内容，并及时发至与会者手中，使其早做准备；搞好会议的服务工作，除布置好会场外，还要安排好与会人员的接待工作，包括交通、食宿、医疗和参观访问等，这是保证会议顺利进行的重要条件。

2. 会议进行阶段

会议进行阶段的主要工作：会议开始后，首先，要检查、核对与会人员，特别是立法性质的会议，还要进行代表资格审查，发现问题要采取措施，妥善处理。其次，要做好会议记录，包括大会报告和小组发言等。最后，要汇总情况，编写简报。即把分组讨论情况和整理好的提案及时送交大会主席团、会员提案审查委员会，编写会议简报要少而精，供领导者掌握会议的议程、进程和存在的问题以便及时部署工作，使会议顺利进行。

3. 会议结束阶段

会议结束阶段的主要工作：回收有关文件；整理会议记录或根据会议需要，形成大会决议或会议纪要；立卷归档，即把会议过程中的一整套材料进行分类立卷，最后归档；安排与会者做好离会返回的工作。

第三节　机关行政方法、管理手段与管理技术

现代社会已经进入了一个全新的时代。目前，世界各国获得各类经济、政治信息的能力和速度已经达到很高的水平，用先进的行政管理方法和技术，大大加快了经济运行能力，提高了行政管理的效率。

一、机关行政方法概述

（一）机关行政方法的含义

1. 机关行政方法的概念

机关行政方法是指能够保证行政活动朝着预定的方向发展，达到行政管理目的的各种专门的方式、手段、技术、措施等的总称，它是管理活动的主体作用于管理活动客体的桥梁。

行政机关对国家事务实施管理时，必须运用一定的方法。人们进行行政管理的活动过程，也就是各种管理方法的应用过程。

2. 机关行政方法的作用

（1）机关行政方法是使机关行政管理思想变为现实状态的中间媒介。任何国家的政府及任何行政管理思想和原则，只有在获得了实现它的具体方法时，才能产生实际效用。

（2）机关行政方法是机关执行行政职能的重要手段与途径。从行政管理的过程看，行政具有计划、组织、指挥、协调、控制等多项运行职能，而其中的每一项职能的实现都离不开一定的方法，行政方法是行政职能不可缺少的实现途径。

（3）机关行政方法是实现机关行政目标的途径。行政目标和行政方法相辅相成，缺一不可，如果没有目标或目标不正确，即便具备了最为先进的现代方法也只能是瞎碰乱闯没有明确的方向。但是正确的目标如果没有与它相适应的实现方法，目标也就无从达到，方法往往能决定任务的成败。

3. 机关行政方法的内容

1）基本手段

基本手段主要有行政指令手段、经济手段、法律手段、纪律手段和思想政治工作手段。

（1）行政指令手段是凭借上下级之间的指挥与服从关系，采取从上而下下达命令、指示和指令，从下向上层层上报、请示和批准的方式实施行政管理。

（2）经济手段是指按照客观经济规律，运用经济杠杆，用调节物质利益影响行政对象的方式实施行政管理。

（3）法律手段是指通过立法和司法方式，特别是行政立法和司法的方式实施行政管理。

（4）纪律手段是指运用有关组织业已确立的秩序和规定约束国家行政人员行为的方式实施行政管理。

（5）思想政治工作手段是指依靠宣传教育、说服、精神鼓励等方式实施行政管理。

2）行政程序

行政程序是指整个行政管理过程中经历一系列环节所采取的一系列前后相连的工作步骤，现代宏观行政管理一般采取六大步骤。

（1）计划，是整个行政管理的起步，也是实现其他各步骤的基础，是最重要的步骤。

（2）咨询，是行政决策过程中依靠专家学者出谋划策，提供良好的决策方案和意见，以求决策正确，取得较好的行政效果。

（3）执行，是实施决策中心发出的决策指令，以达到预期目标的活动，是行政机关和行政人员最经常的活动，也是很复杂的活动。

（4）监督，即计划下达后，上级机关依照法律规定，对各级国家行政机关及其工作人员的行政执行活动，实施全面系统的严格监察和督导活动。它是保证行政机关正常运转的一个重要步骤。

（5）考核奖励，即计划执行完毕，对各单位进行一次全面的考核，考核要深入群众，多掌握第一手材料，考核后应有奖惩，赏功罚过。

（6）反馈，是把执行行政决策和实施行政措施所得到的结果、引起的反应、造成的影响等情况汇报给决策机关或指挥中心的活动，它是指挥者及时对决策和措施进行调整，保证政策的准确及顺利实施所不可缺少的步骤。

3）技术方法

技术方法是指机关行政过程中运用各种基本手段、采用各种步骤时所使用的具体方法。

由于行政管理对象千差万别，行政管理过程复杂多变，行政人员的情况不同等，行政管理技术方法的种类也多种多样。有的技术方法可适用于多种基本手段或贯穿于几个步骤，有的只适用于某一种基本手段或某一个步骤，所以技术方法本身又可分为几个层次，有些技术方法之间还互相渗透。运用技术方法须以时间、空间及其他条件为转移。

（二）行政方法的分类

根据不同的划分标准，可以将行政方法分为不同的类型，见表 11-5。

表 11-5　行政方法的类型及其基本内容

标准	类型	基 本 内 容
按行政信息沟通的特点分类	按权威性沟通	行政信息对接收者具有强制性的约束力，信息接收者必须服从和照办，为此，要求运用行政领导和法律的方法
	按利益原则沟通	行政信息的沟通依赖于信息接受者的利益，为此，要求运用经济的方法和咨询顾问等参与的方法
	按理想性沟通	靠信息内容刺激接受者的精神愿望，使其按管理的要求进行各种活动，为此，要求运用宣传教育和思想工作的方法
按管理者的内容和性格分类	专制的方法	以个别人或个别集团的利益为出发点，强迫行政对象按管理者个人的意志行动，采取高度集中的行政领导方法
	民主的方法	行政决策是以组织全体成员的共同利益为基础，鼓励每个组织成员发表意见和看法，采取民主管理的方法
	民主集中制的方法	在广泛征求组织成员意见的基础上，集思广益，由主要领导集团决定重大问题，由主要行政者全权指挥贯彻
按分析和解决问题的精确程度分类	定性的方法	着重于问题的特性与变化趋势的分析和判断，提高解决问题的层次和水平
	定量的方法	运用数量分析，以精确的数量进行描述和分析，明确管理问题的程度，提出解决问题的定量标准，要求运用运筹学等数学方法

二、机关行政管理手段

处理任何事务，进行任何工作，都要有一定的步骤、顺序和方法。行政管理也概莫能外。

（一）行政手段

1. 行政手段的含义

行政手段是指依靠行政机构和领导者的权力通过强制性的行政命令，直接对管理对象发生影响，按照行政系统来管理的方法。行政管理系统一般采用命令、指示、规定、指令性计划，规定规章制度等方式对系统进行控制。

行政方法或行政指令方法的实质是通过行政组织中的职位和职务来进行管理，其基本特点是依靠权力和权威采用强制手段直接指挥下级，要求下级执行上级指示，以实现行政组织的目标。行政手段的特性包括权威性、强制性、稳定性、时效性、具体性、保密性、垂直性。

2. 行政手段的结构、分类

行政手段的结构主要按管理的系统结构分为三个层次：经营层，即最高领导层；管理层，即中级领导层；执行层；操作层。

行政手段由于社会制度不同，运用领域、目的、方式不同而有不同的类别。按性质划分，有民主型、专制型、假民主型、民主集中型四种行政方法；按形式划分，有全民式、宗法家长式、封建衙门式、长官意志式、领导与群众结合式五种行政方法；按下达方式划分，有命令式、制度式、计划式和总结指导式四种行政方式。

3. 运用行政方法的必要性

行政方法的运用是由社会活动、经济活动的发展和行政管理活动本身的性质决定的。行政方法不论是现在还是将来都是十分重要的。

（1）行政方法是社会、经济活动发展的需要。必要的行政指令对于维护人民的利益、发展经济、保护公民的合法权益、维护社会稳定有重要意义。

（2）社会主义市场经济发展需要运用行政方法。为了维护社会主义市场经济运行的良好秩序，保证公平竞争的实现，政府要运用财政、金融、税收等政策和法律手段来调控，必要时和在特殊情况下进行适度的行政干预，防止“市场失灵”。

（3）运用行政方法是行政管理本身的要求。从目标看，行政管理就是要带领众人去完成一个统一的目标，缺少一定的权威和服从，管理目标就难以实现。从政府机构的特点看，政府机构复杂、任务繁重、相对独立、各司其职，这些特点决定了政府机构必须实行有权威的指挥。

（二）经济手段

1. 经济手段的含义

经济手段是行政机关运用经济杠杆调节和影响管理对象，对被管理者加以引导和控制的管理方法。经济杠杆是指以价格、利润、税收、信贷、工资、奖金等经济范畴为支点，把某个单位或个人的物质利益与其劳动成果联系起来而形成的调节工具。这个工具可以挖掘人的潜能，激发人的主动性和积极性。

在行政管理中运用经济方法，一方面，可以通过经济杠杆调节和影响行政机关所辖的社会组织活动和行政组织自身的活动，改变组织要素的组合方式，提高组织的工作效率，促进社会经济的发展和行政管理的发展；另一方面，可以用经济杠杆影响社会公民和行政人员的思想与行为，促进其改进工作，提高效率。经济手段的特性包括利益性、调节性、制约性、多样性、技术性和公开性等。

2. 运用经济手段的原则

表 11-6 中列出了运用经济手段的原则。

表 11-6 运用经济手段的原则

原则	基本内容
适度原则	经济方法的运用要严格控制在一定的范围内，掌握好适用的程度，防止滥用。严禁在意识形态领域、政治生活领域和党内生活中运用这种方法
与法治相结合原则	要加强经济立法和经济司法，以此规范人们的经济行为。要建立和健全规章制度，对经济方法的适用范围、操作程序等加以控制
与思想教育结合原则	必须与有效的、经常性的思想政治工作相结合，处理好国家、集体、个人三者的利益关系，顾全大局，乐于奉献，促进行政机关勤政廉政建设

3. 经济手段的作用

1）宏观管理

在宏观管理中，国家可运用价格、税收、信贷等经济手段，管理国民经济。

（1）发挥价格杠杆的作用。价值规律在市场上的调节作用，主要是通过价格变化影响商品生产者的经济效益，从而影响他们的经济活动来实现的。其作用主要表现在指导生产，指导消费，调节部分国民收入的分配。

（2）发挥税收杠杆的作用。国家根据经济发展的需要，制定不同的税种和税率，以体现对企业或个人的某种经营活动在政策上的鼓励或限制，从而影响和调节他们的经济活动。其作用主要表现在调节生产和流通，调节企业的利润水平，促进边远和落后地区的经济发展，调节对外贸易，调节各种经济成分和个人的收入。

（3）发挥信贷杠杆的作用。银行信贷通过利息率、贷款额、归还期等机制，合理组织和分配社会资金，调节企业和社会其他各种经济活动。其作用主要表现在调节生产和流通，促进企业加强经营管理，促进边远和穷困地区的经济发展，促进产品出口。

2）微观管理

在微观管理中，企业或其他组织采用经济手段，就是要把组织中各层次、各成员的利益与其工作成效、生产成果乃至整个组织的成果联系起来，促使大家关心自己的工作，关心整个组织的成果，通过工资、奖金、罚款等形式进行。

（1）工资。我国现阶段实行的是国家统一规定的工资等级制度，具体分为管理人员和技术人员的职务等级工资制、工人等级工资制，目前许多企业实行的是浮动工资制。

（2）奖金。奖金是超额劳动的报酬，奖金不仅与个人的工作努力相联系，还要与所在组织层次以及整体组织的成果相联系。奖金可采用多种形式，综合奖、超额奖、单项奖、协作奖、技术革新奖、建议奖、经营管理奖等。

（3）罚款。用经济手段管理企业，要有奖有罚，奖罚并用。罚款可用于各种需要制止的情况，如管理不善以致亏损、工作失误以致事故、违反规章制度、延误生产进度等。

（三）法律手段

1. 法律手段的含义

法律手段，即行政法律规范及其国家法律法令。行政管理运用法律方法，实质上就是通过法律法规的实施把统治阶级的意志转化为社会公众的普遍行动，用法律法规去调整各种社会关系，调整人们的社会行为，使各种社会关系朝着有利于实现行政目标的方向发展，使社会公众的行为对社会经济发展、社会稳定起直接作用。

法律手段不仅仅指国家法律的制定与实施，还泛指各种组织团体的管理系统所制定和实施的各种类似法律性质的社会规范。法律手段的特点包括强制性、规范性、概括性、稳定性和预测性。

2. 法律手段的结构和分类

法律手段是运用法律规范及类似法律规范性质的各种行为规范进行管理，其结构通常由条件、规则、奖惩三部分组成。法律规范按其本身不同的特点分类：一是按照法律规范表现形式不同分类，可以分为义务性规范、禁止性规范和授权性规范，还可以分为强制性规范和任意性规范；二是按照法律规范内容的确定性程度分类，可以分为确定性规范和非确定性规范；三是按照制定机关和法律效力的不同分类，可以分为法律、法令、条例、议、命令守则、合同、标准、规章制度及其他规范性文件。

3. 法律手段的运用

从横的方面看，法律手段在原则上适用于社会管理的各个领域，对经济管理、科学管理、教育管理等领域都是适用的。从纵的方面看，由于法律手段有概括性、稳定性特点，因此，它只适宜处理某些共性的问题，而不宜于处理特殊的个别问题。

使用法律手段需具备的基本条件：法律的内容要与整个组织体内的道德论水平相适应，过低则不起作用，过高将会造成司法的困难；树立法制的权威性需要有效的法律机构和体系来保证法律的实施。

组织体中各种法的制定，要注意不可超越阶段、脱离现实的各种条件，必须防止出现任意性，要符合客观事物的发展规律，选择正确的法律调整方法，对不同的管理系统和不同的管理对象，应当使用不同的法律调整方式；要把原则性和灵活性结合起来，以提高法律规范的适应性。

三、机关行政管理技术

经济全球化是当今世界的一大潮流，将给世界各国政府在治理环境的体制上带来巨大的变化，形成从政府管制向政府治理转变的趋势。为适应社会发展，政府机关行政管理必须采用现代管理技术，实行电子政务。

（一）电子政务及其发展状况

1. 电子政务的含义

所谓电子政务，就是政府机构应用现代信息和通信技术，将管理和服务通过网络技术进行集成，在因特网上实现政府组织结构和工作流程的优化重组，超越时间和空间及部门之间的分隔限制，向社会提供优质的、全方位的、规范而透明的符合国际水准的管理和服务。

2. 电子政务的发展

从世界范围来看，推进政府部门办公自动化、网络化、电子化，全面信息共享已是大势所趋。电子政务在 20 世纪 90 年代兴起之后，迅速扩散到世界上越来越多的国家。

随着经济全球化、信息化、市场化以及知识经济时代的来临，世界各国进入了公共部门管理尤其是政府管理改革的时代。尽管各国政府改革的范围、规模、力度有所不同，但都具有一个相同的基本取向，即以采用商业管理的理论、方法及技术，引入市场竞争机制，提高以公共管理水平及公共服务质量为特征的“新公共管理”或“新公共行政”的纲领，建立一种“新公共管理”的实践模式。公共管理职能转变要求政府机关行政管理必须采用现代管理技术，实行电子政务。

电子商务的发展使政府提供新的服务的要求越来越迫切，企业发展电子商务要求政府行政与时俱进。因此，面对电子商务的发展，政府必须做出反应。

我国相继推出国家信息基础建设方案，并规划用网络构建“电子政府”或“政府在线”，作为提升政府效率及便民服务的重点，以建立一个反映人民需求为导向的政府，并以更有效率的行政流程为公众提供更广泛、更便捷的信息及服务。

3. 我国电子政务的发展

1999 年 1 月，由中国电信和国家经贸委经济信息中心联合 40 多家部、委、办、局信息主管部门共同倡议发起的“政府上网工程”宣布正式启动，把 1999 年定为“政府上网年”。该工程实施范围包括：国务院办公厅，国务院 29 个部、委、署和国务院直属机构，上述单位的省级机构，省、自治区、直辖市政府，地市政府。根据有关单位要求和社会需求，“政府上网工程”的实施范围不断扩大，乡镇级电子化政府已经建成。

中国政府上网总体发展速度比较快。目前，政府网站的框架已经基本上构建起来，内容比较丰富，页面设计也比较活泼。与此同时，因特网上的中文网站越来越多，中文信息量也越来越大，电子化政府的应用价值是发布信息、公开政务、网上办公、双向交流与电子政务。

许多地方政府都将国民经济和社会信息化作为电子政务的重要内容。上海、深圳、广州、天津等沿海城市纷纷提出建设数字化城市或数码港计划，其中电子政务的建设是数字化城市建设的核心内容之一。专业化的政府服务网站日益增多，服务内容更加丰富，功能不断增强，互动性得到很大提高。

（二）电子政务的内容

电子政务的内容非常广泛，在国内外也有不同的内容规范。从政府所规划的项目来看，电子政务的内容主要包括政府间的电子政务、政府对企业的电子政务、政府对公民的电子政务三方面，见表 11-7。

表 11-7　电子政务的内容

类型	项目	基本内容
政府间的电子政务	电子法规政策系统	对所有政府部门和工作人员提供相关的现行有效的各项法律、法规、规章、行政命令和政策规范
	电子公文系统	在保证信息安全的前提下，在政府上下级之间、部门之间传送有关的政府公文，如报告、请示、批复、公告、通知、通报
	电子司法档案系统	在政府司法机关之间共享司法信息，通过共享信息改善司法工作效率和提高司法人员的综合能力
	电子财政管理系统	提供分级、分部门的历年政府财政预算及其执行情况，便于有关领导和部门及时掌握和监控财政状况
	电子办公系统	通过电子网络完成机关工作人员的许多事务性的工作，节约时间和费用，提高工作效率
	电子培训系统	对政府工作人员提供各种综合性和专业性的网络教育课程，加强对员工与信息技术有关的专业培训
	业绩评价系统	按照设定的任务目标、工作标准和完成情况对政府各部门业绩进行科学的测量和评估
政府对企业的电子政务	电子采购招标	通过网络公布政府采购与招标信息，为企业特别是中小企业参与政府采购提供必要的帮助，节约政府采购支出
	电子税务	使企业通过政府税务网络系统，在家里或企业办公室就能完成税务登记等业务，既方便了企业，也减少了政府的开支
	电子证照办理	让企业通过因特网申请办理各种证件和执照，缩短办证周期，减轻企业负担
	信息咨询服务	政府将拥有的各种数据库信息对企业开放，方便企业利用。这些信息包括法律、法规、规章、政策数据库、国际贸易统计资料等
	为中小企业提供电子服务	政府利用宏观管理优势和集合优势，为提高中小企业的国际竞争力和知名度提供各种帮助
政府对公民的电子政务	教育培训服务	建立全国性的教育平台，并资助所有的学校和图书馆接入因特网和政府教育平台

续表

类型	项目	基本内容
政府对公民的电子政务	就业服务	通过电话、因特网或其他媒体向公民提供工作机会和就业培训，促进就业
	电子医疗服务	通过政府网站提供医疗保险政策信息、医药信息、执业医生信息，为公民提供全面的医疗服务
	社会保险网络服务	使公民及时全面地了解自己的养老、失业、医疗等社会保险账户的明细情况，加深社会保障体系的建立和普及
	公民信息服务	通过电子网络使公民得以方便、容易、费用低廉地接入政府法律、法规、规章数据库，改进政府工作
	交通管理服务	通过电子交通网站提供对交通工具和司机的管理与服务
	公民电子税务	允许公民个人通过电子报税系统申报个人税务
	电子证件服务	允许居民通过网络办理结婚、离婚、出生、身份等有关证书

（三）电子政务的功能

（1）实行电子政务，能够简化行政环节和程序，提高行政效率，降低行政成本。从政府和公众关系方面来看，实行电子政务后，政府行政组织结构的中间管理层将缩减甚至取消，从而大大简化行政运作的环节和程序。通过网络，公众可以用交互方式，直接将要求、意见和建议反映到有关职能部门，并与职能部门一起共同落实解决。

实行电子政务，把各种证明或文件电子化，建立统一的信息资源库，各部门信息共享，可以节省大量的时间和精力，提高办事效率。

（2）实行电子政务，能够提高行政透明度，方便公众监督，有利于廉政、勤政，建设实行电子政务将使更多的政府信息向社会公众公开，政府在制定政策、做出重大决策过程中，可以通过网络听取公众意见和建议。公众也可以通过信息网络，了解政府工作进程和工作业绩，监督政府行政，增加政府工作的透明度，促进廉政建设。

（3）实行电子政务，有利于政府管理模式从集权管理型向集散管理型转变。

一方面，电子政务将打破原有的政府行政管理方式，传统的金字塔式组织结构将改变成扁平化的网络结构。每个部门通过网络收集需要办理的公务，并借助网络会同有关部门协同处理，然后通过网络发布出来。

另一方面，传统方式下行政信息传递要经过烦琐的流程，而电子政务则突破了这种界限，借助网络，上级的政令能够畅通抵达基层，基层信息也能迅速地向上反馈，电子政务将有助于推动社会的民主化进程。

（4）电子政务有利于整合政务信息资源，发挥其巨大的社会效益和经济效益。电子政务的实行可以使这些数据和资料充分共享，降低信息的收集、传播成本，充分发挥其巨大的社会效益和经济效益，为社会经济发展服务。如建立统一法人单位信息库，将所有法人单位的资信情况在网上公布，企业在进行商业交往活动时，通过网络查询，可以方便、迅速地了解到对方的资信情况，有效地避免商业欺诈活动，保护商家的利益。

电子政务所具有的这些功能，是进一步深化政府行政改革的动力与依据。通过电子政务的这些功能，可以看到电子政府对行政管理方法的进一步创新。

从世界范围来看，推进政府部门办公自动化、网络化、电子化，实现全面信息共享已是大势所趋。联合国经济社会事务部把推进发展中国家政府信息化作为重点工作来抓。在信息化时代，政府电子化具有十分重要的地位和意义。

◎ 案例讨论

顺德经验：政府的作用是“掌舵”而不是“划桨”

广东省顺德市经济发达，改革开放以来一直位于全国“百强县”的前列。作为广东省综合改革的先行点，顺德在产权制度改革、政府职能转变和行政体制改革方面在国内处于领先地位。

理顺产权，企业转制

顺德人认识到，尽管集体经济力量雄厚，但要有经济发展的后劲必须对传统产权结构进行改造，触动“产权”这个尚未有人敢碰的“禁地”，建立适应市场经济的经营、分配机制。1993 年 9 月，市委、市政府下发了《关于转换企业机制，发展混合型经济试行办法》（以下称“28 条”），明确提出要通过企业产权制度改革，“促进以股份制为主要形式的多种经济成分并存的混合型经济的迅速发展，建立适应市场机制的公有资产管理运营体制”。这个办法最初为 28 条，到 1995 年完善补充为 35 条，是顺德企业与政府改革的纲领性文件。

根据“28 条”，改制的第一步是对全市公有制企业进行全面清产核资，委托中介机构进行资产评估，然后界定产权。原国有企业和国家直接投资形成的资产为国有产权；各级政府的资产及其他行政部门担保投资兴办的企业所形成的资产，为地方政府产权；企业奖励金和福利金，可作为职工产权。产权理清以后，按照现代企业制度的要求，通过对国有和乡镇集体所有企业实行多种形式的改造，实现政企分开。一是对关系全市国计民生、带有专营性质、基础设施、高新技术的骨干企业进行公司制改造，改组为政府全资或控股的股份有限公司或者有限责任公司；二是通过出让部分股权或扩股的办法吸引外商注资，从而组建中外合资合作有限公司，调整产权结构；三是把企业全部资产作价转让给原企业全体或大部分员工，组建新的股份合作制企业；四是把企业的设备和流动资产转让给员工，把土地使用权和厂房租赁给员工实行租赁经营；五是对微利、亏损的小企业公开拍卖，转为合伙制或私营企业。经过 3 年扎实稳妥的推进，到 1995 年年底，顺德市、镇两级 1 001 家企业全部转制完毕，由政府独资、控股、参股企业 163 家，企业职工持股企业 566 家，企业经营者持股和拍卖、兼并企业 272 家，租赁经营 331 家，停产 21 家。市、镇两级企业中，公有资产的比重由 90%下降为 62.4%，市、镇两级的国有资产重点转向基础产业和高新技术产业，质量和创利能力大大提高。

这样，顺德“抓住一批，放开一批，发展一批”，将基础产业和高新技术产业改为政府全资或控股企业，交由国有资产管理委员会下辖的投资公司经营；大多数企业则通过合作、转让、租赁、承包、拍卖等形式放开经营。例如，大良镇的德胜电机厂，前身是国有老厂，转制时资产评估为 6 000 多万元。全厂 900 多职工集资买下该厂，成为工厂股东，投资 150 万元的最大股东做了董事长。该厂转制后，工厂员工既是工厂职工又是工厂股东，实现了“劳动者的劳动联合和资本联合”，原来“人人有一份，人人都没有”的产权虚置的状况改变了，他们信奉“搞得好起楼，搞不好跳楼”的哲学，企业职工的主人翁意识普遍增强。成了企业的股东后，职工们说“我们是企业的真正主人”，因此，比以往更加关心工厂，生产积极性大大提高了。同时，企业约束机制也逐渐形成：企业盲目贷款、盲目上新项目的现象少了；公款消费膨胀得到遏制，企业领导大手大脚、铺张浪费的不良风气有所扭转。总之，良性循环已经开始出现。1995 年，顺德市固定资产投入达 58 亿元，1994 年下降到 41 亿元，降幅达 29.4%；1995 年再降到 31 亿元，降幅达 29%。3 年间，固定资产投资规模逐年大幅度下降，说明盲目投资风得到了有效控制。

政府管什么

在传统的产权制度条件下，政府的行为事实上是企业行为；政府官员是在“经商”而不是行政，终日劳心费神的工作大多是企业的产销问题；政府是整个公有经济的大管家，政府是个大企业，而在企业产权不明、企业还是政府附属物时，所谓的转变政府职能事实上只能是一句空话。如果在条件尚未完全成熟时硬是将职能转移出去，“做生饭”，那无疑会造成混乱的后果。道理很简单，就是在转移出去的职能尚未有新的载体时，必然造成管理的真空地段，导致市场的无序状态。现在顺德通过产权改革，可以说很好地解决了这个问题。政府在一定程度上解放了出来，真正干起了政府的事，政府行为不再完全是去管“不该管、管不了、管不好”的事。从顺德的经验来看，产权制度改革后，在市场经济条件下，要充分发挥市场在资源配置方面的基础性作用，但正如政府不是万能的那样，市场同样不是万能的。按照与市场分工的原则，顺德市政府主要承担下列职能：提供公共物品；管理国有资产，确保国有资产的保值增值；建立社会保障机制，保障全社会的人道发展。

（资料来源：http://www.gov.cn/system/2007/03/28/006073628.shtml.）

讨论题：

地方政府的职能究竟如何界定，各地情况不同，我们不能一概而论。但从顺德市政府的职能配置，我们可以得到什么启示？他们有没有做不该做的事？还有什么该做的事没做？

◎ 实训活动

一、实训项目

机关行政中的沟通能力。

二、实训内容

沟通游戏：画图。一位培训师描述图形，学员根据描述进行画图。

实训设施及工具：行政管理实训室、写字板、图形。

三、实训指导

（1）图形贴于写字板后。

（2）人只能站在板后，不可走出来，有 30 秒思考时间。

（3）描述第一幅图时，学员只允许听，不许提问（单向沟通过程）。

（4）描述第二幅图时，学员可以发问（双向沟通过程）。

（5）每次描述完，统计自认为正确的人数和实际正确的人数。

四、角色分配

一位培训师，学员人数为 10～15 人。

五、实训点评

双向沟通比单向沟通更有效，双向沟通可以了解到更多的信息。

- 对听者而言：

（1）自认为自己来做会做得更好——单向沟通时，听的人比说的人着急。

（2）自以为是——认为自己做对了的人比实际做对了的人多。

（3）想当然——没有提问，就认为是（可根据学员出现的问题举例）。

（4）仅对对方提要求，不反求于己，同样情况下为什么有人做对了有人做错了，我们为什么不能成为做对了的人？

（5）不善于从别人的提问中接收信息。

● 对说者而言：

（1）要注意听众的兴趣所在。

（2）要对所表达的内容有充分的理解与了解。

（3）存在信息遗漏现象，要有很强的沟通表达技巧。

（4）要先描述整体概念，然后逻辑清晰地讲解。

● 机关行政中始终贯穿的是“沟通”两个字，行政机关的职能、内容都需要沟通能力，尤其在机关中，每个部门看起来是独立的部门，但实际上，机关中的沟通是最重要的部分。对于大型机关来说，它有不同的部门就有不同的职责，但这些职责在某些程度上有相互交叉的部分，这就需要工作人员之间保持高度的双向沟通状态，使领导者能够从总体上把握机关的目标，更好地实施决策。

● 机关行政中的沟通需要的是双向沟通。单纯的单向沟通不能达到很好的效果，不知道其他部门的决策，自己部门的问题也不能得到妥善的解决。领导者要通过多种手段与组织中其他部门进行沟通，也同时要把自己部门的问题、决策告诉其他部门。即便在部门内部，职员之间也要保持沟通状态，每个人只关心自己的工作，整个部门不可能有一个完整的目标。

六、实训报告

请将实训所得结果填写在实训报告纸上。

◎ 复习思考题

1. 简述机关行政的含义和特点。
2. 简述机关行政的主要任务。
3. 简述机关行政的主要职能。
4. 简述机关行政的主要原则。
5. 简述机关行政的地位和作用。
6. 简述机关行政中的办公信息管理。
7. 简述机关行政中的办公接待管理。
8. 简述机关行政中的办公约会管理。
9. 怎样进行行政日常工作程序的管理？
10. 怎样进行办公文件的打印和装订？
11. 怎样进行办公环境的创建与管理？
12. 怎样进行办公物品的采购、储存和发放？
13. 怎样进行行政经费的管理？
14. 怎样进行机关总务后勤的管理？
15. 简述办公室综合事务管理的现代化。

16. 简述机关文书管理的含义与运用。
17. 简述档案管理的含义与作用。
18. 怎样进行机关会议的筹备与管理？
19. 简述行政方法的含义和内容。
20. 简述行政手段的含义和内容。
21. 简述电子政务的含义和内容。
22. 结合实际，分析电子政务的发展现状与未来发展趋势。

第十二章

行政效率

◎ 学习目标

- **知识目标**

识记：行政效率、行政效率测量、行政发展、行政改革等概念。

领会：行政效率、行政改革的内容、行政效率测量方法的特点和原则。

应用：理解各种行政效率测量标准，掌握提高行政效率方法，将其应用于行政管理的实践中。

- **能力目标**

应知：了解行政效率的特点，熟悉行政效率测量程序。

应会：学会行政效率测量中的方法和技巧，完成行政效率测量和提高行政效率等有关的职能和任务。

掌握：提高行政效率的电子政务技术，通过行政秘书的工作，达到政府机关行政工作的最佳效率。

◎ 情景导入

在年终部门总结表彰大会上，办公室行政秘书宋敏被评为优秀工作者。为了表彰她一年来在行政管理方面的杰出表现和创造性工作，为她颁发优秀秘书金奖，并推选她为办公室行政秘书的形象代表。宋敏在掌声中上台领奖，面对鲜花和荣誉，她不禁喜极而泣，发表感言。她首先感谢一直支持、帮助她的办公室团队的伙伴；其次要感谢关心和信任她的各级领导；最后，她要把奖章和荣誉留给她的母校，感谢培养了她的老师和所学的专业，是老师们创造性的工作、优秀的教学理念、先进的教学手段，特别是实用性的教学，使她成为综合型、应用性的人才，在工作岗位上能很快进入角色并取得今天的辉煌。她表示荣誉只能说明过去，她要在提高行政效率上努力，通过大胆的创新探索一条提高办公行政效率的捷径。

在行政管理实务中，了解行政效率的特点，熟悉行政效率测量程序，清楚机关行政组织中行政效率与行政管理、行政效率与行政改革之间的关系。学会行政效率测量中单位费用测量法、人均费用测量法、计件费用测量法、行政职能测量法等方法和技巧，完成行政效率测量和提高行政效率有关的职能和任务。掌握行政秘书测量行政效率的技能，提高行政效率现代技术，通过行政秘书的工作，达到政府机关行政工作的最佳效率。

第一节 行政效率概述

行政组织是社会大系统中的一个子系统，维护和运转受到社会的政治、经济、文化等环境因素的影响。要提高行政效率、促进行政管理的发展，就要了解行政效率的特点，掌握测量行政效率的方法和技能。

案例分析

促进行政效率的绩效考评

某行政机关针对本部门工作效率低等问题，决定将科级干部工作绩效考核作为改进工作的第一步。人事处李处长召集各科科长开会，发给每人一份考核细则，并宣布下一季度按细则进行工作成绩考核，第一个月的奖金将按考核后的实际得分发放。一个月的考核工作顺利进行着，科长们比过去忙多了，各方面工作也多少有些起色。到第二个月的月初，李处长收到了科长们送上的自评表，出乎意料的是科长们几乎都给自己打了满分；群众评议表和其他部门的评分表又带有很强的个人成见，这使李处长陷入了矛盾之中。

分析：通过考评可以促进工作效率，提高下属的工作积极性。但是，如果不能掌握影响工作效率的因素，不能了解行政效率的特点，熟悉行政效率测量程序，清楚机关行政组织中行政效率与行政管理、行政效率与行政改革之间的关系，就达不到通过考评提高行政效率的目的。因此，必须从行政效率的概念入手，全面树立行政效率意识。

一、效率与行政效率

行政管理的根本目的是提高行政效率，行政效率既是行政管理工作的出发点，又是行政管理的目标。

（一）效率

效率是人们从事某一项工作所付出的劳动量与劳动成果的比率。效率与效益不同，效益关注的是组织工作的质量和社会效果，也就是行政管理的有效性，效率则更加注重劳动付出与劳动成果的比率。

人们最早在物理学中使用效率概念，表示能量的投入和产出之间的比率。后来引入社会活动领域用以考察某项社会活动的有效程度。用最少的人力，花费最少的成本，在单位时间内产出最多的劳动成果。当人们把效率概念用到行政管理中，效率指标要测定的是“行政机关在既定时间内，预算投入究竟产生了什么样的结果”。提出人员、时间、经费是决定行政效率的主要内容，例如，一项公益政策从决策到实施用了很短的时间，那么，行政组织的效率就很高。效率一般可以分为两种类型：一类是生产效率，它是指生产或提供服务的平均时间成本；另一类是配置效率，它是指组织所提供的产品或服务是否能满足利害关系人的不同偏好，也就是说，在政府部门所提供的各种项目中，如国防教育、健康等，其预算配置比例是否符合民众的偏好顺序。

（二）行政效率

从概念上说，行政效率是国家行政管理活动所获得的成果与所消耗的行政管理资源之间的比率。所谓行政成果是指行政活动的结果，包括各种经济、社会、文化的成果；所谓行政管理资源消耗，包括人、财、物、时间、信息等行政资源的耗费。行政效率追求的是行政资源的有效使用，即用最少的行政资源获得最大的行政成果。一般可以用资源使用率最大化和行政目标实现成果率来测量。

（三）行政效率的含义

行政效率是指行政机关和行政人员从事行政管理活动所得到的劳动效果、社会效益同所消耗的人力、物力、财力、时间的比率关系，是对国家行政机关和行政人员从事行政工作的质量和评价，行政效率的含义包括以下几个方面。

（1）行政效率是对行政时效、费用和成果的定量分析。行政效率的高低有一定的数量比例，可以做定量分析对比，这些量的比例可以体现在行政时效、费用和成果上，以最短的时间完成行政目标，以最少的人力、物力和财力的消耗取得最大的劳动成果，体现了行政高效率。

（2）行政效率是数量与质量、价值与功能的统一。行政效率更重要的是体现在社会效益上，这是行政管理的根本方向，行政管理是行政部门对国家事务和社会事务的管理活动，是利国利民的服务活动。

（3）行政效率是广泛的、全面的、多目标的评价体系。行政效率体现在行政管理的各个环节、各个层次中，是行政管理体系多种因素的综合反映，是对全部行政管理活动的整体要求，所有行政组织、行政管理门类、全部行政运行过程都要讲求效率。

（4）行政效率是效能与效率的统一。效能统帅、制约效率；效率服从、服务效能，二者互为条件，相辅相成，不可偏废。由于行政工作有许多复杂抽象的行政事务，有许多无形的东西无法用数字来计算其效率，可以从效能上进行评价，行政效益是行政效能与行政效率的总和，缺一不可。

二、行政效率的类型

提高行政效率在现代公共行政学中占有重要的地位和作用，是行政管理活动追求的目标，也是行政管理学研究的一个重要组成部分，因而各国在实践和理论上都给予其相当的重视和关注，从不同的角度划分行政效率的类型（见表 12-1），加强对行政效率的研究和认识。

表 12-1　行政效率的类型及其基本内容

标准	类型	基本内容
从行政效率概念形成和发展的角度划分	机械效率	● 机械效率是科学管理时期泰勒等使用的概念，借用机械学和电力学效率的衡量标准，对生产活动和行政活动的效率进行衡量；是量化的可比效率，表示投入与产出或成果与成本之比 ● 侧重于人力、物力、财力和时间的计算；它追求的是用最少的消耗、最短的时间取得最好的成果 ● 主要缺陷是有许多行政工作具有政治的、社会的、文化的因素，无法量化
	社会效率	● 社会效率是行为主义管理学家对行政效率的评价。他们重视人际关系的研究，认为行政组织的效率高低不在于物的消耗和时间的长短，而在于人员是否团结和谐，需要能否得到最大的满足 ● 这种仅以组织人际关系好坏来确定效率的标准不能从根本上反映出行政工作的性质，而且也容易与社会效益这个概念混淆

续表

标准	类型	基本内容
从行政效率概念形成和发展的角度划分	客观效率和规范效率	● 客观效率和规范效率是现代行政管理学对行政效率的界定，反映行政管理的客观性和规范性。其将行政目标和行政价值的实现程度作为测量标准 ● 它要求效果与目标和价值的统一，效果与目标紧密地联系在一起，要随着目标的不同而变化 ● 考察行政组织的整体效率，局部的“高效不等于全局高效”
从行政组织层次的角度划分	组织效率	● 组织效率是在行政组织的高级决策层所表现出的效率，亦称决策效率 ● 领导人的才能、领导方法、指挥领导、命令统一、机构设置等都属于组织效率的内容。组织效率起着关键性、决定性的作用
	管理效率	● 管理效率是行政组织的管理层所表现出的效率，亦称执行效率 ● 管理制度与方法、管理才能与知识、任用人才、沟通、控制、权责划分等都属于管理效率
	工作效率	● 工作效率是指行政组织的基层工作人员所表现出的效率，亦称机械效率 ● 工作人员的技能、士气、素质、非正式沟通、人际关系、机器设备、办公条件等，都属于工作效率

三、行政效率的地位和作用

现代政府管理的核心问题是提高行政效率。在追求行政效率的条件下，国家行政部门都要求根据本部门的职能和规律，制定本行业、本部门的工作机制，为各项工作划定基本的工作标准和底线，极大地促进行政效率的提高。

（一）提高行政效率是行政管理的最终目标

行政效率既是行政管理活动的起点，又是其落脚点。政府管理国家和社会的公共事务，要力求高效率。

行政管理首先必须确定行政目标，尽管行政目标的性质、大小各有差别，但都内含行政效率，都有消耗、质和量及时间上的要求，达到了这些要求，也就实现了行政目标。

行政效率是管理活动一开始就提出的要求，即使一个国家或地区具有丰富的资源、众多的人才、先进的设备等有利条件，但是如果行政效率低下，这个国家或地区就仍不能尽快地繁荣发展起来。

（二）行政效率是衡量整个行政活动的一个重要标准

（1）通过行政效率，可以检验行政管理的各个因素、各个环节、各种手段是否科学化、法制化、现代化。

（2）通过行政效率，可以检验国家行政机关和行政人员队伍是否人员适量、素质较好、分工合理、关系协调。

（3）通过行政效率，可以检验行政体制是否科学，行政组织的设置、结构、权责划分是否完善合理，分工是否明确，层次是否恰当，这些都直接影响到行政效率。

（4）通过行政效率，可以检验行政的管理程序，即决策、咨询、执行、监督、信息处理等各个环节，如果环节不健全或程序繁多，也会影响行政效率。

（5）通过行政效率，可以检验行政管理方法。在科学技术和社会经济迅速进步的形势下，如果不采用先进的管理方法，就会严重地影响行政效率。

（三）行政效率能推进我国政治体制改革

由于长期受到计划经济的影响，我国政府过去一直强调对社会经济生活进行大一统的管理，这就造成了政府机构臃肿、效率低下、成本高昂。

改革开放以来，我们虽然已经沿着社会主义市场经济的方向前进了很多，但还存在很多问题。在进一步深化改革过程中，必须对政府的投入产出、政府行为的效率与效果进行评价，提高政府的行政管理效率。

随着体制改革进程，小政府、大社会的格局正在逐渐形成，提高行政效率为这种变革提供了理论上的支持和技术上的帮助。

（四）行政效率是衡量行政改革成败的关键

只有提高行政效率，才能使各项改革卓有成效，通过提高政府的行政效率，展示其为改革所作的努力及其结果，有利于克服公众对政府的偏见，建立公众对政府的信任。

我国正在进行政治体制和经济体制的各项改革。无论是精简机构、简政放权，还是克服官僚主义，其根本目的都是提高行政效率。因此，行政效率是衡量行政改革成败的标准之一。

第二节　行政效率体系

行政效率体系是运用不同的标准、方法来衡量政府行政效率的系统，确立测量行政效率的标准是衡量政府行政效率的基础和核心。所谓行政效率体系，是指行政组织根据一定的价值准则所设定的作为衡量行政效率高低的一系列数据、标准和方法的总和。

一、行政效率的测量标准

测量行政效率必须建立测量标准系统，要保证标准的全面性、可靠性、严肃性。事前对各项工作必须制定合理的目标和标准，并尽可能地做到明确具体，作为测量效率的依据。

（一）量的标准

测定行政效率量的标准就是看人力、物力、财力、时间节约的程度的数量界线。最基本的评价标准是以实际耗费的人力、物力、财力、时间同这项行政活动的实际达到的成果做比较。

测定行政效率量的标准可以把实际达到的劳动成果和劳动耗费量同本行政组织的计划指标相比较，同本行政组织历史上最高水平比较，同全社会同行业的平均水平比较，同本行业最先进的水平比较，甚至有时可以与国际先进水平做比较。

（二）质的标准

行政管理要充分发挥社会主义的行政职能，真正能达到服务社会的目的。行政部门消耗少、产出多、速度快，不一定就是行政效率高，而要看政府的建设职能、服务职能和保卫职能是否全面发挥，是否能满足人民物质和文化日益增长的需要。

要有正确的行政目标。行政活动自始至终都是为了实现行政目标，离开行政目标，也就无行政效率可言。正确的行政目标应该是充分反映国家意志和人民要求的，应把本行政组织的利益与全社会的利益，眼前利益与长远利益结合起来。

要分别反映各个不同的行政部门的特点和各个不同发展阶段的特点，也就是要遵循行政管理对象的发展特点和规律。

（三）社会效益标准

行政管理活动适应国家政治、经济、文化和社会生活发展以及人民的需要满足程度。中央人民政府应造福全国人民，地方人民政府应造福一方。如果行政管理活动不能造福人民，即使投入再少，产出再多，也是无效率的。

行政管理必须把社会性因素和精神性因素的效果看成是行政管理的效果之一。社会效益标准是行政效率与行政效果的统一，只有符合社会效益，才达到提高行政效率的标准。

（四）规范性标准

行政管理工作因部门不同、性质不同、分工不同，有许多工作很难用数量标准来衡量，因此必须有规范性标准。

规范性标准是通过比较而确定的标准，因此是一种定性分析标准。它通过对许多部门同样工作一般所需的物力、财力、人力和时间以及所达成成果的比较分析，确定这一类工作的规范性标准。

行政管理只有达到规范性标准，才能确定其行政效率的高低。规范性标准很难确定，而且因不同地区的经济、文化、社会等发展水平不同，标准也会不同。

相关链接

导致行政效率下降的因素

在行政组织方面，缺少编制法规，机构设置不合理，管理幅度不当，职责分工不清，层次职位不明，岗位责任制不能行之有效，推诿扯皮，人浮于事，等等。在人事管理方面，某些国家工作人员基本素质较差，学历、经历、能力与职责不相称；录用、培训、考核、奖惩、升降、淘汰和退出等干部制度不健全；嫉贤妒能的封建意识严重；能进不能出、能上不能下的现象普遍。在管理方法方面，重形式，讲排场；事无巨细，开会成病；政出多门；层层划圈，议而不决，决而不行；大事管不住，小事管不活，等等。在机关工作方面，工作方法陈旧，手工作业、烦琐哲学、文牍主义、信息不灵、闭门造车、公文旅行等。

二、行政效率的测量方法

行政效率主要针对国家机关工作的绩效而言，范围广泛，纵横交叉，难以用经济数值来衡量，而要针对各级政府各个部门的不同要求，取不同的方法，从组织的功能、目标的实现等方面来进行测量，即在衡量组织功能、目标的基础上，选择一些项目进行统计评价，并建立表示因果关系的数学模型来考核和检查行政效率。

（一）单位费用测量法

单位是指对于某一项行政管理活动，用这项行政管理活动费用同其他同类管理活动的费用相比较，就可测定出其行政效率的高低。如果其成果相同，那么费用少的就是高效，费用多的就是低效。

对同类行政管理活动行政效率的测定采用单位费用测量法。比如，对于扶贫攻坚工作，县有关部门为两个乡拨了相同的扶贫款，而这两个乡扶贫户数和其他条件相同，结果一个乡当年达到脱贫的目标，而另一个乡却没有达到，两者相比较前者行政效率高。

（二）人均费用测量法

按行政组织所辖区人口平均负担行政费用数额与其他同样行政组织相比较来测定行政效率高低的是人均费用测量法。人均费用高的为低效，人均费用低的为高效。

有些地方政府，其行政费用增长率超过其所辖区的财政增长率，尽管造成这种状况的原因很多，但用人均费用测量法可以证明它是行政效率十分低的政府。

人均费用测量法可以控制行政费用总量，可以摆正行政费用的增长与财政增长的关系，使行政费用处于低水平。

（三）计件费用测量法

对可以用数量来表示的工作测量行政效率采用计件费用测量法。对标准相同的工作，可以列出单位时间和成本，计算成果的一般消耗，得出每件工作的费用标准。

按工作人员的工资计算出每件工作的实际支出，以此来确定行政工作人员的效率高低，如打字员在单位时间内打印文件的数目，收发人员送文件的数目等等。

（四）行政职能测量法

行政组织都有一定的行政职能，能否充分发挥行政职能，圆满地达成行政目标，也就体现了行政效率的高低。

在衡量政府行政部门工作效率时，可以采用行政职能测量法，如民政部门负责救灾扶贫等工作，教育行政部门的教学管理工作等。

（五）行政统计法

行政组织编制多种统计表，包括工作分配表、工作进度表、工作报告表等，对行政工作所用人力、时间和物资等进行统计，为计算效率提供可靠的依据。从行政工作人员职务类别统计看人事是否相称，从工作成绩统计看行政成就大小；从工作人员工龄、学龄统计看干部的素质、贡献和待遇是否相宜；从公文处理的速度看程序是否合理；从公物领用统计看物品有无浪费；从机关经费统计看行政费用是否节约；从行政计划实施进度统计看执行计划是否得力等，可以通过行政统计法，切实考查机关及其工作人员的工作成绩和所存在的问题。

（六）标准比较法

标准比较法就是对完成各种公共事务的消耗与结果，按一定公认的或某些专家规定的指标与实际公认的或与实际行政效果做比较。凡是超过标准的则为高效，凡是达到标准的则为有效；凡是达不到标准的则为低效。

标准比较法是一种定性测量法，要求制定的标准必须科学、合理、全面、可靠，要有可比性。

（七）行政组织因素评分测量法

行政组织因素评分测量法是对影响行政工作结果的各种行政因素进行评分评估来测量行政工作效率。行政组织可分解为不同的因素，如人事、经费、物资、机构、制度、决策、监督、沟通、信息、执行、制度、方法等等，按其在行政管理活动中作用的不同给予不同的分数。

在运用行政组织因素评分测量法测定行政效率时，只要对行政组织的各种因素进行评分，最后相加总分即为效率的分数。

三、行政效率测量的必要性

行政组织是社会大系统中的一个子系统，其维护和运转受到社会的政治、经济、文化等环境的产出的影响。虽然主要是行政子系统运转的结果，但在某种程度上，仍然受到许多因素的影响，通过测定行政效率，可以解决制约行政管理的问题。

（一）通过测定行政效率可以确定行政管理活动的投入产出比率

任何行政管理活动都必须投入必要的人力、物力和财力，而管理成果与这些投入的比率可以判定行政管理活动的效率高低。高效必然是投入少、省时而效果大；低效必然是造成人、财、物的浪费。

我国是一个发展中的大国，行政系统很庞大，不但行政机构多，而且人员也多。如果行政机构和行政人员低效，那将会是很大的人、财、物的浪费。政府经济高效，管理活动投入少，效果大，那将是很大的节约。

（二）通过测定行政效率可以确定行政管理活动的目标达成度

任何行政组织都有一定的管理职能和一定的行政目标。政府推行政务不仅要经济高效，而且必须充分发挥其管理职能，圆满地达成行政目标，这才是有成效的。

通过测定行政效率确定行政管理活动的目标达成度，确定那种没有发挥管理职能、偏离行政目标的管理活动为无效活动，即使投入再少，也是一种浪费。

（三）通过测定行政效率可以确定行政组织的各种因素的合理程度

行政管理活动是行政组织综合效能的释放，行政组织的各种因素组合越合理，释放的能量越大，效率就越高。

通过测定行政效率，就可确定机构设置是否合理，责任体系是否完整，领导管理方式和办事程序是否科学，规章制度是否健全，人员素质是否高，各部门、各种人员之间是否协调，信息是否通畅等。

（四）通过测定行政效率可以确定行政管理活动的社会效益的大小

行政管理是以社会为服务对象的，管理活动必然有社会效果。因此，社会效益较大的行政管理活动，其效率就高，社会效益较小的则效率较低。

第三节　行政发展与行政改革

为了创造一个更加高效的行政管理体系，适应行政环境变化的需要，行政体系及其运作模式必须不断发展。行政发展是政府行为向更进步、更高层次的方向或者现代化的方向变化的过程。为了实现行政发展，必须进行行政改革。行政改革是以国家行政机关为中心的国家公共行政系统的改革。行政发展是通过行政改革来实现的，行政改革是行政发展的手段和措施。

一、行政发展的特点与模式

20 世纪 50 年代，美国哈佛大学教授里格斯提出了发展的行政和行政发展两个概念，并且将这两个概念作为发展行政学的两个研究对象。各国政府都十分注意通过行政发展来迎接全球化、信息化、国际竞争加剧的挑战。

（一）行政发展的含义

所谓行政发展是指行政系统为了适应行政环境的变化和提高行政效率，按照行政管理的客观规律，变革行政体系，改善行政活动方式和行政关系，以改善生存状态，提升行政能力，更好地执行国家政治意志，促进社会协调发展的过程。

行政发展在内涵上大都具备四个方面的内容：一是行政体系的能力发展过程；二是行政体系的功能改善过程；三是行政关系的改善过程；四是行政体系的结构优化过程。

行政发展是多维度的发展，行政体系、行政制度、行政组织、行政规范、行政功能、行政环境、行政文化等的发展都属于行政发展的范畴，但诸因素中，行政主体及其所要达到的目标是行政发展的重点。

相关链接

西方国家行政发展的方案

20 世纪 70 年代以来，西方国家率先启动和实施了各种行政发展改革方案。如法国的“新行政管理计划”，日本的“关于行政改革的具体方针”政策，葡萄牙的“公共选择计划”，美国的“国家效评估报告”，加拿大的“行政管理 2000 年”，英国的“效率稽核”“财务管理改革方案”“续阶方案”等。

通过这些行政改革措施，西方各国的行政体系在多方面实现了较大的发展，主要表现为：通过放权或者分权进一步扩大了公民参与；通过减少各种不必要的规章制度，实现了从重视规章到重视结果的转变；通过引进企业家政府的管理理念，实现了从不讲管理成本到注重行政管理产出的转变；通过打破政府对公共服务和社会事务的垄断，实现了从重管理、轻服务到公共服务社会化、多样化、标准化和长期化的转变等。这些行政改革措施有效地提高了行政绩效和公民对于政府施政的满意度，进一步推动了社会的协调发展，巩固了政府权威的正当性与合法性。

（资料来源：胡象明. 行政管理学. 北京：高等教育出版社，2005.）

（二）行政发展的特点

1. 行政发展是一个具有积极意义的良性互动过程

行政发展是行政体系由低级形态向高级形态转变，行政绩效由较低水平向较高水平转变的过程，所以行政发展本身是行政体系不断完善、不断进取的运动过程。行政发展的动因一方面来自社会其他方面的发展，如政治发展、经济发展、文化发展等；另一方面来自行政体系内部为了提高生存能力和行政绩效所提出的诉求。

2. 行政发展是一个有利于社会稳定和秩序化的过程

行政发展是体系与外界环境之间从不平衡到平衡，再到不平衡，再到平衡的过程，行政发展没有终点只有不断循环。所以，稳健而有序的行政发展是社会稳定和秩序化的基本保证因素之一，缺乏稳健而有序的行政发展必然引发社会一定程度的动荡。稳定的社会环境对行政发展利大于弊，行政发展应该在一个稳定的环境中和谐发展。所以，应该尽量追求在稳定中推进行政发展，在发展中实现社会稳定。

3. 行政发展是一种制度支撑下的行政动态过程

行政发展的目标之一就是把非正规化和低组织化的行政行为转变为高度正规化和高度组织化的行政行为。在这个目标的制约下，行政体系的运作和结构都应该尽量制度化。为了保证行政组织的有序化，必须坚持行政发展的制度化。这就要求行政发展必须按照一定的发展目标，有计划、有秩序地进行，在稳步推进的前提下尽量保持政策的连续性和稳定性。

4. 行政发展是一个整体性的系统变化发展过程

行政体系是社会大系统的一个子系统，行政体系中的任何部分又是行政体系的子系统，行政体系子系统的任何发展和变化都会引发整个行政系统的发展和变化，也会引发社会大系统的变化。行政发展具有整体性和相关性等系统所具有的所有特征，行政系统的发展是靠各个部分的发展形成的，所以应该注意保持行政体系内部各个部分的协调发展和适度发展。

（三）行政发展模式

所谓行政发展模式，是行政发展的特点、方式、途径与过程的总称。行政发展是一种全球性的现象。在行政发展的过程中，世界上许多国家都进行了适合自己国情的探索，也都积累了一定的经验和教训。在此基础上，形成了几种有代表性的行政发展模式（见表 12-2）。

表 12-2 行政发展模式

标准	类型	基本内容
按照地区特点分类	英美模式	● 基本特点是利用私营部门的管理理念来重塑政府，大力推进政府职能的市场化，以带动行政功能、内部机构和行为方式的改革 ● 改革方式包括以权力分散和放松规制为主要内容的公共行政的民主化等
	法德模式	● 法德模式是以法国和德国的行政发展为代表的一种行政发展模式，主要发生在行政文化方面崇尚科层制传统的国家 ● 特点是不打乱各个行政机构的运作，而只是对行政机构实行更严格的管理监控，在行政发展步骤上，崇尚非连续性的渐进主义
	希腊模式	● 这一类型行政发展模式的国家有希腊、意大利、西班牙等，这些国家的公共机构组织不完善或刚脱离前韦伯制状态 ● 行政发展必然以行政合法性和制度化作为改革与发展的当务之急，引进一些管理主义的改革措施或把韦伯制作为改革目标
按照行政发展源头分类	内源式发展模式	● 内源式发展模式是指新兴的工业化国家的行政发展模式，以韩国等国为代表 ● 在行政发展进程中将本国、本地区的文化传统同市场经济的特殊要求有机地结合起来，充分调动社会各方面的积极性和创造性的过程
	外源式发展模式	● 外源式发展模式是发展中国家所实践的行政发展模式 ● 以发达国家的经验和做法为基础，在不考虑本国历史、文化、社会现实的情况下，完全输入发达国家的制度、文化、技术、思想方式和行为方式等，来实现本国的行政发展
按照行政发展内容分类	解除政府管制的改革方式	● 解除政府管制方式，又称“放松政府管制模式” ● 通过这种改革方式实现的行政发展，在组织规章、管理决策、管理理论、组织结构和公共利益等方面，强调放松政府管制模式
	实行企业家政府的改革方式	● 在组织结构上，把政府机构市场化，引入竞争机制，主张下放决策权力和行政权力，把政府公共部门分解，把服务职能下放 ● 在政府官员管理上，这种行政发展模式实行合同聘用制和建立以功绩制为原则的个性化绩效工资制度 ● 在公共政策的制定方面，这种行政发展模式主张按照市场游戏规则制定公共政策 ● 在政府与公众的关系上，企业家政府主张以公众为中心，政府围绕公众的需求提供服务

续表

标准	类型	基本内容
按照行政发展内容分类	进行授权的改革方式	● 进行授权改革方式是在对传统官僚制模式进行深刻反思的基础上所推出的一种行政发展模式。重视公民的参政权力和基层公务员的决策权力 ● 在决策上，主张通过自下而上的分权方式进行决策，充分发挥低层机构和人员的积极性和创造性 ● 在体制结构上，极力反对传统金字塔式的组织结构，主张减少中间层次，给低层组织更多的灵活决策的权力 ● 在管理上，推崇内部参与管理，尤其强调给低层公务员更多的参与权力分配的机会
	实行灵活政府的改革方式	● 实行灵活政府的改革方式是为革除传统科层官僚制带来的政府僵化弊端设置的 ● 主张在组织上建立临时性机构，完成一些日常事务和专门性的特别任务，强调在政府内部应该不断创新组织结构 ● 这种行政发展模式的要旨是强调基层公务员和社会公众在政府决策中发挥作用，这实际上是强调政府公共决策民主化

西方行政发展在实践中取得了明显的成功，以英国、美国、法国、德国、希腊为代表的西方行政发展模式已经得到了许多国家的关注或借鉴。作为在比较完善的市场经济体制下和在比较稳定的社会条件下进行的行政发展模式，西方行政发展模式在公共领域的选择中始终贯穿着韦伯式的传统公共行政与代表行政现代化的“新公共管理”这两种基本取向的比较及争论。

任何国家都有自己的国情，也都有自己行政发展的条件和原因，在借鉴他国的行政发展模式进行行政发展时，最主要的还是立足本国，将他国的经验和本国的国情进行整合，不断开拓创新，最终形成具有本国特色的、适合本国国情的行政发展模式，以此来推动行政体制创新，实现社会协调发展。

二、行政改革的程序与对策

社会革命是自下而上发动的，社会改革则是自上而下展开的。但无论革命还是改革，都是为了解放和发展生产力。从这个意义上说，改革也是一场革命，是更深刻的革命。提高行政效率必须从行政改革开始。

（一）行政改革的含义

所谓行政改革，是指政府行政系统随着外部生态环境的变化以及行政系统内部构成要素的变化，有意识地对其自身的结构、功能和行政人员的行为方式不断进行调整和改变，使其转变到新的形态，以期谋取行政系统与环境之间的动态平衡，从而实现行政效能的行为或过程。行政改革包括以下几方面含义。

1. 行政改革是行政系统与其外在的行政环境相适应的过程

政府行政是一个开放系统。作为一个开放系统，其与外界环境之间存在相互依存的关系，行政系统正是在与环境不断进行输入、转换和产出的过程中，使自己与环境之间保持动态的平衡，从而维系自己的生存与发展。

环境总处在不断变化之中，环境的变化必然要求革新行政。行政系统若不能适时进行自我更新，便会导致社会的不满和危机，同时会使行政体系趋于保守僵化、失去活力，最终被环境所淘汰。

2. 行政改革是行政系统有计划的变革过程

（1）必须遵循行政发展的客观规律，尊重行政体系及其运转的内在规律性；用科学的理论与方法来指导改革，而非盲目、想当然地推进改革。

（2）必须发挥人的主动性。行政改革是人的主观能动性的体现，它并非被动地适应环境，而是有意识、有目的、自觉地改变主体行为以及外部环境的活动。

（3）行政改革必须遵循科学的程序和方法，必须制订改革的规划、计划与方案，有计划、有步骤地推进，使改革在稳定的秩序中进行。

3. 行政改革是一个具有明确目标导向的行为

行政改革的目标在于增强行政系统的活力，促进行政系统整体效能的提高，使政府行政成为加快国家建设和发展的强有力工具。

行政改革本身并非目的，而是实现社会目标的一个手段，通过行政改革促进社会生产力的巨大发展，促进社会的繁荣与进步，促进人的全面自由发展。

4. 行政改革是一个循序渐进、循环发展的过程

由于行政改革目标的多样性，行政改革内容的复杂性，行政改革任务的艰巨性，行政改革不能也不可能毕其功于一役，只能随着社会政治、经济体制改革的深化完善而逐步展开，分步进行。

行政改革本身不是为解决行政体系中暂时出现的问题而采取的权宜之计，而是个长期过程，因为即使旧的矛盾和问题得到解决，还会出现新的问题、新的矛盾，行政体系正是在不断解决新旧问题的循环过程中，保持自身的活力。

（二）行政改革的内容

行政改革是行政发展的重要途径。为了实现行政发展必须进行行政改革。行政改革是政府为了适应变化了的行政环境而实施行政发展时所采取的途径和步骤，是政府有意识地对行政管理从结构、功能、过程到行为方式诸方面进行变革的活动。

1. 行政人员改革

在行政组织中，行政管理者和行政人员的改革和发展是最重要的变革。因为人的因素决定着组织的成败。所谓行政人员改革就是改革行政人员的知识、技能等素质，特别是改变行政人员的态度、行为以及群体的行为，以便达到提高行政效率之目的。行政人员的行为、态度变化一般要经过三个阶段，在不同阶段中要采取不同方法。

（1）解放思想。人们已经形成的思想观念、态度行为是相对固定的。要改变它们首先得使其溶化。这种溶化，就是要打破原有的平衡和固有的行为模式，使行政人员产生改革的动机或需求。

（2）改变观念。改变就是形成新的观念、新的态度和新的行为模式的过程。新模式的形成一般通过三种方法作用来达到，一是强制性方法，即使用法令、规章制度迫使人们按新的要求去行动或者利用奖惩手段来改变人的态度与行为；二是角色模式的认同，即通过模范榜样的形象影响人们，使人们通过对模范榜样（角色模型）的学习，形成新的态度与行为；三是内化作用，即通过训练学习新的态度与行为。

（3）强化模式。强化模式是利用必要的强化办法，使已经实现的改变趋于稳定、持久化，形成模式行为。

2. 行政机构改革

行政机构改革是行政改革的关键，是一项社会变革的系统工程，是衡量行政改革的重要指标体系。只有通过行政机构改革，才能实现行政改革的目标。

（1）行政机构改革是政府自我革命。行政机构改革是凭借着政府自身的智慧和决心所进行的政府自我革命，其动力来源于系统自身的机制，是在外界力量的作用下，由于自身认识上的转变而产生出来的自我变革的主张。其动力系统本身就是为了生存和发展，但是对政府系统某一局部来说，由于其所处的地位和角度，对问题的理解会存在不同程度的差别，动力的强度会出现差异，往往需要指导和启发，变被动为主动，加速其运转的功能。

（2）行政机构改革的动力。在行政机构改革中，更新政府机构改革观念，形成改革的精神动力；通过改革，加强对留任人员的工作，使其成为改革的可依靠力量和积极支持者；通过对改革分流人员实行离职补偿和加快配套改革，使其成为改革的拥护者；在行政机构改革中，依法定编，为改革提供制度动力；调动各级政府积极性，争取制度创新。

（3）行政机构改革是一项系统工程。行政组织是一个与内外部环境相互作用的开放系统，为了适应环境变化，行政内部的结构需不断分化与整合。这种分化与整合首先是行政组织结构的改革，以组织结构为中心的行政改革的内容主要包括：调整行政职能体系，明确各层级政府机构管理的职能范围和界限；调整行政权力体系，正确处理集权与分权的关系：调整、改革政府机构，按照机能一致、权责一致、精简效能原则建立组织机构，并保证机构的完整性；健全运行机制，通过规范、目标、分工、程序、监督等因素的有机配合形成灵活高效运转的运行机制，健全行政法制体系，依法行政；改革人事行政管理体制，充分调动与发挥人的积极性。

3. 行政技术改革

政府行政系统，不仅是一个权力系统、结构系统、心理系统，也是一个社会技术系统。随着科学技术发展，技术对政府行政管理的作用越来越明显，管理技术的变化也是行政改革的一个主要内容。从目前技术变革的情况来看，主要集中于以下几个方面。

（1）行政管理技术化。大规模管理信息系统的建立，为管理决策、组织、控制提供强有力的辅助条件，行政管理日益自动化、技术化。

（2）行政管理专业化。科学技术运用于管理和解决社会问题，使政府行政管理分工更为精细，专业化程度提高。

（3）行政管理职业化。由于技术的广泛应用，对行政人员的素质和构成发生变化，掌握专门技术，具有较高业务水平，形成终身任职于政府的文官阶层，使行政管理职业化。

4. 行政系统改革

政府行政是由相互依存、相互作用的子系统有机结合的一个系统，牵一发而动全局，无论是对人员进行的变革，还是对结构进行的改革或是对技术进行变革，都不是孤立的，都会影响到其他方面。因此，必须从系统的观点出发来考虑整个行政的改革。在改革某一方面或某一因素时，必须注意到对其他因素和方面的影响，考虑其他方面应作出何种相应的改革。同时，还应考虑行政与外部环境之间的平衡。只有这样才能促进行政系统的整体功能和结构的优化，提高行政体系的整体效率。

（三）行政改革的程序

行政改革是一个系统工程也是科学性很强的工程，因而应当按照一定的程序和步骤来进行，从系统变革的角度来看，行政改革一般经历如下基本过程。

1. 行政改革目标的确定

良好的和成功的行政改革需要一个合理的目标、可行的方案以及灵活的策略，目标的作用在于使行政改革有一个明晰的行动趋向和追求。

对于行政改革而言，总体目标包括政府职能和结构的优化、公正地提供服务、政府效能的改善、人员素质的提高、行政适应能力的改进。

对于行政改革而言，还需要将改革的目标具体化，这便是改革方案，其包括设计行政改革的范围、内容，实现目标可操作的措施与方法，改革的时间序列与安排。在现实中，设计出一套一揽子的方案往往是困难的，对于不同问题也有不同的方案，因而诸方案之间的配套也是十分重要的。

2. 行政改革方案的可行性分析

如同行政决策可行性一样，改革方案的可行性，决定着改革方案是否能在改革过程中加以推行。可行性分析的内容是多方面的，具体如下。

（1）政治上的可行性，即行政改革在多大程度上能获取政治上的支持，包括政治领导者的认同与支持、法律的配合与支持、与政治结构关系的调整与协调等。

（2）经济上的可行性，主要包括改革在多大程度上获得经济资源的支持，如在人力财力、物力上的支持。

（3）行政上的可行性，包括改革推动者的力量、行政人员对改革的认同、行政改革机构的能力与效率等。

（4）技术上的可行性，即改革方案在技术上的合理性问题。可行性分析的目的在于使决策方案更趋合理、科学，减少行政改革的阻力，推进行政改革的发展。

3. 行政改革方案的实施

如同行政执行一样，行政改革方案的实施涉及一系列管理工作。所不同的是改革推进有其特有的困难，即改革总是要触动原有的形态与利益，这样改革的推进更为艰难。

（1）选择适当的时机及时发动改革，努力在政府内部形成改革的环境与气候，激发改革的积极性，增强改革的动力。

（2）选择适宜的变革规模，选择改革的突破口，对投入改革的人力、财力、物力作出科学预算与控制，以保证变革取得成效。

（3）尽快使改革早见成效，用改革的成果证明新形态的有效性以强化改革，用立法法律的形式巩固改革已经取得的成果。

三、追求行政效率的机制

随着行政发展和行政改革的深入，我国的行政改革无论是内涵、模式、深度、力度和外延都发生了很大的变化，并且以层层推进的方式向纵深发展。在行政理念、行政组织、行政体制、行政管理方式方面进行了系统改革，逐步建立起追求行政效率的机制。

（一）提高管理者的工作效率

1. 提高管理者的工作效率的要求

提高管理者的工作效率必须做到：采用民主的领导方式，提高领导艺术，有效地使用时间和精力；有解决问题、正确决策的能力；善于协调和维护人与人之间的有益关系；写作能力强，演讲效果好，善于运用会谈艺术；能充分调动广大干部的积极性。其中，采用民主的领导方式是提高行政效率的关键。

2. 提高管理者的工作效率的领导方式

一般来说，以人员为中心的民主领导方式比以工作为中心的集权方式效率要高。这是因为采取民主领导方式的领导者不持单纯的任务观点，而是把主要精力用于调动群众的积极性，认真倾听下级的意见，让干部参与计划与决策，尽可能地满足职工要求，使大家自觉自愿地发挥才干为实现组织目标努力。同时，领导者能相信群众，尊重群众，经常和群众打成一片，上下信任并采取民主的监督制度，使人人参加并接受监督，发现问题大家热情相助，领导者善于帮助干部总结经验，不轻率地批评人、惩罚人，总之，领导者同上级、平级、下级保持良好的关系，工作效率就高。

（二）提高时间利用率的方法

1. 统筹法

充分地开发，合理地统筹，有效地管理自己的时间，包括长期和短期安排，要把所有时间都用在必要的"开支"上。整体时间完成重要任务，零星时间做日常小事；在精力旺盛的时候干重要的事，反之就干轻松的事，使自己紧张而又愉快地、富有节奏地进行工作。

2. 序列法

把自己的工作、学习和其他事务分为轻重缓急，按月、周、日、小时的先后顺序安排，逐件落实。用时有序是节约时间、提高效率的要诀。国外有关专家提出工作三分法，即把最重要的急迫的工作列为A类，首先集中精力办好此类事；把次要的事列为B类；把一般的事列为C类。如果A类事情复杂、工作量大，就分为若干阶段，依次进行；如果有人打电话催问C类事就可把这件事列为B类；如果有人找上门，就把此类事列为A类。只要完成A、B两类工作，就完成了80%的任务。

3. 组合法

应该把零星时间集中起来，化零为整，掌握利用时间的主动权。同时，要充分利用时间进行文娱体育活动，增强体质，保持清醒的头脑，以"逸"促"劳"，增进工作效率。这样，就可以在有限的时间内发挥更大的作用。

4. 统计法

根据自己的工作日记，对每周、每月、每季、每年的时间利用情况进行统计，从中总结出效率高的经验和效率低的教训，找到浪费时间的原因，探索和掌握提高时间利用率的规律。

（三）提高行政管理运作的效率

1. 观点正确，择优决策

要提高行政效率，首要的一环是要以正确的观点择优决策，正确的决策是成功的一半。为此，要让广大干部在统一的目标指导下参与计划和决策，集中大家的智慧并建立一套完整的、科学的信息反馈系统，动员群众为实现组织的目标而主动地、创造性地工作。

2. 建立合理的组织机构，创造良好的工作环境

应根据任务来定机构、定人员，实现科学分工，明确各级组织及其干部的权力和责任，并通过思想教育和经济手段激励干部的工作热情，鼓励进取精神，从组织上、思想上保证提高工作效率。

3. 采取科学的管理手段和有效的工作方法

抓好关键工作以带动其他工作，建立工作卡片，讲究操作动作，简化工作程序，实行工作标准化并应用现代技术装备。

4. 加强时间观念，定期检查核算

对时间进行事前“预算”，事后“决算”，准确掌握工作进程，提高时间利用率。在工作中，先重后轻，先急后缓，先主后次，抓住有利时机多办事，把本地区、本部门、本单位的工作与客观外界联系起来，善于横向比较，建立新的工作程序及时修正和调节原计划。

5. 提高人员素质，调动干部的积极性

提高效率关键靠人，应高度重视领导干部和工作人员的知识更新和职业培训，制订在职或脱产培训计划，促使干部学习现代化的管理知识和先进经验，提高干部的能力，充分发挥每个工作人员的特长。

6. 善于经常总结经验教训

每办完一件事，及时认真地总结经验教训，进一步认识行政工作的规律性，稳妥地处理各种问题，有利于提高工作效率。

◎ 案例讨论

行政效率高了，社区服务多了

2006年深圳商报讯：去年5月22日，沙锦涛在沙头角中英街社区居委会进行的直选中当选为社区居委会主任。他这个只拿补助不拿工资的居委会主任的上任，标志着盐田社区治理体制改革走出了重要的一步。“会站分离”的社区管理体制新模式使得承担政府工作的社区组织从社区居委会中剥离出来，让社区工作站做政府的“腿”，专门承担政府交办的行政性社区建设事务；社区服务站做居民的“手”，举办社区公益服务活动；而社区居委会做居民的“头”，主要功能是进行基层民主建设和自治活动，让社区居委会成为真正的居民自治组织。

17个社区居委会实行直选

盐田社区根据“双年”活动确定的目标任务，以社区治理体制改革为突破口，形成了具有盐田特色的“会站分离”社区治理体制和运行机制。在全市率先实行社区居委会全面直选，17个社区居委会都实现了直选。同时，强化了社区自治功能，直选产生的社区居委会实行属地化、兼职化管理，与社区工作站人员不再交叉任职、不再领取工资，每月由政府发放少量的工作补贴，社区居委会实行居务公开、民主评议，充分保证了居民的知情权、监督权和参与权。

明确社区定位提高行政效率

实行“会站分离”的运作模式后，盐田区将承担政府工作的社区工作站从社区居委会中分离出来，作为街道办事处的派出机构，实行职业化、专业化管理。多年来一直兼任社区居委会主任的刘伟强告诉记者，他做了专职的社区工作站站长后，虽然政府下移的工作多了，但确能有更多的时间和精力把管理和服务工作做好，让群众更加满意。

盐田区有负责人表示，社区治理体制改革后，不仅提高了行政效率还提高了财政支出效率。改革前，社区居委会共有工作人员595名，每年仅工资支出就高达238万元；现在社区工作站只有153名工作人员，人员工资支出每年仅52万元。

社区服务实现多样化

在理顺管理体制的同时，盐田区还积极推进社区服务多样化。

一是完善社区服务设施。目前，区财政已下达固本强基社区建设项目 31 个，总投资共 1 500 多万元。

二是拓展社区服务功能。成立社区服务专项资金，政府以购买服务的形式对为居民提社会福利、社会保障等无偿服务进行评估、补贴。初步形成了区、街道、社区居委会三级社会服务网络。

三是打造稳定的社区治安屏障。为社区配备了 4 名民整、19 名社区警长，新增 1 500 名“义务巡逻队员”，安全文明小区覆盖率达 90%以上。

此外，大力实施“劳者有其工”计划，开展社区劳动就业基地试点工作，大力实施“居者有其屋”计划，解决特困人员的住房问题；实施“病者有其医”计划，建立了较为完善的社区卫生预防和服务体系；切实维护外来劳务工的合法权益，努力改善他们的生产生活条件等。

相关链接

盐田“双年”活动亮点频出

◎ 社康中心网点覆盖率达 100%。社康中心网点覆盖率达 100%，卫生文化建设和“中医药进社区”走在全省前列，被评为“全国社区卫生服务示范区”，实行新的药品采购方式，群众“看病难、看病贵”问题得到有效缓解。

◎“零就业家庭”保持“零纪录”。实施“劳者有其工”计划取得较好效果，三年来共促进 1 511 名户籍居民实现就业，“零就业家庭”保持“零纪录”，城镇登记失业率降至 2.95%。社会保障体系不断完善，户籍居民参加社会保险率达 98%。开办了“慈善超市”，48 户特困群众住进了第一期廉租房。

◎ 社区党建工作示范点建成率达 100%。在全区干部队伍中掀起“责任风暴”，全面落实市政府“1+6”文件精神，建立并实行月度量化考核制度。

◎ 城区面貌大变样。城区面貌“一年一变样，三年大变样”目标基本实现。截至今年上半年，共实施重点项目 88 个，累计完成投资 124.42 亿元，其中竣工项目 50 个。“三个创建”全面实施，“两河一湾”整治成效显著；旧城旧村改造进展良好；街景改造和中英街修复改造工程基本完成，其成功经验在全市推广。

（资料来源：http://news.sina.com.cn/0/2006-09-3/034410143760s.shtml.）

讨论题：

结合本案例分析政府或行政机关应如何提高行政效率。

◎ 实训活动

一、实训项目

虚拟行政效率。

二、实训内容

在一间模拟办公室中，工作人员若干，办公室门口处是办公室秘书的办公桌。其他座位都是办公室其他工作人员的办公桌。在办公室的一角有一张桌子，上面放物品若干。

三、实训器材

行政管理实训室、常用办公设备、开放式办公区。

工具：纸签（供抽签用），水瓶、笔、书包、文件夹、书本、铅笔盒等若干物品（供秘书拿取用）。

四、实训指导

（一）情节

参加实训游戏的 4 名同学，轮流担任办公室秘书（以抽签决定顺序），另外 3 名同学扮演办公室工作人员，请求秘书帮助拿取物品，桌上的物品（最多为 3 件），由扮演秘书的同学将物品拿到工作人员处。秘书要在最少的往返次数内完成所有的任务，即把所有工作人员要的东西拿到工作人员处。

（二）角色分配

游戏分成 4 组，每组 4 人，每次游戏由 1 名同学扮演办公室秘书，由另 3 名同学扮演办公室工作人员。

五、实训点评

● 行政效率是指行政机关和行政人员从事行政管理活动所得到的劳动效果、社会效益同所消耗的人力、物力、财力、时间的比率关系，是对国家行政机关和行政人员从事行政工作的质量的评价。

● 本实训通过扮演秘书人员完成相应的工作，使学生可以认识到效率的存在。只有经过仔细的考虑，才能在最短的时间内消耗最少的人力、物力、财力而完成任务。

● 本实训的宗旨在于通过游戏的内容，使人们意识到行政管理的根本目的是提高行政效率。

六、实训报告

请将实训所得结果填写在实训报告纸上。

◎ 复习思考题

1. 简述行政效率的主要含义。
2. 简述行政效率的主要类型。
3. 分析行政效率在行政管理中的地位和作用。
4. 简述行政效率的测量标准。
5. 简述行政效率的测量方法。
6. 结合现实分析测量行政效率的必要性。
7. 简述影响行政效率的主要因素。
8. 简述行政改革的含义和内容。
9. 简述行政改革的程序和方法。
10. 论述提高行政效率的主要途径。
11. 结合本单位的实际，说明行政效率是行政管理的根本目的。

参 考 文 献

[1] 罗宾斯. 组织行为学[M]. 7 版. 孙建敏，李原，译. 北京：中国人民大学出版社，1997.
[2] 许文惠. 行政管理学[M]. 北京：红旗出版社，1992.
[3] 李绥州. 应用行政管理[M]. 广州：暨南大学出版社，2000.
[4] 孙荣，徐红. 行政学原理[M]. 上海：复旦大学出版社，2007.
[5] 孔昭林. 机构革命：地方政府机构改革的对策性研究. 北京：中国文史出版社，2001.
[6] 夏书章. 行政管理学. 2 版. 广州：中山大学出版社，1998.
[7] 刘嘉林. 公共科目. 北京：国际文化出版公司，1996.
[8] 李静江. 行政与事业单位会计. 北京：华文出版社，2002.
[9] 李世英. 行政管理学新编. 北京：中国人民公安大学出版社，2002.
[10] 陆国泰. 人事管理学. 北京：中国人民大学出版社，1989.
[11] 顾英伟. 现代人力资源开发与管理. 北京：机械工业出版社，2000
[12] 余凯成. 人力资源开发与管理. 北京：企业管理出版社，1997.
[13] 白嘉. 企业人力资源主管. 北京：经济管理出版社，1999.
[14] MBA 核心课程编译组. 人力资源管理. 北京：九州出版社，2004.
[15] 胡象明. 行政管理学. 北京：高等教育出版社，2005.